우 주 조 각 가

우 **주** 조 각 가

우 주 **조** 각 가

우 주 조 **각** 가

우 주 조 각 **가**

THE SCULPTOR IN THE SKY

THE SCULPTOR IN THE SKY by Teal Scott
Copyright © 2011 Teal Scott
Korean translation rights © 2013 NabirangBooks
Korean translation rights are arranged with the Author through Amo Agency Korea, Korea.
All rights reserved.

이 책의 한국어판 저작권은 아모 에이전시를 통해 저작권자와 독점 계약한 나비랑북스에 있습니다. 신 저작권법에 의해 한국 내에서 보호를 받는 저작물이므로 무단 전재와 무단 복제를 금합니다.

우 주 조 각 가
우 주 조 각 가
우 주 조 각 가
우 주 조 각 가
우 주 조 각 가

당신의 꿈을 조각하라!

틸 스캇 지음
최지원 옮김

THE SCULPTOR IN THE SKY

저자 서문

친애하는 독자에게

1990년 여름, 제 인생은 절망의 구렁텅이로 빠지고 말았습니다. 제가 살던 동네는 독실한 종교 신자들이 많이 살던 곳이었습니다. 그 당시 어린 소녀였던 저는 타고난 초감각적 지각능력이 있었기에 동네의 주요 관심 대상이 되었습니다. 세상에서 악을 몰아내자는 취지의 한 사이비 종교집단에 속해있던 반사회적 인격장애자는 저의 "미스터리"한 능력을 악으로 오인했습니다. 당시는 어려서 잘 몰랐지만 그 해 여름은 앞으로 다가올 13년의 세월을 송두리째 앗아간 계기가 되었습니다.

저는 그 남자의 손에 이끌려 그가 속한 종교집단이 행하는 의식에서 고문을 당하면서 어린 시절을 보냈습니다. 그 남자는 그를 제 진짜 아버지라고 믿게 했습니다. 13년 동안, 아니 그 보다 더 오랜 시간 저는 끔찍한 악몽 속에서 살아야 했습니다. 전 제가 보고 있는 악몽을 겪기 위해 이번 생애에 온 것입니다. 이 책을 읽은 독자들에게는 제가 겪었던 경험처럼 누구든지 특정한 경험을 선택한다는 말이 다소 황당하게 들릴 수도 있을 것입니다. 더욱이 거의 죽을 뻔 했던 제 경험을 보면 당연히 그런 마음이 들 것입니다.

하지만 제가 살아남은 이유가 있었습니다.

그들은 제 능력을 없애려고 수년간 온갖 끔찍한 방법을 동원해 의식을 치뤘지만 제 능력은 그대로 남았습니다.

제 능력뿐 아니라 제가 이번 생애에 올 때 이미 알고 있었던 지식도 지워지지 않았습니다.

그리고 그곳에서 빠져나온 지 7년의 세월이 흐른 지금 저는 그 능력과 지식을 여러분과 함께 나누려고 합니다.

이 책을 읽는 여러분 모두 삶의 영적인 측면에 눈을 뜨고 그것을 허용하게 되기를 진심으로 바랍니다. 여러분의 내면에 있는 좀 더 유연하면서도 드러나지 않는 부분을 알게 되기를 바랍니다. 그것을 알게 될 때 여러분은 마음의 문을 열고, 사랑과 연민, 기쁨이 넘치는 삶을 매일, 매 순간 살게 될 것입니다.

여러분에게 어떤 일이 있었든 간에, 지금 여러분이 무엇을 하든 간에 그것은 결코 사라지지 않습니다.

여러분 내면에 존재하는 이 부분과 영원히 친밀한 관계를 맺으세요. 그 관계를 통해 기쁨이 찾아온다는 사실을 깨달으세요. 자신의 가치를 알고 자유를 누리세요. 여러분은 매일, 매 순간 사랑 받고 있다는 사실을 기억하세요.

Teal Scott 틸 스캇 올림

한국의 독자에게 보내는 메시지

발 없는 말이 천리 간다는 한국 속담이 있습니다. 이 책은 한국에서 5천 킬로미터 떨어진 미국에서 쓰여졌지만 여러분은 지금 이 책을 읽고 있습니다. 이것은 마치 제게 마법과도 같습니다. 또한 우리가 어느 나라에 사는지, 어떤 언어를 말하는지가 중요하지 않음을 말해주는 증거입니다. 왜냐하면 궁극적으로 우리는 모두 하나이기 때문입니다. 이제 우리는 같은 문제를 공유하며 서로 영향을 받습니다. 그리고 기쁨도 함께 나눕니다.

제가 어떤 문화권을 방문하든 인류가 가장 원하는 것은 행복이라는 진실에는 변함이 없습니다. 그리고 그것이 바로 제가 이 책을 쓴 이유이기도 합니다. 사람들은 단순히 행복을 원해서는 안 됩니다. 그들은 행복해야 마땅합니다. 우리 모두는 행복을 찾으려고 이리저리 뛰어다니지만 사실 행복은 늘 우리 곁에 함께 합니다. 행복은 우리 마음속에 있습니다. 우리는 행복을 다른 데서 찾을 것이 아니라 우리 안에서 찾아야 합니다. 그러기 위해서는 우리가 살고 있는 우주에 대해 알아야 합니다. 우리는 우리의 감정과 다시 연결되어야 하고, 세상을 헤쳐 나갈 때 감정이 우리를 이끌도록 해야 합니다.

우리가 진실이라고 생각하는 많은 개념들은 실상 진실이 아닙니다. 그리고 그런 거짓된 진실이 우리가 그토록 원하는 것들에 다가서지 못하게 방해합니다. 우리가 원하는 것은 바로 행복, 자유, 평화입니다. 이제 우리가 추구하는 최고선(最高善)에 도움이 안 되는 믿음을 내려놓을 때가 왔습니다. 개인 뿐 아니라 온 세상도 마찬가지입니다. 우리는 다른 사람들과 분리된 존재가 아닙니다. 이 말은 우리가 깨어나게 될 때 나머지 세상도 자유로울 수 있다는 뜻입니다.

이번 생애에서 전 어린 시절에 수년간 육체적 정신적 성적인 고문을 당했습니다. 그래서 "선(goodness)"에 대한 믿음을 잃었습니다. 살고 싶은 소망도 잃었습니다. 그저 공기만 마시고 내쉬기를 반복했을 뿐이었습니다. 우리가 지구에서 살아가는 목적은 고통을 받는 것이라고 생각했습니다. 그 밖에 달리 생각할 도리가 없었습니다. 그때까지 제 인생이 지옥 같아서 꼭 그런 것만은 아니었습니다. 이 세상에서 제가 본 모든 것이 더 지옥 같아 보여서 그랬습니다. 아침에 뉴스를 보면 온통 고통에 관한 소식만 보였습니다. 전세계 사람들의 얼굴은 고통으로 일그러져 있었습니다. 그러다 문득 제 자신에게 아주 중요한 질문을 던졌습니다. 만약 내가 목숨을 끊고 이 세상을 떠난다면 어떨까? 아니면 반대로 내가 이번 생애에 온전히 전념한다면 어떨까?

제가 지금 이렇게 살아있으니 두 번째 질문은 이상하게 들릴 수도 있습니다. 하지만 지금 살고 있는 우리 중 대다수는 의도적으로나 의식적으로나 자신의 삶에 아직 전념하고 있지 않다는 것이 제 믿음입니다. 마침내 전 결정했습니다. 이번 생애에 전념해서 최대한 누려보기로 결심했습니다. 우선 행복할 수 있는 방법에 대해 알아보기로 마음먹었습니다. 그리고 얼마 후, 제가 이제껏 잘못된 생각을 하고 있었음을 깨달았습니다.

지금까지 세상이 변하면 그런 세상을 바라보는 나도 행복해지겠지 하는 마음으로 세상이 변화하기만을 기다리고 있었습니다. 세상에서 제가 보고 싶었던 변화를 제 스스로가 먼저 이루려고 하지 않았습니다. 이는 우리가 살고 있는 이 우주에 대해 제가 알던 지식과도 맞지 않았습니다. 우리 모두가 그렇듯이 제게도 선택권이 있었습니다. 제가 겪었던 말할 수 없는 고통을 계기로 더 나쁜 사람이 되든지, 아니면 그 고통을 계기로 더 나은 사람이 되든지 말입니다. 결정은 쉬웠습니다.

이번 생애에 전념하고 가능한 한 최고의 내가 되기로 결정한 이후 배운 점이 있습니다. 그것은 바로 세상 모든 사람들의 천성은 선하다는 점입니다. 우리에게 적이란 것은 없습니다. 우리가 적이라고 생각하는 사람들의 마음은 사실 우리의 마음이 위장한 모습입니다. 그들의 마음도 슬픔, 기쁨, 잔인함, 친절을 느낄 수 있습니다. 마찬가지로 우리의 마음도 슬픔, 기쁨, 잔인함, 친절을 느낄 수 있습니다. 우리의 마음이 무엇이 될지는 우리의 선택에 달려있습니다.

당신에게 상처를 주는 것들이 당신의 선함을 가리게 하지 마세요. 선함이 당신의 본래 모습입니다. 기쁨이 당신의 본래 모습입니다. 당신은 이 세상을 바꿀 수 있습니다. 하지만 당신이 보고 싶은 변화를 당신이 먼저 이루어야지 이 세상을 바꿀 수 있습니다. 우리는 이 지구라는 행성에 태어나서 기존의 방식에 순응한 채 살아가려고 의도했던 것이 아닙니다. 우리가 태어난 목적은 우리가 보고 싶은 것을 창조하기 위해서였습니다. 당신의 인생은 텅빈 캔버스 천이며, 당신이 원하는 삶을 그 위에 그려주기를 기다리고 있습니다. 우리 모두는 우리가 살고 있는 인간 사회를 창조해가고 있습니다. 우리는 다른 사람들에게 폭탄을 투하하거나 미소를 나누면서 사회를 창조하고 있습니다.

저는 지금 이 책을 읽고 있는 당신을 믿습니다. 당신은 상상하는 모든 것을 얻을 수 있는 능력이 있습니다. 당신이 무언가를 소망하는 능력이 있다면 그것을 성취할 수 있는 능력도 있다는 것이 우주의 진실입니다. 그리고 당신이 인생에 전념하기로 선택하고 가능한 한 최고의 모습이 될 때 온 세상이 당신에게 보답할 것입니다. 당신이 자유로워질 때 우리 모두를 자유롭게 만들 수 있습니다. 당신이 행복해질 때 이 세상을 좀 더 행복한 세상으로 만들 수 있습니다. 그것이 바로 애초에 당신이 이곳에 온 목적이었습니다. 당신의 삶의 진정한 목적은 기쁨입니다. 이제 그 기쁨을 찾을 때가 왔습니다.

당신이 기쁨을 찾는 데 이 책이 도움이 되기를 바랍니다.

여러분에 대한 사랑과 감사함을 평생토록 간직하겠습니다.

Teal Scott 틸 스캇 올림

차 례

저자서문 4

한국의 독자에게 보내는 메시지 6

1장. 태초에 13
In the Beginning

2장. 나는 누구인가? 나는 왜 이곳에 있는 것인가? 31
What Am I and Why Am I Here?

3장. 감정이란 이름의 북극성 45
The North Star, Called Emotion

4장. 운명과 자유의지 59
Destiny and Free Will

5장. 가려진 베일 너머로 77
Beyond the Veil

6장. 당신의 건강과 삶 91
Your Physical Health, Your Physical Life

7장. 가치에 대한 잘못된 생각이 조각하기를 방해한다 107
Where the Sculpting of Your Life Goes Wrong with Worth

8장. 인생 조각하기가 행복과 어긋날 때 123
Where the Sculpting of Your Life Goes Wrong with Happiness

9장. 이미지의 원리 143
　　　The Axiom Of Imagery

10장. 명상과 기도 151
　　　The Anchor of Meditation and Prayer

11장. 완벽한 인생 디자인하기 163
　　　Designing Your Perfect Life

12장. 부정 속에 들어있는 긍정 181
　　　The Positive of Negative

13장. 멈춤이 주는 기회, 용서가 주는 자유 193
　　　The Scope of Stillness, the Freedom of Forgiveness

14장. 긍정적인 공명의 추구 213
　　　The Pursuit of Positive Resonance

15장. 이 손으로 당신을 돕게 해주세요 241
　　　Let These Hands Be Your Hands , How to Contribute to Other People's Bliss

16장. 당신의 진실, 당신의 삶 263
　　　Your Truth, Your Life

용어해설 273

저자소개 284

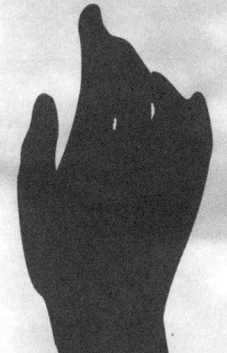

1장

태초에
In the Beginning

태초에 빛이 있었다.
측정할 수도 비견할 수도 없는 우주는
텅 빈 시공이었다.
의미로 채워지고 짜여지길 바라면서
당신을 기다리고 있었다.

당신이 우주에 살게 되면서
우주의 역사는 비단을 짜듯 매 순간 쉽게 짜여진다.
그 실을 따라 우주의 기원으로 거슬러 올라가면
우리가 바로 그 측정할 수도
비견할 수도 없는 존재임을 알게 된다.

태초에 빛이 있었습니다. 거의 모든 사람들이 들어본 우주 이야기는 이렇게 시작합니다. 아직도 인류는 지구라는 행성에서 해를 거듭하며 삶을 이어오고 있습니다. 그리고 예나 지금이나 똑같은 질문들이 생겨납니다.

누가 빛을 만들었을까?
신이 만들었을까?
우주 과학자들이 그토록 오랫동안 밝히고자 했던, 아주 오래 전 우주에서 일어난 사건 때문에 빛이 생겨났을까?
빛은 왜 그곳에 있었을까?

위의 질문에 대한 해답을 찾고자 평생을 바치는 사람들도 있습니다. 아마도 당신도 같은 이유로 이 책을 읽고 있을지도 모릅니다. 이 책의 페이지를 넘기는 궁극적인 이유가 무엇이든 간에 한 가지는 약속드릴 수 있습니다. 당신이 찾고 있던 해답을 당신은 이미 알고 있다는 것입니다. 당신은 찾고 있던 길에 이미 올라와 있습니다. 그리고 그 길은 지금부터 훨씬 평탄해질 것입니다. 미리 말씀 드리지만 당신은 이미 해답을 알고 있습니다. 그렇다고 제가 당신보다 훨씬 더 광범위하고 고차원적인 관점에서 해답을 구하려고 하는 것은 아닙니다. 저는 그저 당신이 이미 알고 있던 지식을 새로이 되살리고 좀 더 깊숙이 들여다 볼 수 있도록 하려는 것입니다. 그러므로 우주와 신, 자신을 재발견하는 여정에 저와 함께 동행하시길 바랍니다.

우주 안에서 우리가 "빛"이라고 부르는 첫 번째 사건이 발생한 이후 많은 시간이 흐르고 나서야 당신이 태어났습니다.

당신은 태어난 순간부터 꽤 오랜 시간 동안 이 책에 나오는 모든 내용을 완전히 기억하고 있었습니다. 그래서 당신은 태어나자마자 자신의 가치가 외적인 조건과는 별개라는 점을 알았고 느꼈습니다. 당신에게는 이 세계 안에서 물리적으로 발휘할 재능도 능력도 없었고, 재산도 언어도 없었습니다. 또한 사회적 기준에서 볼 때 위대한 업적도 없었습니다. 하지만 당신에겐 맘 속 깊숙이 느낄 수 있는 무한한 가치가 있었습니다. 왜냐하면 당신은 본질적으로 그런 존재이기 때문입니다.

당신 주위에 있는 모든 사람들은 당신의 이런 가치를 보았습니다. 그렇지만 그들은 이런 가치를 당신의 "잠재력"이라고 불렀습니다. 즉 그것은 지금이 아닌 훗날에 당신이 하고, 되고, 갖게 되지만 아직 실현되지 않은 모든 것을 지칭한 것이었습니다. 당신의 그런 가치를 그들이 잠재력이라고 불렀던 이유는 당신이 그때까지도 여전히 기억하고 있던 것을 어른인 그들은 아주 오래 전에 잊었기 때문입니다. 당신이 기억하고 있었던 것은 바로 다음과 같습니다. 원래 당신의 가치는 외적인 모습과는 별개이기에 잃을 수도 얻을 수도 없습니다. 심지어는 이번 생애와도 별개입니다. 당신은 완벽한 상태로 태어났지만 아직 완성되지 않았습니다. 당신은 당신 자신이기도 하고 이 우주이기도 한 "잠재적 에너지" 안에 가치가 있다는 사실을 알고 있었습니다. 잠재적 에너지 속에는 아직 실현되지 않은 특질들이 이미 존재하고 있는데, 당신 삶 속의 어른들은 이러한 잠재적인 특질들(잠재력)을 당신의 존재 가치와 혼동하고 있습니다.

사실 당신의 가치는 당신이 평생 동안 그저 숨만 쉬고 생각만 해도 존재합니다. 그리고 이 잠재적 에너지는 당신이 지금 살고 있는 물리적 현실 속에 들어와 참여하겠다는 결정을 내리기 전에도 존재했습니다. 그것은 당신이 첫 숨을 내쉴 때부터 마지막 숨을 거둘 때까지도 존재합니다. 또한 지금 살고 있는 이 물리적 현실에 더 이상 참여하지 않겠다는 결정을 내린 후에도 존재합니다.

하나됨, 영원한 진실

당신은 자신의 목적이 무엇이었는지 알고 있었습니다. 그 목적은 생물이든 무생물이든 우리 모두에게 같습니다. 그것은 정확히 지금 있는 곳에 머무르는 것입니다. 또한 정확히 지금 이 순간 하고 있는 것을 하는 것입니다. 바로 이 목적 때문에 성장이 필요했다는 사실을 당신은 알고 있었습니다. 그리고 노력을 기울일만한 무언가를 찾기 위해 물리적 존재가 된 것이 아니라는 사실을 알고 있었습니다. 당신이 이 물리적 공간에 들어오게 된 이유는, 생각을 품고 그 생각들을 허용함으로써 당신 주위에 그 모습을 드러내기 위해서였습니다. 이 세상과 관련해 맘에 들지 않는 것을 따라가기 위해서, 또는 세상을 바꾸기 위해 싫어하는 것에 대항하거나 현실에서 그것을 제거하기 위해 이곳에 온 것이 아님을, 당신은 알고 있었습니다.

하나됨(oneness)은 우주의 근본적이고도 영원한 진실입니다. 당신이 이 물리적 세계에 살려고 했던 이유는 지금의 우주가 한 바퀴 순환하여 좀 더 광범위하고 좀 더 통합된 하나됨의 상태로 진화하는 것을 돕기 위한 것임을 알고 있었습니다. 우리 모두가 겪고 있는 이 과정은, 하나가 좀 더 하나가 되고, 의식이 그 자체를 의식하게 되고, 신이 신 자신을 알게 되고, 자아 속에서 분리된 개념이 결국은 자아의 결핍을 통하여 다시금 통합된 자아가 되는 과정임을 당신은 알고 있었습니다.

그리고 이번 생애가 자신뿐 아니라 존재하는 모든 것이 진화할 수 있는 발판이 되리라는 사실을 알고 있었습니다. 그렇지만 이를 위해 애쓸 필요가 없다는 것도 알고 있었습니다. 그것은 찾거나 구한다고 얻어지는 것이 아니기 때문입니다. 당신은 인생에서 오직 한 가지만 찾으면 된다는 사실을 알고 있었습니다. 그것은 비로 "더 없는 기쁨(bliss)"입니다.

재발견의 여정을 시작하기에 앞서 오늘날 우리가 살고 있는 세상을 잠시 살펴볼 필요가 있습니다. 우리가 창조한 총체적이고 인간적이며 물리적인 현실을 잠깐 들여다보기로 합시다.

오늘날 어떤 사람들은 간혹 자신의 내적 진실(상위자아에 대한 진실)을 스스로 깨달아 행복과 자유, 그리고 의식적 삶을 완전히 누리고 살지만 대다수의 인간 사회는 이러한 것들이 인생에서 가장 중요한 요소라는 사실을 망각한 채 살아가고 있습니다. 대체로 인간 사회는 이러한 것들이 현실적인 것이 아니라 그저 바라보고 소망하는 "폴리아나적(Pollyanna: 미국 작가 엘리노 포터의 소설 〈폴리아나〉에 나오는 주인공 폴리아나의 성격에 비유해 나온 이름으로, 현재가 최고이며 모든 일을 다 좋게 생각하는 현상-역주)" 사고에서 비롯된 것이라고 확신하고 있습니다. 그보다 더 중요하게는 모든 것의 근본 원인은 개인의 자아 밖에서 나타나는 사건들이나 사람들 속에서는 찾을 수 없다는 사실을 대부분의 인간 사회가 잊고 있다는 점입니다. 그것은 당신 안에서 찾을 수 있습니다.

그렇다면 다음과 같은 궁금증이 생겨날 수 있습니다. 이 우주가 실제로 작동하는 방법을 우리가 잊어버리게 되면 어떻게 될까? 이 질문에 대한 대답은 바로 "무력감"입니다. 이 무력감은 전쟁과 질병, 공포심의 형태로 우리의 일상 속에 나타납니다. 공포심이 조장되고, 질병이 난무하며, 무력감에 빠진 인간은 주변의 모든 것과 모든 사람을 상대로 투쟁을 하게 되는데, 그럴수록 원치 않은 모든 것과 모든 사람들을 그들 자신에게 더 가까이 불러들이게 됩니다.

우리가 무엇을 하러 이곳에 온 것인지, 또한 어떻게 현실을 창조할 수 있는지를 잊어버리게 되면서 악몽과도 같은 끔찍한 생각이 한 사람 한 사람에게 스며들고, 그러다 인간 사회 전체로 퍼져나갔습니다. 그것은 바로 개인에게는 어떠한 통제권도, 자유도, 힘도 없다는 생각입니다. 이러한 경향은 수세기 전에 생겨났는데, 그때부터 사람들은 영성(spirituality)을 다른 사람들을 통제할 수단으로 보기 시작했습니다. 조직화된 종교가 생겨나면서 사람들은 개인의 영적인 본질에서 벗어나 예배, 순종, 교리의 실천에 눈을 돌리게 되었습니다.

종교의 역사를 보면 인류 역사에 대한 이야기는 많지만 정작 신에 대한 이야기는 거의 없습니다. 사실 역사적 측면에서 종교를 들여다 보면 부패, 오해, 음모, 살인, 폭정으로 가득 찬 끔찍한 이야기가 주를 이룹니다. 세상에서 일어났던 거의 대부분의 갈등은 신을 섬겨야 할 사람들이 저지른 만행입니다. 고대의 인간 문화와 관련된 글(심지어 이들 중에는 문자 그대로 해석해서는 안 되는 글도 있습니다)은 오늘날과 관련성이 전혀 없는데도 신의 영원한 말씀으로 해석되기도 했습니다.

   종교의 역사를 살펴보면, 인간적인 권력을 추구했던 사람들이 다른 이들이 각자 자신에게 내재된 영성과 힘을 깨닫게 되면 어느 누구도 그들을 통제할 수 없다는 사실을 알게 되었고, 그래서 영성을 억누르고 혐오스러운 것으로 간주하고 경고했으며, 이에 의견을 달리한 사람들을 모두 신의 이름으로 죽이려고 했다는 사실을 보여줍니다. 그 결과 영성은 조직화된 종교의 돌무더기 가운데 파묻혀 많은 사람들의 뇌리에서 잊혀졌습니다. 말하자면 벼룩 잡으려다가 초가삼간 태우는 격이 된 것입니다.

   이처럼 본래 종교 속에 내재된 결함 때문에 많은 사람들이 영성으로부터 완전히 등을 돌리게 된 것은 역사적인 사실입니다. 그러나 이와는 반대로 종교가 많은 사람들에게 삶을 지탱해주는 정신적 지주이자 희망이 되어준 것도 사실입니다. 그들 중 일부는 종교를 안전막으로 믿고 의지함으로써 영성을 찾았지만 자신의 종교를 넘어서는 그 어떤 것도 보려고 하지 않습니다.

   당신이 동전의 양면 중 어떤 쪽에 서 있든 진실은, 신이 모든 종교 속에서 갖가지 다른 형태로 존재한다는 것입니다. 신은 종교가 없어도 존재합니다. 신은 누가 또는 무엇이 옳고 그른가의 문제가 아닙니다. 신은 우리 인간이 왈가왈부할 대상이 아닙니다. 신은 모든 생명 안에 있으며, 영원하고 자애롭고 어디서나 존재하는 생명의 본질입니다. 인간의 규칙, 교리, 속죄, 올바른 판단은 도리어 신의 본질을 흐리게 만듭니다. 우리가 어떤 세속적인 믿음을 갖든, 이번 생에서 무엇을 했든, 어떤 존재가 되었든지 상관없이 신은 모든 사람 안에 영원히 존재하는 본질입니다.

종교는 기껏해야 신을 이용할 수 있을 뿐입니다. 하지만 영성은 곧 신입니다. 영성은 사랑과 인간적 신성의 줄기이며, 모든 종교가 가진 유사성을 엮어가면서 하나로 결합시킵니다. 신의 관점에서 보면 인간의 종교적 과거의 대부분을 차지하고 있는 악몽은 전체적인 진실이 아닙니다. 예컨대, 신의 관점에서는 현재 많은 사람들이 살고 있는 바로 이 악몽의 모습도 그들을 정반대인 신을 향해 점점 더 끌어당기고 있습니다. 우리는 사랑과 기쁨, 깨달음을 향해, 그리고 이 우주에 있는 모든 생물과 무생물은 서로 얽히고설켜 있다는 진실을 향해 우리 자신을 천천히 끌어당기고 있습니다. 이는 원래부터 그렇게 되게끔 되어 있었습니다.

우리가 살고 있는 현실은 우리의 내면으로부터 나옵니다. 우리가 원하는 대로 만들 수 있거나 원하지 않는 부분을 제거할 수 있는 외부적 현실은 없습니다. 우리는 우리 자신이 뭔가 더 높은 가치가 있는 존재임을 입증하기 위해 이 세상에 온 것이 아닙니다. 신의 눈으로 보면 우리가 창조한 세상은 아름다움으로 가득 차 있습니다. 이 세상에는 추함보다 아름다움이 더 많을 뿐 아니라(당신이 이런 관점으로 보지 못하는 것은 초점의 문제입니다) 애초에 아름다움을 생기게 하는 것은 추함입니다. 신에게 있어 가치와 행복은 당신이 잃을 수도 얻을 수도 없는 내면의 빛과 같습니다. 그리고 당신이 생각하고, 행동하고, 가지고, 되는 모든 것은 이번 생애에서 만들어집니다. 이것은 마치 앞에 스테인드글라스가 있으면 불빛이 더욱 아름답게 보이고, 거미줄이 쳐진 창문이 있으면 불빛이 흐릿하게 보이는 것과 같습니다.

여기서 한 가지 약속드릴 수 있는 것은 이 책을 다 읽게 되면 당신은 마음 속 깊은 곳에 놓여있던 기억의 가닥들을 느낄 수 있으리라는 것입니다. 그리고 당신이 가려고 의도했던 그 길로 다시 돌아갈 것인지에 대해 결정권을 지닌 사람은 바로 자신이라는 사실을 영원히 깨닫게 될 것입니다. 당신이 의도한 길은 곧 당신이 행복을 받아들이고 행복의 주인공이 되는 길입니다.

영원, 과거와 미래 양방향의 확장

우리가 태초에 대해 말하고 있는 까닭은 그것이 3차원 현실에 살고 있는 사람이라면 어느 누구도 피해갈 수 없는 개념이기 때문입니다. 우리의 물리적 삶이 진행되고 있는 곳은 3차원의 현실이기 때문에 우리는 일직선상에서 생각합니다. 이 말은 곧 우리가 우주의 기원을 찾는 일을 멈추지 않고 있음을 뜻합니다. 하지만 전반적인 우주의 진실을 알고자 할 때 문제점이 하나 생깁니다. 왜냐하면 영원한 무언가에는 분명한 시작점 같은 것은 없기 때문입니다. 영원함이라는 말은 미래와 과거의 양방향으로 확장됨을 의미하기에 직선이 아닌 원형의 개념입니다. 모든 물리적 존재를 구성하는, 물리적 우주의 가장 작은 요소들(이를 테면, 원자, 중성자, 전자, 쿼크, 렙톤)의 특징을 알면 알수록 시작과 끝이 없는 우주의 영원성이 좀 더 명확히 드러납니다. 그렇다 해도 우리는 빅뱅 이론(우주가 태초의 대폭발로 시작된 후 지금까지 팽창하여 오늘의 우주에 이르렀다는 이론-역주)과 같은 우주의 기원을 연구하는 일을 멈추지 않고 있습니다. 이러는 와중에 우리는 전체적인 그림뿐 아니라 신이라는 요소가 없다면 전체적인 그림이 완성될 수 없다는 사실 또한 놓치고 있습니다. 무에서 유가 창조되고, 사건이 우연히 일어나는 것은 불가능합니다.

이 우주를 포함한 모든 것들은 바로 그것들 이전에 있어왔던 것이 낳은 결과입니다. 이 우주는 3차원의 공간에서 모습을 드러내든 아니든 그 여부에 상관없이 이제껏 그래온 것처럼 앞으로도 영원히 같은 모습을 띨 것입니다. 우주는 영원하기 때문에 시작도 끝도 없습니다. 오직 순환할 뿐입니다. 지금 우리가 살고 있는 우주의 상태는 우리가 살기 이전의 상태와 같습니다. 과학의 관점에서는 우주가 팽창하고 있는 것으로 보입니다. 이는 순전히 다차원적(multi-dimensional) 에너지가 증가하고 변함에 따라 3차원 현실에서는 물리적 사물의 위치가 바뀌는 것처럼 보이기 때문입니다. 그래서 우리는 새롭게 이동한 사물들 사이의 공간을 측정하고 거리라고 부르면서 우주가 팽창한다는 결론을 짓습니다.

그러나 실제론 그렇지 않습니다. 우주가 팽창하고 있는 것이 아니라 우주의 에너지가 증가하고 있는 것입니다. 그렇기 때문에 새로운 차원들이 존재하게 됩니다. 이러한 새로운 차원들이 우주 안에 존재하게 되면(새로운 차원들은 지금의 3차원적 시각으로는 볼 수 없으며, 측정 장치에도 나타나지 않습니다) 우리 눈에는 암흑물질(dark matter: 우주를 구성하는 총 물질의 90% 이상을 차지하고 있고, 전파 · 적외선 · 가시광선 · 자외선 · X선 · 감마선 등과 같은 전자기파로도 관측되지 않고 오로지 중력을 통해서만 존재를 인식할 수 있는 물질-역주)이라고 불리는 새로운 에너지가 증가하는 것처럼 보입니다.

우주 안에서 전체적으로 새로운 진화가 일어나면 우주는 그 새로운 생각을 포용하기 위해 지금보다 더 거대해져야 합니다. 이를 위해 우주는 크기를 늘리는 대신 일종의 분열을 합니다. 마치 우리 몸의 세포가 분열하듯 말입니다. 하지만 우주는 차원의 관점에서 분열을 겪습니다. 어떤 차원적인 분열이 생겨날 때(3차원의 현실에서도 자주 일어나는 일입니다) 내파 또는 폭발이라고 부르는 현상이 생겨납니다. 그러면 그 차원의 현실에 속한 모든 것의 본성, 특성, 법칙도 변하게 됩니다. 3차원 내에서 폭발이 일어나면서 차원들이 팽창하고 그 결과로 생겨나는 물리적 효과 때문에 빅뱅 이론도 탄생했습니다. 하지만 이것은 끊임없이 계속되는 우주 진화의 단면적인 모습일 뿐입니다.

새롭게 생겨난 차원의 에너지 진동은 이전 차원보다 높습니다. 이 우주 안에 위치하는 각각의 은하계를 살펴보면 우주 안에는 블랙홀과 같이 여러 개의 차원이 있다는 증거를 많이 발견할 수 있습니다. 블랙홀은 많은 사람들이 알고 있듯이 에너지를 끌어당길 뿐 아니라 방출하기도 합니다. 블랙홀은 간차원적(interdimensional) 관문입니다. 이러한 간차원적 특성 때문에 블랙홀은 3차원에 있는 사물과 같은 성질을 띠지 않습니다. 그래서 다른 무엇보다도 시공을 어긋나게 합니다.

블랙홀은 지금 우리가 사용하는 공식으로는 이해될 수 없습니다. 그 이유는 현재의 3차원적 현실에서 우리가 접할 수 있는 에너지 진동과는 완전히 다른 에너지 진동을 가지고 있기 때문입니다. 예컨대, 블랙홀의 유니테리성(unitary: 양자역학으로 기술되는 모든 계에서 우리가 주어진 물리계의 기술을 변환하더라도 그 존재 확률은 보존됨을 의미하는 양자역학의 매우 중요한 특성-역주) 또한 블랙홀의 간차원적 특성 때문에 생긴 결과입니다. 암흑물질과 블랙홀은 절대 부정적인 공간이 아닙니다. 그들은 단지 우주 내에서 벌어지는 간차원적 현상일 뿐입니다.

통합된 의식인 근원

우주의 본질을 이해하기 위해서는 훨씬 더 먼 과거로 가야 합니다. 지금 우리가 살고 있는 물리적 현실이 시작된 시점으로, 과학에서 말하는 우주의 대폭발이 있었던 시점으로, 그리고 모든 차원들이 시작한 시점으로 되돌아가야 합니다. 영원성은 일직선상으로 존재하지는 않지만 편의상 우주가 시작된 시점을 태초라고 부르겠습니다.

태초엔 모든 것이 하나였습니다. 하나됨은 머릿속 지식이 아닌 느낌으로 알 수 있는 개념입니다. 하나됨은 잠재적 에너지의 상태로 존재했습니다. 하나됨은 모든 것이자 그 모든 것의 반대이기도 했습니다. 이러한 하나됨에는 "통합된 의식(unified consciousness)"이 들어 있었습니다. 측량할 수 없고, 영원하고, 한계가 없는 이 통합된 의식에 이름을 붙이기만 해도 그 즉시 "그것(it)"이라는 대상이 되어버리고 진정한 본질을 잃고 맙니다.

하지만 이 의식에 대해 당신이 알고 있는 지식을 꺼내기 위해서는 이 의식이 인간 사회에서 다양한 이름으로 불렸다는 사실부터 알아야 합니다. 신, 대정령, 푸르샤(Prusha: 영원하며 외적 사상에 좌우되지 않는다고 간주되는 참된 자아-역주), 에너지, 누멘(Numen: 라틴어로 신, 영혼, 신성을 뜻하는 말-역주), 전능의 신, 무한의 궁극, 전지의 신, 통일장, 알라, 상위자아 등은 아마도 들어본 이름일 것입니다. 저는 이 하나됨을 근원(Source)이라고 부를 것입니다. 왜냐하면 근원은 이 책의 전반에 걸쳐 나오는 통합된 의식의 본질을 조금이나마 잡아낼 수 있는 중립적인 단어이기 때문입니다.

당신이 태어나 이 물리적인 경험 속에 들어오기 전에도 당신은 이미 근원의 공간 속에서, 또한 그 공간으로서 존재합니다. 당신은 자아에 대해 특정한 느낌을 가진다고 말할 수 있지만 그러한 느낌 때문에 객관적으로 그 밖의 다른 대상과 다르다거나 별개로 인식하는 것은 아닙니다. 당신은 본질적으로 "당신의 상위자아(your higher self)"라고 불리는 실재로서 존재합니다. 당신의 상위자아는 영원하고, 형체가 없으며, 전능한 의식입니다. 그리고 그것이 바로 당신의 참자아입니다. 당신은 생애를 살 때마다 그 실재에서 시작하고 그 실재로 돌아갑니다. 당신의 상위자아는 당신의 과거와 현재가 모두 담긴 모습입니다. 근원의 에너지 진동수와 관련해 그 실재를 상위자아라고 부르는 까닭은 물리적인 구조체보다 훨씬 높은 진동수를 가지고 있기 때문입니다. 그리고 당신과 상위자아와의 연결고리는 끊을 수 없습니다. 왜냐하면 애초에 당신의 상위자아가 당신이라는 생각에 집중해서 당신을 창조해냈기 때문입니다. 상위자아는 에너지의 단위라기보다는 근원의 큰 흐름 속에 들어 있는 작은 흐름입니다.

아주 오래 전 우리가 앞으로 근원이라고 부를 이 통합된 의식은 처음으로 소망을 가졌습니다. 바로 자기 자신을 알고 싶어 했습니다. 하지만 근원이 하나됨의 상태를 아는 것은 오직 하나됨과 분리된 상태를 통해서만이 가능했습니다. 그래서 이 하나됨 안에서 처음으로 이탈이 생겨났습니다. 그것은 첫 번째 움직임(movement)이자 그때 당시 여전히 비물리적이었던 이 비(非)장소에 있던 나머지 것들과 일치되지 않았던 첫 번째 반대되는 에너지 진동이었습니다. 움직임이 커질수록 다른 움직임을 끌어당겼고, 그것은 점점 더 나머지와 분리되었습니다. 물리적 현실은 이러한 움직임이 최대한으로 분리된 상태입니다.

분리의 과정에서 나온 첫 번째 물리적 현상은 바로 빛이었습니다. 빛은 전자기 방사선의 한 형태입니다. 우리가 이 전자기 방사선을 첫 번째 현상이라고 부르는 이유는 그 때까지만 해도 존재하지 않았던 아주 중요한 이중적 특성을 가졌기 때문입니다. 다시 말해, 빛은 파장의 성질뿐 아니라 입자의 성질을 함께 가지고 있습니다. 입자는 본래 고정적(불변하고 한정된)으로 보이는 에너지의 진동입니다. 입자의 특성과 행동 때문에 당신은 이 물리적 현실을 고정적이라고 보고, 실제로 느낄 수 있습니다.

당신이 보고 느끼고 만지는 모든 것은 단지 에너지의 진동이라고 불리는 특정한 움직임일 뿐입니다. 이 에너지 진동은 너무나 오랫동안 움직였기(또는 진동했기) 때문에 분리되었고, 그 모습도 고정적으로 보입니다. 이 물리적 경험이 당신의 눈에는 고정적으로 보이지만 실제론 그렇지 않습니다. 당신의 귀, 눈, 코, 혀, 신경체계(이들 또한 에너지 진동입니다)는 단지 다른 에너지 진동을 해석하고 있는 것입니다. 그리고 그러한 에너지 진동이 바로 당신이 경험하는 소리, 색깔, 냄새, 맛, 촉감입니다.

물리적인 것이 세상의 전부이고, 물리적인 구조는 고정적이고 변하지 않으며 변경이 불가능하다는 생각이 우리의 가장 큰 망상 중 하나입니다. 우리는 각성의 시대 또는 뉴에이지(new age)라고 불리는 시대에 살고 있습니다. 우리는 근원을 향해 다시 돌아가는 시점(하나됨을 아는 시점)에 도달했습니다. 지금 이 지구상에 태어나는 세대들은 점점 더 깨닫고 있으며, 근원에 대한 자신의 내적 지식과 점점 더 연결되고 있습니다. 시간은 항상 변하고 있습니다. 그리고 현재 더 빠른 속도로 변하고 있습니다.

이 통합된 의식이 이미 하나됨을 얻은 상태에서 제일 먼저 하나됨을 떠나려고 했다는 점이 이상하게 보일 수도 있습니다. 하지만 통합된 의식은 본질적으로 매우 우주적이며 광범위한 형태입니다. 이와 관련해 영국의 시인 T.S. 엘리엇은 다음과 같은 글을 남겼습니다.

"우리는 결코 탐험을 멈추지 않을 것이며, 모든 탐험의 끝은 우리가 출발한 곳에 도착해서 그 장소를 처음으로 알게 되는 것이다."

하나됨의 법칙, 끌어당김의 법칙

본래 근원은 존재에 속한 기능입니다. 근원은 창조자로서의 기능(이 물리적 현실에서 우리와 관련된 기능입니다)을 담당하나 존재에 종속되어 있습니다. 이렇듯 자기 자신과, 그리고 진정한 하나됨을 알고자 하는 욕구를 충족시키기 위해 오늘날 우리가 경험하는 모든 물리적 법칙을 포괄하는 법칙이 우주 내에서 창조되었습니다. 법칙이라는 단어는 위의 원초적인 욕구에 적용되면 단순히 보편적인 어떤 특질을 의미하는데, 이 특질은 예외 없이 무조건적이고 반복적으로 적용되며 우주의 본질적인 면이기도 합니다. 그것은 바로 "하나됨의 법칙(law of oneness)"이었습니다. 이 시대의 많은 사람들은 이 법칙을 "끌어당김의 법칙(law of attraction)"이라고 부릅니다. 그래서 저도 지금부터 끌어당김의 법칙이란 용어로 사용할 것입니다. 하지만 정확히 표현하자면 하나됨의 법칙이라고 불러야 합니다. 왜냐하면 근원은 이 법칙이 완전히 한 바퀴 돌아 원점으로 돌아오는 법칙임을 알았기 때문입니다.

본질상 이 법칙은 최대한 근원을 분리시키기 위해 작용하지만 결국에는 모든 이탈된 대상을 촉진하여 다시 진정한 하나됨으로 돌아가게 합니다. 쉽게 말하자면, 하나됨에서 처음으로 이탈된 에너지 진동이 하나됨으로부터 다른 에너지 진동을 끌어당깁니다. 그리고 각각의 이탈된 에너지 진동은 최대치에 도달할 때까지 계속해서 더 많은 에너지 진동을 끌어당겨 이탈시킵니다. 일단 최대치에 도달하면 계속해서 비슷한 것끼리 끌어당기려고 하는 법칙 때문에 반대로 이들 이탈된 에너지 진동들을 다시 하나됨으로 끌어당기기 시작합니다.

끌어당김의 법칙을 간단하게 요약하자면 자신과 비슷한 것을 끌어당기는 것입니다.

가장 광범위한 수준에서 볼 때, 만약 근원이 아닌 것이 없고 비슷한 것끼리 서로 끌어당긴다면, 우리가 가질 수 있는 궁극적인 진실과 결과는 오직 하나됨뿐입니다.

끌어당김의 법칙은 우주 안에 존재하는 모든 에너지 진동을 이끄는 힘이라고 볼 수 있습니다. 끌어당김의 법칙은 영혼, 생각, 물리적 현실의 수준에서 서로 일치되는 에너지 진동들은 모이게 하고, 일치되지 않는 진동들은 서로 떨어지게끔 명령을 내립니다. 끌어당김의 법칙에서 정지버튼이란 존재하지 않습니다. 어떤 허점도 없습니다. 이 법칙은 하루도 쉼 없이 영구적으로 작동합니다. 우리가 가진 진정한 자유를 인식하지 못할 땐 법칙이란 생각을 좋아할 수 없습니다. 이 책에서 좀 더 상세히 설명하겠지만 이 법칙은 당신의 가장 친한 친구가 될 수 있습니다. 끌어당김의 법칙을 완벽하게 작동시키기 위해서 반드시 이 법칙을 이해할 필요는 없습니다. 이 법칙은 당신이 이해하든 못하든 작동하고 있습니다. 일단 이 법칙을 진정으로 이해하게 된다면 단 한 순간이라도 이 법칙으로부터 자유로워지고 싶지 않을 것입니다.

2장

나는 누구인가?
나는 왜 이곳에 있는 것인가?
What Am I and Why Am I Here?

나는 이곳에 있다.

내 손,

내 발,

내 얼굴은

내 인생의 사계절이 도착하고 떠나는 것을

보기 위해서 있다.

각각의 계절은 궁극을 향해 올라가지만

소모적인 시간 속으로 빠지고 만다.

얽히고 설켜 있는 인류는

영원히 신성을 찾는다.

그 이유는 무엇인가?

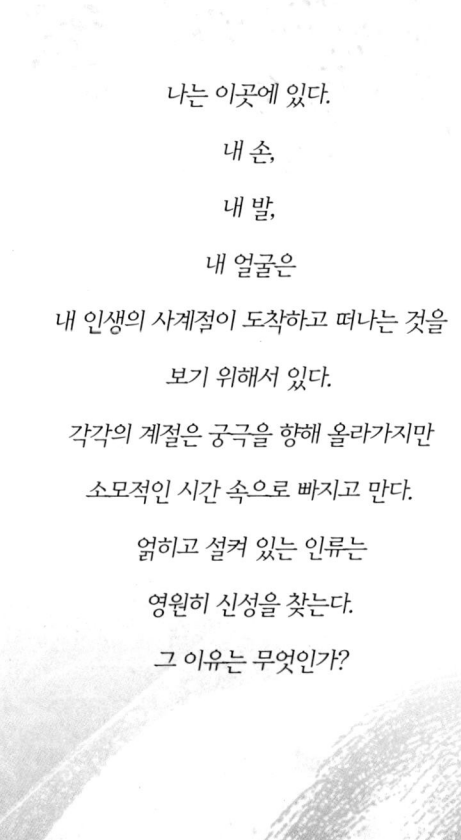

근원에서 이탈한 이들 에너지 진동 중 하나는 생각의 에너지 진동이었습니다. 이것이 바로 우리가 "당신의 상위자아"라고 부르는 흐름을 만들어냈습니다. 생각의 에너지 진동에서부터 툴파(Tulpa)의 에너지 진동(일부 문화에서는 툴파를 "생각 형태"라고 부릅니다)이 생겨났고, 툴파의 에너지 진동에서 물리적 형태의 에너지 진동이 생겨났습니다. 당신이 그런 물리적 형태입니다. 본래 당신은 하나의 생각이었지만 근원과, 궁극적으로는 당신의 상위자아가 당신이라는 생각에 집중해서 존재로 만들었습니다. 그렇기 때문에 오늘 여기에 앉아 이 책을 읽고 있는 당신은 근원으로부터 최대한 발전된 모습입니다. 당신은 근원과 분리된 존재가 아닙니다. 당신이 곧 근원입니다. 하지만 당신은 근원과 당신의 상위자아의 선구적인 부분으로 살아가면서 지금의 물리적 형태보다 훨씬 광범위한 차원의 존재라는 사실을 잊어버릴 때가 많습니다. 또한 근원 자체의 진화가 근원 에너지의 선구적인 부분인 바로 당신 때문에 일어나고 있다는 사실도 잊어버렸습니다. 당신이 알고 있는 당신은 이미 언급한 이 모든 수준에서 동시에 존재하고 있습니다.

당신의 비물리적 부분의 관점에서 물리적이라고 부르는 이 고정적이고 입자와 같은 3차원에서 자신의 모습을 드러내는 일은 숭고한 결정일 뿐 아니라 열정이 넘치는 결정이기도 합니다. 물리적 차원은 나름의 본성 때문에 다른 차원에서는 할 수 없는 방식으로 우주 안의 진화를 촉진합니다. 그 방식이란 당신이 발산하는 에너지 진동이 무엇이든 그것을 현실에 나타나게 하는 것입니다. 이 말은 근원에게 물리적 현실은 선함과 악함, 긍정과 부정과 같은 반대적인 속성들이 한데 어우러져 있는 아주 완벽한 놀이터임을 뜻합니다. 당신과 공명을 이루고 있는 것을 경험하게 되는 이 특정한 방법은 당신이(따라서 근원이) 원하는 것이 무엇인지 알도록 도와줍니다. 당신이 원하는 것에 집중할 때 근원은 자신이 무엇이 되어야 하는지, 또한 그것이 무엇인지 알 수 있습니다.

대조체험의 이로움

당신이 부정적이라고 보는 것을 경험할 때마다 당신 안에서는 그것과 반대되는 것이 생겨납니다. 그것은 검은색이 있을 때 비로소 흰색이 무엇인지 아는 것과 같습니다. 또한 부정적인 것이 있을 때 긍정적인 것이 무엇인지 알 수 있는 것과 같습니다. 서로 상반된 것이 어울려있는 이 놀이터를 통해 당신은 매일 향상된 생각을 갖게 됩니다. 그리고 근원이 장차 되려는 것이 바로 이 향상되고 수정된 생각들입니다. 이러한 생각이 되려고 하는 근원의 진화는 그 즉시 일어납니다. 당신이 긍정적으로 수정된 생각을 일으키는 순간, 그 생각은 생각의 에너지 진동으로 존재합니다. 그리고 당신의 가장 광범위한 부분(여기서부터는 이것을 당신의 상위자아라고 부를 것입니다)은 정확히 그 생각의 에너지 진동이 됩니다. 말하자면 당신의 상위자아는 바로 이 수정된 생각이 되고, 수정된 에너지 진동이 됩니다. 하지만 당신은 여전히 당신의 상위자아의 선구적인 부분이기 때문에 당신의 상위자아가 (크게는 근원이) 지니고 있는 에너지 진동과는 다른 에너지 진동을 가질 수 있습니다.

이는 자연스러운 상태가 아닙니다. 당신은 자신이 창조한 것과 다른 진동수에서 공명하고 있을 땐 기분 좋은 감정이 들지 않기 때문에 이 상태가 자연스러운 상태가 아니라는 점을 알게 됩니다. 당신이 당신의 상위자아와, 그리고 당신이 원하는 것과 상반된 공명을 가지고 있는 이유는 수정되고 개선된 생각의 진동수가 아닌 이전 생각의 진동수로 진동하는 생각을 품고 있기 때문입니다. 그 생각들을 정기적으로 자주 하게 되면 그것은 의식적인 또는 무의식적인 믿음으로 발전합니다. 이 물리적인 현실에서 믿음은 고정불변의 진실로 느껴지는 때가 많습니다. 그러나 이 생각들은 말 그대로 생각일 뿐인데, 너무나 자주 떠올려져서 자신과 똑같은 생각들을 더 많이 끌어당기고(끌어당김의 법칙으로 인해) 결국 당신이 증거라고 부르는 물리적인 모습으로 나타나기 시작합니다. 이러한 증거는 당신이 맨 처음 가지고 출발한 믿음을 강화하기 때문에, 당신은 점점 더 자신의 에너지 진동을 통제하지 못하는 상태로 무심코 빠져듭니다.

당신이 이러한 악순환에 빠져드는 이유는 가장 중요한 지식을 잃었기 때문입니다. 그 지식이란, 생각을 지배할 수 있는 사람은 바로 당신, 오직 당신이라는 것입니다.

이는 강력한 진술이며 엄청난 지식입니다. 왜냐하면 당신의 생각은 당신의 공명을 조종하고, 당신의 감정은 당신이 옳은 생각을 선택했는지, 이에 따라 부정적인 것(당신이 창조하고 싶고 되고 싶은 것과 일치하지 않는)과 공명하고 있는지 아니면 긍정적인 것(당신이 창조하고 싶고 되고 싶은 것과 일치하는)과 공명하고 있는지 그 여부를 알려줄 수 있기 때문입니다. 대부분의 사람들은 자신도 모르게 창조의 순환에 빠져듭니다. 어떤 사람은 자신이 어떤 것과 공명하고 있는지 모를 수도 있습니다. 왜냐하면 그 사람은 자신의 감정이 무엇을 의미하는지 모르고, 또한 자신이 생각을 통제한다는 사실도 모르기 때문입니다. 오히려 그 사람은 자신에게 발생하는 일들에 반응해서 생각을 하고 감정을 품는 상태에 빠져있습니다. 진실은 그 반대인데 말입니다.

이런 삶을 사는 것은 그저 현상만 보고 그 현상의 배후에 있는 인생의 전반적인 진실을 놓치고 있는 것입니다. 그 진실이란 당신의 삶 속에 존재하는 모든 것은 당신이 이전에 공명하고 있던 것이 나타난 모습이라는 것입니다. 이 지식을 알고 활용하여 당신의 삶을 의식적으로 창조할 때, 당신은 현상 이전의 모습을 이해하는 상태에서 살게 됩니다. 그리고 애초에 당신이 이번 생애에 오려고 한 것도 바로 이 목적에서였습니다.

당신의 상위자아가 당신이란 생각에 집중하여 물리적인 형태로 되기 전에는 부정적인 에너지 진동과 그로 인한 현상들이 존재하는 장소에 대해 두려움이 없었습니다. 왜냐하면 당신이 무엇이 될지 정하는 데 그것들이 도와주는 역할을 한다는 사실을 알고 있었기 때문입니다. 다시 말해, 당신이 행복을 정의하는 일에 그것들이 도움이 된다는 사실을 알고 있었습니다. 원래 당신은 당신 자신이기도 한 궁극적인 자유를 잊지 않고 있던 공간에 있었습니다. 그때는 진정한 자신을 알고 있었기에 자신의 생각을 완전히 통제할 수 있었고, 부정적인 진동을 수용하고 그들과 에너지 공명을 이루는 것에도 두려움이 없었습니다. 오히려 물리적 차원은 당신이 직접 보고 경험할 수 있는 좀 더 업그레이드 된 사탕가게 같아 보였습니다. 당신이 좋아하고 싫어하는 맛이나 질감을 관찰하고 경험함으로써 자신이 원하는 것이 무엇인지 더 잘 알 수 있었습니다. 또한 당신이 원했던 것에 초점을 맞춤으로써 그것을 가질 수 있었습니다. 심지어 그것을 찾으려고 노력할 필요가 없다는 사실도 알고 있었습니다. 왜냐하면 물리적 삶이라고 불리는 이 사탕가게에서는 끌어당김의 법칙 덕분에 생각하는 것은 무엇이든 다 당신의 것이 되기 때문입니다. 당신이 생각하는 것은 노력을 전혀 기울이지 않아도 당신에게 옵니다. "어떻게" 오는가는 당신이 관여할 일이 아닙니다. 이는 원래부터 그랬습니다. 당신은 긍정성을 위해 부정성을 발판으로 삼아 추는 댄스가 즐겁고 이로울 뿐 아니라 존재하는 모든 것에 도움이 된다는 사실을 물리적 세계에 오기 전에 이미 알고 있었습니다. 당신이 행복을 찾을 때, 즉 우주의 궁극적 진실은 하나됨이라는 것을 알 때, 모든 사람들은 당신과 함께 행복을 찾을 수 있게 됩니다.

물리적 존재가 되기 전에 당신은 부모님의 모습과 그들의 인생 경험을 지켜보면서 완전히 파악했고, 그들의 긍정적인 에너지 진동뿐 아니라 부정적인 에너지 진동을 받아들이면서 그들과 함께 이 물리적 존재 속으로 들어오기로 결심했습니다. 그 이유는 두 가지 에너지 진동 모두 당신의 존재에 도움이 된다는 사실을 알았기 때문입니다. 삶(부모님의 삶을 포함하여)에 대한 당신의 목적은 너무나 강력해서 부모님이 물리적인 존재가 되기도 전에 이미 같은 물리적 경험 속으로 들어올 계획을 그들과 함께 세웠을 수도 있습니다. 지금 당장은 그렇게 느껴지지 않을지 모르지만 부정적인 경험은 당신에게 해가 되기보다는 이롭습니다. 만약 당신이 무엇인가로부터 떨어져 나올 시작점이 없다면 당신은 진화할 수 없습니다. 당신이 오직 긍정적인 것만 경험한다면 우주 안에는 어떤 움직임도 없을 것입니다. 또한 당신은 단 하나의 생각도 만들어내지 않을 것입니다. 그러므로 창조할 수도 없습니다. 그 안에는 자유의지도 없을 것입니다. 당신의 존재함에 있어 궁극적인 진실은 당신은 자유롭다는 것입니다. 그것이 최종 목적지이며, 우리는 아직 그곳에 이르지 않았습니다.

삶이 투쟁이 되는 이유

오늘날 인간이 경험하는 물리적 현실을 만들어내는 생각들은 여러 가지 유익한 이유로 인해 "출생의 과정"이라는 생각에 도달할 정도로 진화했습니다. 하지만 출생이 이루어지려면 아기는 여성의 산도를 통해 밖으로 나올 수 있을 만큼 크기가 작아야 합니다. 따라서 아기는 상대적으로 미성숙한 상태로 태어납니다. 또한 미성숙한 상태에서 태어났기 때문에 아기는 많은 보살핌을 필요로 합니다. 이때 우리는 아기를 보면서 이렇게 말하는 실수를 저지릅니다. "나는 이 아기를 보살피는 사람이야. 나는 아기를 먹여 살리고 안전하게 보호해주고 지켜주는 사람이야." 이 말은 분명히 맞습니다. 왜냐하면 아기가 너무 연약해 보이기 때문입니다. 그러나 신성한 목적을 가지고 자신의 상위자아에 의해 인도되고 에너지를 공급받아 첫 9개월 동안 저절로 물리적 존재로 형성된 이 아기는 태어나는 순간 부모에게 넘겨진 것이 아닙니다. 근원에서 아기에게로 흐르는 흐름은 평생 동안 지속됩니다.

새로 태어난 아기를 돌보고자 하는 본능은 근원에서 부모에게 흐르는 에너지입니다. 바로 이 에너지가 부모로 하여금 아기를 돌보고 싶은 긍정적인 충동을 느끼게 만듭니다. 그러나 우리가 문제에 부딪히기 시작하는 때는, 바로 이 아기 자체이기도 한 근원을 대신해서 영향력을 행사하려고 하면서, 우리의 에너지 진동으로 아기를 대하려고 할 때입니다. 또한 삶을 투쟁이라 생각할 때나, 아기를 우리와는 다른 시기에 태어난 점만 다를 뿐 우리와 같은 존재라고 생각하는 대신 우리의 소유라고 생각할 때입니다.

우리가 우리의 상위자아에게 저항하는 진동 상태에 있지 않은 한 인생이 투쟁이 될 이유는 없습니다. 부모가 된 우리는 우리의 경험을 의식적으로 창조할 수 있다는 사실을 잊어버렸습니다. 우리는 다른 사람들이 우리에게 어떤 행동도 할 수 있다는 두려움 속에 떨면서 살고 있습니다. 그래서 아기를 바라보고 그 즉시 우리 안에 가지고 있는 이 근원의 흐름에 대항하면서 뒷걸음질하는 행보를 취하기 시작합니다. 이와 동시에 행복을 얻기 위해서는 물리적 외부 현실이라고 알려져 있는, 우리 주변의 현상들을 통제해야 한다는 가르침을 말이나 행동으로 보여주기 시작합니다. 그리고 이러한 가르침을 몸소 실천하는데, 이는 남에게 무언가를 가르칠 수 있는 가장 훌륭한 방법(유일한 방법은 아닐지라도)입니다. 그러나 우리가 이미 생각을 통해 만들어낸 외부적 현상을 통제함으로써 행복을 얻는 것은 불가능한 일입니다.

오늘날 사회에 살고 있는 대부분의 사람들은 아이가 자신의 생각과 영감을 통한 행동으로 아이 자신을 기쁘게 만드는 일보다 아이가 어떤 행동으로 그들 자신을 기쁘게 해줄까에 더 많은 관심을 갖습니다. 그 이유는 대부분의 사람들이 행복을 되찾는 방법을 스스로 알아내지 못했기 때문입니다. 이런 악순환은 세대에서 세대로 계속 이어져 나갑니다.

부모들은 이렇게 말합니다. "이 아기는 내 소유이기 때문에 나를 기쁘게 만드는 행동을 해야 해." 이것이 아기가 동의하는 개념이 아닐지라도, 어린 시절을 지내면서 어느 때에 이르면 성장한 아이는 그 동안 받은 부모의 영향으로 주변의 에너지 진동을 받아들이겠다는 결정을 내리게 되고 그것과 공명하기 시작합니다. 왜냐하면 아이라는 영원한 존재에겐 이번의 물리적 삶이 새로운 것이고, 주변에서 보는 것을 모방하면서 자신의 삶을 펼쳐나가기 때문입니다. 아이는 자신의 상위자아나 감정보다 다른 사람의 인정이나 반대에 더 많은 자극을 받습니다. 그리고 시간이 흐름에 따라 자신의 내적 지식과 점점 멀어지게 됩니다. 아이는 자신의 가치가 어떤 일을 얼마나 잘하는지에 달려있다고 생각하기 시작합니다. 그 결과 아이가 느끼는 자신의 가치는 점점 흐려집니다. 그 가치를 포기한 것도 아니고, 그 가치가 어디로 가버린 것도 아닙니다. 단지 그 아이(훗날 성인이 되어서도)는 자신의 가치를 보지 못하게 된 것입니다.

우리는 태어난 후 위와 같은 방식으로 환경에 순응하겠다고 결정을 내립니다. 그 이유는 대부분의 경우처럼 그렇게 하지 않음으로써 주변 사람들의 노여움을 사기보다 그렇게 하는 것이 자신에게 좀 더 이롭다고 생각하기 때문입니다. 우리는 무의식적으로 그런 결정을 내리기 때문에(확실히 우리가 내린 결정이 맞지만) 마치 우리가 선택한 일이 아닌 것처럼 느껴집니다. 우리는 에너지의 끌어당김과 소명, 내적 지식과 목적을 어떻게 따라야 하는지 잊어버리고 맙니다. 그들이 어디로 가버린 것은 아니지만 우리의 의식 속에서 잊혀졌습니다. 우리 부모님들도 주변환경 때문에 그렇게 되었습니다. 조부모님들도 주변환경 때문에 그렇게 되었습니다.

어떤 것에도 침해받을 수 없는 존재

이런 식으로 따지면 훨씬 더 오래 전으로 거슬러 올라갈 수 있습니다. 그런데 이러한 패턴은 새로운 집단적 욕망을 낳았습니다. 바로 이 부정적인 에너지 진동을 계기로 삼아 새로운 세대의 탄생을 허용한 것입니다. 우리는 우리의 상위자아를 잊어버리지 않기 위해 새로운 세대를 허용한 것입니다. 새로운 세대는 사회에 순응하지도, 자신의 소명과 내적 지식, 본래의 목적을 잊어버리지도 않을 것입니다. 그들과 함께 사회의 나머지 사람들도 기억 속으로 따라 들어갈 것입니다.

우리가 어떤 에너지 진동을 받아들일지에 대해 선택권이 항상 주어져 있는 것은 사실이나 그렇다고 해서 대부분의 사람들이 이를 제대로 이해하고 있는 것은 아닙니다. 당신의 본질은 손상을 받거나 잃어버릴 수 있는 것이 아닙니다. 어린 시절이나 과거가 어떻든, 또한 아무리 정신적 충격이 큰 경험을 겪었더라도 당신의 상위자아는 손상 받지 않습니다. 당신의 상위자아는 언제나 온전하게 보존될 것이며, 완전한 자신을 드러낼 방법을 영원토록 찾을 것입니다. 기껏해야 당신이 끼칠 수 있는 가장 큰 손해는 당신의 완벽하고 영원한 상위자아의 에너지가 당신의 3차원적 자아로 흐르는 것을 방해하는 일입니다.

아이가 일정한 나이가 된다고 해서 마법에 걸린 듯 갑자기 자신의 에너지 진동을 스스로 통제하고, 자유의지를 갖게 되고, 끌어당김의 법칙에 순응하기 시작하는 것은 아닙니다. 아이가 언어 능력을 갖추기 전에 이미 두려움과 같은 부정적인 에너지 진동을 띠는 경우도 많이 있습니다. 이는 부모님의 생각이나 생활방식을 모방하기 때문입니다. 아이의 부모는 한 가정에서 가장 지배적인 에너지 진동을 가지고 있습니다. 이러한 지배적인 에너지 진동(지배적인 에너지 진동들이 원래 그러하듯 영향력이 매우 큽니다)에 아이는 집중하게 됩니다. 이것은 아이의 잘못이 아닙니다. 아이는 단지 물리적인 삶에 적응하는 과정에서 부모의 말을 따르면서 자연스럽게 이러한 에너지 진동을 띠게 된 것입니다. 자신도 모르게 부정적인 에너지 진동을 자연스럽게 받아들이게 되지만 사실은 그것 또한 궁극적으로 자신이 선택한 일입니다. 애초부터 당신의 선택이었기 때문에 당신의 삶에서 부정적인 에너지 진동이 얼마나 뿌리 깊이 박혀있는지, 또한 얼마나 오랫동안 발산했는지 상관없이, 당신은 어느 때라도 다른 에너지 진동을 받아들이고 공명할 수 있습니다.

그렇다면 당신이 긍정적인 에너지 진동을 가지고 있는지, 아니면 부정적인 에너지 진동을 가지고 있는지 어떻게 알 수 있을까요? 그리고 당신이 실제로 부정적인 에너지 진동을 가지고 있다면 어떻게 바꿀 수 있을까요?

3장

감정이란 이름의 북극성
The North Star, Called Emotion

감정은…….

비극의 남쪽과

기쁨의 북쪽 사이에 있는

천 가지 길 중에서

당신이 어떤 길을 가야 할지 보여주는 나침반이다.

이따금씩 보이는 반짝이는 화학물질 같은 북극성을 따라가면

집에 다다를 수 있다.

근원으로, 당신이 원하는 삶이 있는 그곳으로.

끌어당김의 법칙은 근원을 포함해 이 우주 안

의 모든 차원에서 작용하고 있습니다. 근원과 당신의 상위자아는 에너지 진동을 즉시 바꿀 수 있는 능력이 있습니다. 그리고 당신이 수정하고 개선한 생각의 에너지 진동과 똑같은 에너지 진동을 근원이 받아들이면 그 진동은 너무나도 커져서 당신은 마치 자석에 이끌리듯 그 방향으로 이끌려가 그것과 하나가 되고 똑같은 존재가 됩니다. 당신은 기회, 사람들, 물건, 아이디어 등 근원과 당신의 상위자아와 에너지 진동 면에서 일치되는 모든 것에 이끌릴 것입니다. 당신이 곧 근원이기 때문에, 이 우주 내에서 당신과 당신의 상위자아보다 더 닮은 것은 없습니다. 우주는 당신의 일생 중 날이면 날마다, 그리고 매 순간마다 당신을 당신의 상위자아 쪽으로 이끌어줄 것입니다. 당신이란 존재는 결코 길을 잃을 수 없습니다. 물리적 삶에 의해 영감을 받을 땐 필연적으로 무언가를 원하게 됩니다. 그리고 당신이 무슨 일을 하든지 성장, 발전, 진화는 삶의 결과로서 필연적으로 나타나게 됩니다.

당신이 "비저항"의 길을 걷는다면, 다시 말해 자신을 상위자아(항상 당신에게 가장 이로운 쪽으로 작용하는)가 이끄는 대로 자석처럼 끌려가게 내버려둔다면 당신의 삶은 기쁨으로 가득 차고, 원하는 모든 것을 얻을 수 있습니다. 당신은 상위자아와 항상 일치하는 존재입니다. 그럼에도 불구하고 당신은 상위자아와 반대되는 부정적인 에너지 진동과 공명되는 생각을 품을 수 있습니다. 만약 당신이 상위자아와 다른 진동을 가질 수 없다면 자신이 원하는 것이 무엇인지 알 수 있을 만큼의 충분한 경험을 하지 못합니다. 따라서 근원도 진화하지 못합니다. 그렇게 되면 부조화도 없고, 그로 인해 배우는 것도 없을 것입니다.

그러나 상위자아와 반대되는 에너지 진동과 공명되는 생각을 품는다면 그것은 당신이 자석의 한쪽 극인데 자체의 극을 바꿔버린 경우와 같습니다. 그 결과 에너지 진동면에서 엄청난 마찰력이 생기는데, 이 싸움에서 당신은 결코 이길 수 없습니다. 왜냐하면 당신의 상위자아가 전체적으로 당신에게 집중하는 것을 막음으로써 당신은 에너지를 잃게 되기 때문입니다. 결국 당신의 건강은 악화됩니다. 뿐만 아니라 당신은 지금의 부정적인 에너지 진동과 공명하는 현상과 일치하게 됩니다. 하지만 이런 상황을 두려워할 필요는 없습니다. 당신의 감정이 당신의 현재 상태를 정확히 알려주기 때문입니다. 당신의 감정은 꾸며낼 수 없습니다. 당신이 부정적인 감정을 느끼고 있다면 지금 그런 일을 하고 있다는 뜻입니다.

오늘날 이 물리적 차원을 살아가는 대부분의 성인들은 그들의 가장 정확하고 예리한 감각을 잊은 채 살고 있습니다. 그것은 바로 감정입니다. 보통의 사람들도 감정이 존재한다는 사실은 알고 있지만 단순히 감정을 위협적인 존재로 보고 있습니다. 즉 감정을 맞서서 싸워야 하는 대상으로 보거나 감정이 자신을 무기력하게 만든다고 생각합니다. 또한 감정을 자신의 결점으로 치부하거나 심지어 믿어서는 안 된다고 생각합니다. 그들은 감정이 무엇인지 모르고, 감정이 왜 존재하는지도 모릅니다. 우리는 감정의 노예가 되는 상황과, 아니면 180도 태도를 확 바꿔서 감정과 전쟁을 일으키는 상황 사이를 왔다 갔다 합니다.

　현재 수천억 원 규모에 이르는 의약품 산업이 사람들의 감정을 억누르고 행동을 변화시킬 수 있는 약을 개발하여 막대한 이윤을 챙기고 있습니다. 이 모든 것이 근원에 대한, 우리의 진실한 자아에 대한 저항입니다. 또한 당신이 어디 있든 언제라도 찾을 수 있는 진실한 기쁨에 대한 저항입니다. 왜냐하면 당신의 모든 힘은 지금 이 순간에 존재하기 때문입니다. 당신의 감정은 삶이라고 불리는 모험 속에서 당신을 인도해줄 수 있는 나침반입니다. 그리고 이 나침반 하나면 충분합니다.

에너지의 흐름, 에너지의 교향곡

　당신은 특정한 에너지 진동이기도 한 동시에 에너지 진동들의 집합체입니다. 당신은 이 모든 진동들을 통제할 수 있습니다. 근원은 생각이나 물리적 현상 속의 부정적인 에너지를 부정적이라고 보지 않습니다. 부정적인 에너지에도 신성한 목적이 있기 때문입니다. 근원 자체는 희석되지 않은 본래의 긍정적인 에너지입니다. 그 이유는 우리가 근원이 그렇게 되기를 바라기 때문입니다. 근원은 우리가 진정으로 원하는 것이 무엇이든 그것의 진동이 됩니다. 여기에 "진정으로"라는 표현을 덧붙인 이유는 근원은 우리가 때때로 의식적으로 원한다고 생각하는 것 너머 우리가 진정으로 원하는 것을 알기 때문입니다.

　예컨대, 근원은 어느 누구도 다른 사람을 죽이고 싶어 하지 않는다는 점을 알고 있습니다. 우리가 원하는 것은 자신과 자신의 현실을 통제할 수 있다는 느낌과 자유롭다는 느낌입니다. 살인은 무력하고 불안하고 두려운 자신의 현재 상황에서 자유와 통제력을 다시 찾고자 할 때 저지르는 충동적인 행동일 뿐입니다. 그러나 근원은 완전히 자애로운 존재입니다.

우리가 어떤 생각을 하는 순간, 그 생각은 우리가 원하는 것과 에너지 진동면에서 일치하거나 일치하지 않습니다. 당신은 이것을 에너지의 교향곡이라고 생각할 수 있습니다. 한 가지 대상에 집중할 때 그 대상에 대한 당신의 생각은 에너지 진동을 가지게 되는데, 이 진동을 음표나 주파수에 비유할 수 있습니다. 이 주파수는 근원이라고 불리는 관현악단의 주파수와 일치할 수도 일치하지 않을 수도 있습니다. 일치하지 않는 경우, 당신은 음악(당신의 상위자아에서 나오는 에너지의 흐름)이 흐르는 것을 스스로 허용하지 않는 것입니다. 이 흐름을 허용하지 않을 때 당신이 소망하는 것과 당신이 일치하는 것을 허용하지 않는 것입니다 그리고 당신의 기쁨도 자유도 허용하지 않는 것입니다.

계속해서 음악에 비유하자면 음표에는 도, 레, 미, 파, 솔, 라, 시가 있지만 "도가 아닌 것", "레가 아닌 것"에 해당되는 음표는 없습니다. 마찬가지로 우주에는 "반진동(anti-vibration)"과 같은 것은 없습니다. 당신은 자신이 원하는 것과 에너지 진동 면에서 공명을 이루거나 아니면 다른 것과 공명을 이루고 있는 것입니다. 만약 당신이 "나는 A를 원하지 않아"라는 생각이나 "A가 아닌 것"에 집중하고 있다면 당신의 진동은 다름 아닌 A와 공명하고 있는 것입니다. 이를 테면, 당신이 A를 원하지 않는다는 점을 알고 있을 때 자신에게 유리하게 끌어당김의 법칙을 사용하는 유일한 방법은 우선 자신이 A를 원하지 않는다는 사실을 알고, 그런 다음 B를 원한다는 사실을 깨달은 후, B와 공명을 이루기 위해 B에 집중하는 것입니다.

당신이 원하는 것과, 그리고 당신의 상위자아와 공명을 이루고 있는지의 여부를 알 수 있는 방법은 감정입니다. 당신의 감정은 이 에너지 진동의 교향곡을 이끄는 지휘자와 같습니다. 대부분의 사람들은 화음이 맞는 곡도 들어보았고 맞지 않는 곡도 들어보았을 것입니다. 부정적인 감정은 화음이 맞지 않을 때 생겨납니다. 반대로 긍정적인 감정은 화음이 맞을 때 생겨납니다. 이러한 에너지 진동들은 신경펩티드(neuro-peptides)라는 물리적인 형태로 자신을 드러내는데, 신경펩티드는 우리 두뇌 속 신경세포인 뉴런에게 전극을 가해 우리가 특정한 반응을 보이도록 유도합니다. 말하자면 감정은 어떤 순간에 우리가 하는 생각의 에너지 진동이 물리적·화학적으로 모습을 드러낸 것이라고 할 수 있습니다.

하지만 당신은 두뇌 기능 이상의 존재입니다. 우리는 마음과 두뇌를 혼동해서는 안 됩니다. 두뇌는 살로 이루어진 정교한 컴퓨터로서 에너지를 처리합니다. 그리고 당신이 마음이라고 부르는 생각은 두뇌를 초월해서 존재합니다. 생각을 일으키는 것은 두뇌가 아닙니다. 두뇌를 작동하게 하는 것이 생각입니다. 두뇌의 기능은 단지 당신이 물리적인 현상과 반응하게 만드는 것입니다. 따라서 두뇌가 손상을 입으면 당신은 단지 물리적인 현상과 반응하지 못할 뿐입니다.

생각의 에너지 진동들을 음표라고 생각할 때 당신의 상위자아(당신이 원하는 것)에서 가장 멀리 떨어져 있는 음표에서부터 상위자아와 완벽하게 공명을 이루는 상태의 음표로 가는 길 사이에는 광범위한 음표가 들어있습니다. 당신의 감정은 이들 두 극단에 있는 음표들 중 하나를 차지합니다. 기쁨과 자유는 한 극단에 있고, 반면에 완전한 무력감과 두려움은 다른 극단에 있습니다. 감정은 나침반처럼 당신이 지금 생각하고 있는 것(그리고 지금의 삶)이 당신에게 옳은 것인지 아닌지를 어느 때라도 알려줍니다.

지금 당신이 발산하는 에너지 진동

그러므로 감정을 불신하기보다는 감정이 우리를 평생 한결같이 인도해주는 나침반이라는 사실을 진심으로 믿어야 합니다. 이는 감정의 본질이 원래 그렇기 때문입니다. 감정의 나침반을 무시하게 될 때 감정은 자신에게 도움이 안 될 뿐 아니라 본래 부정적인 성질이라고 확신하게 됩니다. 사실 우리는 감정이라는 내면의 나침반이 우리에게 점점 더 큰 소리로 외치는 와중에도 이를 무시합니다. 게다가 자신의 기분이 언짢다는 이유로 나침반 자체를 비난합니다. 잘못된 방향으로 갈 땐 너무나 부자연스럽고 비참한 감정이 들기 마련인데 말입니다. 감정은 우리가 어떤 생각을 하고 있는지 알려주는 측정기입니다. 부정적인 감정이 들 때마다 당신이 발휘할 수 있는 한 가지 능력이 있습니다. 그것은 바로 근원의 에너지 진동과 좀 더 일치하는 생각을 찾을 수 있다는 것입니다. 그 생각은 당신의 기분을 지금보다 낫게 만들어주기 때문에 어떤 생각이 근원과 좀 더 일치되는 생각인지 알 수 있습니다. 어떤 생각이든 당신의 기분을 지금보다 더 낮게 만들어 주는 생각이면 됩니다.

사람들은 때때로 자신이 원하는 것(그들의 상위자아)과 점점 더 가깝게 공명하고 있다는 사실을 깨닫지 못합니다. 사실 "분노"의 에너지 진동은 두려움이나 슬픔의 에너지 진동보다 상위자아에 가깝게 공명합니다. 따라서 두려움이나 슬픔에 처한 사람의 기분을 좀 더 좋게 만들어주는 것은 분노와 같은 생각입니다. 비관적인 생각의 에너지 진동은 분노의 에너지 진동보다 상위자아에 가깝게 공명합니다. 따라서 분노가 느껴지는 생각보다 좀 더 기분을 좋게 만드는 것은 비관적인 생각입니다. 비관적인 생각보다 기분을 좋게 만드는 것은 낙관적인 생각입니다. 낙관적인 생각보다 기분을 좋게 만드는 것은 행복한 생각입니다. 이 수준에 도달하면 당신은 상위자아와 공명하고 있는 것입니다. 그러므로 자신이나 다른 사람의 분노를 비난하지 마세요. 만약 그러한 분노가 두려움이나 슬픔 뒤에 오는 감정이라면 상당히 많이 개선된 것입니다. 일단 당신의 감정이 분노라면 이보다 기분을 좋게 만드는 생각을 찾아보세요. 이런 식으로 계속해서 한 단계씩 올라갑니다. 이 과정에서 당신 안의 타고난 능력인 집중력을 사용하세요.

당신은 집중력도 통제할 수 있습니다. 자신의 인생을 창조하는 데 있어 가장 중요한 면에 집중하세요. 집중력도 연습이 필요한 기술입니다. 연습이란 곧 반복을 말합니다. 현재 하고 있는 생각보다 기분을 좋게 만드는 생각을 찾으면 끌어당김의 법칙이 자석처럼 당신을 또 다른 좋은 생각에게 이끌어 줄 것입니다. 이런 식으로 생각은 꼬리에 꼬리를 물고 이어집니다. 지금 당신이 가지고 있는 에너지 진동(생각)이 무엇이든 끌어당김의 법칙은 그것에 반응해 작용합니다. 끌어당김의 법칙은 예외가 없습니다. 이런 이유에서 당신의 물리적 현실은 지금 당신이 발산하는 에너지 진동을 완벽하게 반영해 줍니다. 당신의 물리적 삶은 당신이 가장 많이 발산한 에너지 진동(생각)을 완벽하게 반영한 모습입니다. 오늘부터라도 기분을 좋게 만드는 생각에 집중하는 연습을 하면서 감정이라는 내비게이션을 따른다면 기쁨을 찾을 수 있습니다. 그리고 한 때 당신이 외부적 현실이라고 생각했던 주변 세상은 당신이 지속적으로(심지어 무의식적으로) 기쁨이라고 정의했던 것들로 가득 차게 될 것입니다.

사람들은 감정이 얼마나 중요한지 깨닫지 못하는 경우가 많습니다. 정확히 말하면 감정(당신이 어떻게 느끼는지)은 이 우주 내에 있는 것 중 가장 중요한 것입니다. 왜냐하면 모든 감정은 당신이 상위자아 및 근원과 공명을 이루고 있는지의 여부를 알려주기 위해 존재하기 때문입니다.

상위자아와 공명하는 두 가지 방법

언제라도 당신의 상위자아와 공명하고 기쁨을 찾을 수 있는 두 가지 방법이 있습니다. 하나는 당신이 상위자아의 에너지가 모습을 드러낸 것임을 깨닫는 것입니다. 상위자아의 에너지는 근원의 에너지이며, 우리가 무엇을 원하는 순간 바로 그것이 됩니다. 그러므로 당신이 원하는 것은 무엇이든 당신은 이미 가지고 있습니다. 두 번째는 현재를 원하는 것입니다. 당신이 지금 있는 것에 감사함을 느낄 때 바로 그것을 원하고 있는 것입니다. 감사할 때 당신은 상위자아와 그 즉시 공명을 이루게 됩니다. 그러면 기쁨을 느낄 수 있습니다. 이 두 방법 중 어떤 것이 낫다고는 말할 수 없습니다. 사실 이 두 방법을 함께 사용하면 훨씬 더 효과가 좋습니다. 반대로 만성적인 불행의 늪에 빠지는 가장 빠른 방법은 자신의 욕망을 억누르거나 현재에 대해 싫어하는 점을 보면서 억지로 좋아하는 척 애쓰는 것입니다.

욕망을 없애는 것이 인생을 살아가는 옳은 길이자 기쁨으로 가는 길이라고 설교하는 사람들도 있습니다. 우리는 원하는 것을 갖지 못할 땐 "남의 잔디가 더 푸르게 보이는" 상태에 갇히기 때문에 불행해질 수밖에 없다고 결론 내리기 쉽습니다. 만약 당신이 이런 현실에서 살았다면 애초에 악의 근원과 불행의 씨앗은 욕망이라는 생각이 들 수도 있습니다. 그러나 실제론 그렇지 않습니다. 욕망은 악의 뿌리가 아닙니다. 욕망을 통해 우주는 자신을 좀 더 알게 됩니다. 욕망은 우리가 진화하는 가장 근본적인 이유입니다. 자신이 바라는 것을 어느 때이든 실현시킬 수 있다는 사실을 모른다면 욕망을 악의 뿌리라고 단정 짓기 쉽습니다. 또한 세상이 자신의 외부에 존재하는 것처럼 생각하고 집중할 때도 마찬가지입니다.

만약 세상이 당신의 외부에 존재한다고 확신하면 "자원"은 한정되어 있다는 망상을 가진 채 한정된 시각으로 세상을 바라보게 됩니다. 그런 관점에선 자신이 무언가를 가지려면 누군가로부터 그것을 빼앗아야 한다고 생각합니다. 이는 우리가 욕심이라고 부르는 개념으로 고통을 수반합니다. 우리가 이 우주를 본래의 모습으로 볼 수 있다면 욕심은 존재하지 않습니다. 3차원에 사는 사람들은 우주를 한정된 공간이라고 오해하는 경우가 많습니다. 물리적 상태에서는 경계나 한계와 같은 망상에 사로잡히기 쉽습니다. 그래서 누군가는 근원이 웅덩이와 같아서 모든 사람들이 기쁨을 추구하고 원하는 것을 얻게 되면 바닥을 드러내게 될 것이라고 생각합니다. 그리고 자신이 행복하려면 다른 누군가의 행복으로부터 뺏어와야 한다고 생각하기도 합니다. 그러나 이는 사실이 아닙니다. 이 우주와 근원은 무한합니다. 여기에는 어떤 경계도, 시작도, 끝도 없습니다. 물리적인 모든 것은 비물리적인 것이 응축된 형태입니다. 따라서 당신이 어떤 것을 생각하고 그것과 공명을 이루면 그것은 반드시 현실에 존재하게 됩니다.

생각이 현실화되는 것을 막고, 또한 그 생각을 불가능한 것으로 보이게 하는 유일한 요인은 그것이 당신에게 어떻게 올 것인지에 대해 걱정하는 행동입니다. 이러한 행동은 당신 안에서 걱정이나 비관적인 생각의 에너지 진동을 심어줍니다. 그러한 진동과 공명할 때 당신은 그 생각이 실현되는 것을 허용하지 않는 것입니다. 또한 당신은 애초에 생각하고 원했던 것과 에너지 진동 면에서 일치되지 않고 있는 것입니다. 원하는 바를 어떻게 얻을지는 당신이 걱정할 일이 아닙니다. 그런 고민은 당신의 소망이 물리적 차원에서 실현되는 것을 방해합니다. 어떤 방법으로 실현될지에 대해서는 알 필요가 없습니다. 당신의 생각이 당신이 꿈꿔온 것과 완벽하게 일치될 때 그것은 존재하게 됩니다. 이 우주에는 자원이 무한합니다. 우주에는 모든 것이 넘쳐나기 때문에 모든 사람이 원하는 것을 가져도 우주에겐 아무 손실을 끼치지 않습니다. 오히려 존재하는 모든 것에 이익이 됩니다.

우리는 이제껏 거짓된 생각에 사로잡혀 살았습니다. 그것은 바로 현실과 지금 눈앞에 존재하는 것은 힘든 노력의 대가라는 생각입니다. 이런 잘못된 생각은 현실이 우리가 집중하는 것과는 상관없이 우리의 외부에 존재한다는 비슷한 부류의 잘못된 생각에서 기인합니다. 지금 눈앞에 존재하는 것은 당신이 과거에 무엇에 집중했는지를 보여줍니다. 고정된 현실 같은 것은 없습니다. 그리고 당신 외부에 존재하는 현실과 같은 것도 없습니다. 현실을 직시하고 받아들여야 한다는 생각에서 지금 눈앞에 펼쳐진 현실을 보면 그것에 더 집중하는 결과를 낳습니다. 이는 그것의 에너지 진동만 더욱 강화할 뿐입니다. 당신은 지금 눈앞에 있는 것 이상을 현실로 불러올 수 있습니다. 만약 자신의 의도대로 인생을 창조하고 기쁨을 얻고 싶으면 지금의 현실에 대해 좋은 점과 앞으로 원하는 바에 집중해야 합니다. 그러면 그것은 곧 당신의 현실이 될 것입니다.

4장

운명과 자유의지
Destiny and Free Will

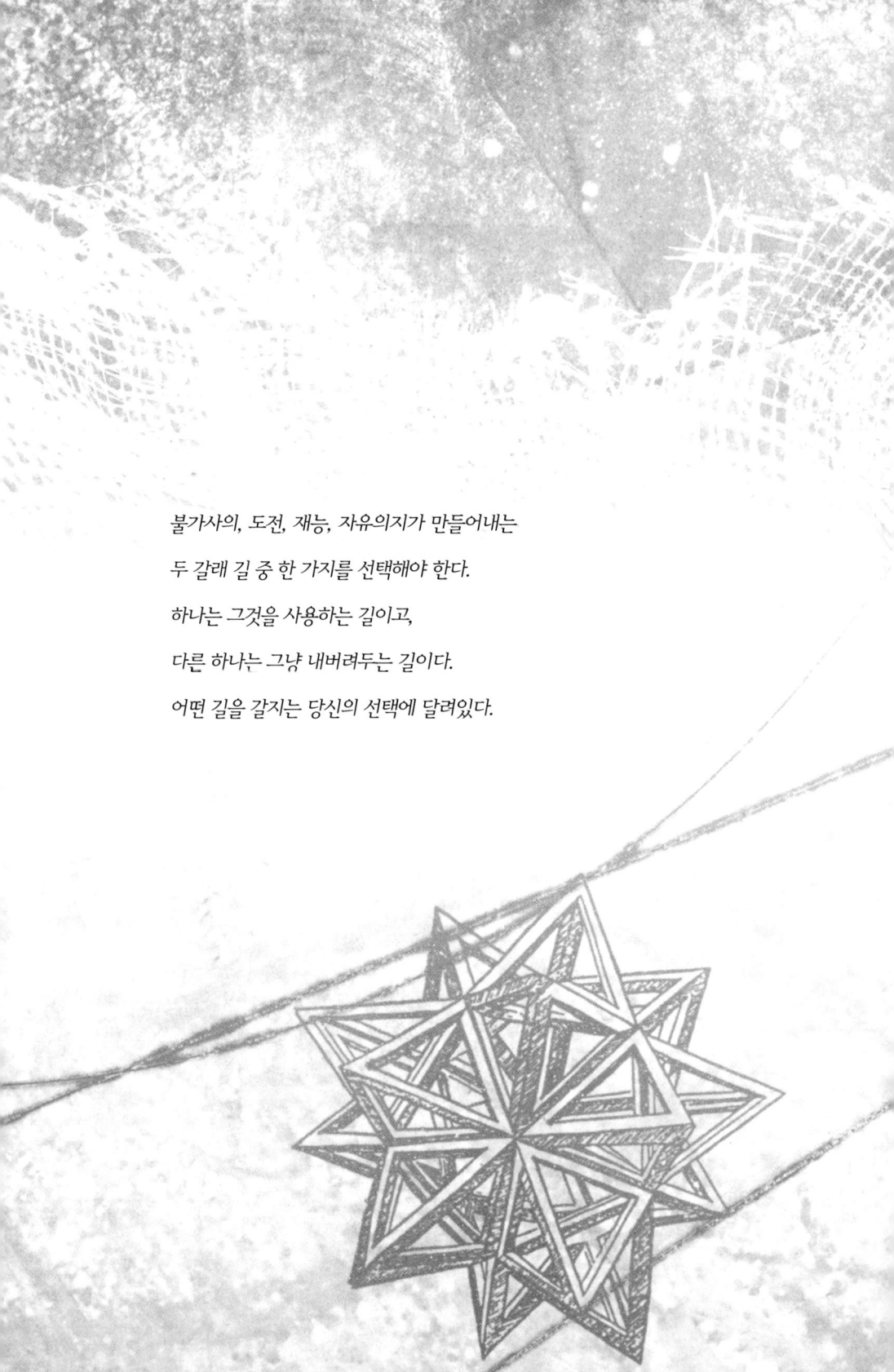

불가사의, 도전, 재능, 자유의지가 만들어내는
두 갈래 길 중 한 가지를 선택해야 한다.
하나는 그것을 사용하는 길이고,
다른 하나는 그냥 내버려두는 길이다.
어떤 길을 갈지는 당신의 선택에 달려있다.

운명과 자유의지

에 대한 서로 엇갈린 주장은 수 세기에 걸쳐 이어져왔습니다. 하지만 이런 주장이 모순인 까닭은 어느 하나가 사실이고 다른 하나가 거짓이 아니기 때문입니다. 둘 다 동시에 사실입니다. 당신은 이번 생애를 펼치면서 살고 있는 동시에 당신에게 플레이를 펼치게 하는 더 큰 그림의 한 부분으로서 존재합니다. 운명과 자유의지의 모순적 관계는 당신이 근원이라는 사실에서 비롯됩니다. 이러한 사실 때문에, 당신은 근원이 자신을 위해 (궁극적으로는 당신을 위해) 진화하려는 근원 자체의 큰 계획에서 벗어날 수 없습니다. 당신은 원래부터 진화하도록 운명 지어져 있기에 당신 스스로 생각하고 느끼고 선택할 수가 있습니다. 따라서 어떤 것을 선택하든 당신은 필연적으로 근원을 그와 똑같은 상태로 이끌게 됩니다. 하지만 당신이 어떻게 진화할 것인지는, 그리고 어떻게 생각하고 선택할 것인지는 미리 예정되어 있지 않습니다. 어떤 생각을 할지, 어떤 소망을 가질지 선택하는 것이 바로 이 자유의지에서 나옵니다.

당신은 근원입니다. 그러므로 당신이 선택하는 것은 무엇이든 근원의 선택이기도 합니다. 이런 점에서 당신과 당신의 실존에 대한 진실은 바로 전적으로 자유로운 존재라는 것입니다. 당신이 이곳에 오기 전에 인생의 하루, 아니 1분에 대해서도 미리 쓰여진 각본은 없었습니다. 말하자면 당신은 매일 어떤 생각을 할지를 스스로 선택함으로써 자유의지를 발휘하고 근원이 가진 본래 계획을 실행해갑니다. 이 계획에 반발할 이유는 전혀 없습니다. 애초에 그 계획을 만든 사람이 바로 근원이기도 한 당신이기 때문입니다. 당신을 통제할 수 있는 존재는 오로지 당신뿐입니다. 자신이 근원이라는 사실을 잊어버릴 때 그에 대한 반발심이 들 수가 있습니다.

운명, 환생, 아카식 레코드

예전부터 운명론을 믿는 사람은 자신의 인생 계획을 전부 다 설계해주고 있는 누군가가 있다고 생각합니다. 즉 자신은 지금 있는 곳에 있어야 하고, 지금 하고 있는 것을 하도록 정해진 운명이 있다고 생각합니다. 또한 자신은 일종의 장기판의 말과 같아서 규정된 계획에 따라 움직여야 한다고 생각합니다. 그러나 운명은 그보다 훨씬 복잡합니다. 당신이 자아라는 생각에 집중해서 물리적 형태로 만들어내기 전에 당신은 상위자아로서 존재합니다. 달리 말하자면, 당신은 근원의 생각입니다. 당신은 근원에 몰입해있기 때문에, 근원의 가장 원대한 관점을 가진 존재입니다. 이러한 원대한 관점과 함께 할 때 당신은 물리적 형태를 넘나들면서 물리적인 삶이 당신을 도와 좀 더 위대한 존재가 되게 하는 원래의 목적을 달성하게 됩니다. 뿐만 아니라 당신이 물리적 형태가 되기 전에 가지는 에너지 진동은 물리적 차원에 존재하는 당신의 모든 것과 완벽한 진동적 일치를 이루게 되는데, 이는 당신의 영혼의 본질, 유전자, 성격, 부모, 생일, 별자리 등이 동시에 공명을 이루거나 하나로 합쳐지는 상태입니다.

지금의 이 육체 속으로 들어오기 전에 당신은, 앞으로 갖게 될 에너지 진동들이 당신에게 영감을 주기에 당신이 공명을 이루고자 하는 것이 무엇이든 그것과 공명을 이루는 길을 찾을 수 있음을 이미 알고 있었습니다. 그러한 영감은 당신의 진동적 측면에서의 진화라는 목적을 달성하기 위해 생겨납니다. 바로 이 관점에서 당신은 총체적인 목적이나 의도를 갖고 이 세상에 들어옵니다. 그러므로 당신은 에너지 진동적 측면에서 자신의 목적과 일치하는 생각과 행동을 할 때는 기쁨을 느낍니다. 어떤 사람들이 미술이나 운동, 기타 다른 것들에 대해 소질을 보이는 것도 바로 이런 이유에서입니다.

우리는 태어나기 전의 목적과 에너지 진동이 공명하는 일을 할 때면 그러한 공명으로 인해 기쁨을 느낍니다. 3차원에 있는 우리는 그런 일을 하게 된 것을 운명이라고 확신합니다. 자신의 목적과 공명되는 순간 너무나 기분이 좋기 때문에 마치 그것이 예전부터 심사숙고해서 결정된 일 같다는 느낌까지 받습니다. 그 결과 이제껏 해오던 지금의 생활방식을 버리기도 합니다. 그러나 당신은 여기 오기 전에 물리적 경험에 대한 구체적인 모든 계획들을 미리 세워놓지 않았습니다. 세부사항들은 당신이 여기에 온 이후부터 끌어당기기 시작합니다. 당신 인생에서 그 어떤 것도 당신의 협조 없이는 존재해서도 안 되고, 존재할 수도 없습니다. 또한 당신은 인생의 항로와 목적을 언제든지 바꿀 수 있습니다. 하지만 당신이 삶 속에서 운명이란 것을 종종 느낄 수 있는 까닭은 당신의 상위자아의 목적이 당신의 물리적 삶에서 충족되고 있기 때문입니다.

운명이란 개념을 다루다 보면 환생과 카르마(karma: 업)에 대한 질문이 나옵니다. 두뇌의 특성상 우리는 일직선상에서 생각하지만 환생은 그런 차원의 개념이 아닙니다. 당신은 죽음 이후에 환생해서 물리적 삶 속으로 다시 들어갑니다. 왜냐하면 당신은 상위자아에서 확장되어 나왔다가 다시금 상위자아로 되돌아가며, 썰물처럼 물리적 형태에서 빠져나왔다가 밀물처럼 다시 물리적 형태로 들어가기 때문입니다.

당신의 삶을 촛불에 비유해 보겠습니다. 양초가 타고 있을 때 그 불꽃을 가져다가 다른 양초의 심지에 불을 붙인 다음 첫 번째 양초의 불꽃을 끈다면, 두 번째 불꽃은 첫 번째와 같은 것일까요? 다른 것일까요? 정답은 "같은 것도 아니고 다른 것도 아니다"입니다. 당신은 새로운 생애를 살 때마다 같은 존재가 아닙니다. 그렇다고 다른 존재도 아닙니다. 당신은 근원과 항상 연결되어 있기 때문에 "아카식레코드(Akashic Record)"와 아직도 연결되어 있는 이번 생애 속으로 들어오게 됩니다. 아카식레코드란, 온 우주와 전 역사를 통틀어 모든 인간적·비인간적 경험에 대한 총체적인 지식을 말합니다. 이는 또한 당신의 모든 전생에 대한 지식이기도 합니다. 이러한 지식은 당신의 DNA 안에 암호화되어 있습니다. 당신이 의식적으로는 이 지식을 알지 못한다 할지라도 과거의 삶에 대한 기억으로 존재하고 있는 것입니다.

전생과 카르마

당신은 전생의 삶들을 이해했고 그 지식과 함께 이번 생애로 왔으며, 다시 이번 생애를 살면서 지식을 얻은 후 다음 생애로 갈 것입니다. 당신이 이번 생애를 선택한 것도 이런 이유에서입니다. 그리고 당신이 남들과는 다른 성향을 보이는 것도 부분적으로 이런 이유에서입니다. 전생에 대한 지식은 희미한 기억처럼 떠오르기도 합니다. 이를 테면, 전생에 살았던 장소로 여행을 갔을 때 어딘지 모르게 친숙함을 느낍니다. 이는 죽음과 동시에 당신의 반대적인 에너지 진동(고통)은 말끔히 지워져서 새로운 출발을 할 수 있지만 당신의 에너지 진동의 흔적은 생애가 바뀌어도 완전히 지워지지 않기 때문입니다.

어떤 것이 전생에서 나온 기억인지, 어떤 것이 이번 생애에서 나온 기억인지 구분하는 일은 어렵기도 하고 실제적으로 이득도 되지 않지만, 전생에 대한 기억은 우리의 꿈에서도 경험할 수 있습니다. 이런 기억들 때문에 특정 문화, 장소, 사물에 대해 말로는 설명할 수 없는 친근감이 느껴지고, 관심이 가고, 특별한 재능을 타고 나고, 뭔가에 자연스럽게 이끌립니다. 데자뷰(Deja vu) 현상이란 과거에 대한 기억 때문에 떠오르는 느낌인데, 그것은 삶에서 당신이 상위자아와 출생 이전의 목적과 일치되는 길에 올라와 있다고 확신이 들 때 생겨나는 감정입니다. 이것은 마치 교차로에 선 당신이 적절한 타이밍에 올바른 길을 선택했다는 사실을 아는 것과 같은 느낌입니다.

그렇다 해도 누군가가 전생으로부터 부정적인 여파를 받을 수 있다고 생각해서는 안 됩니다. 현재의 문제를 전생 탓으로 돌릴 수는 없습니다. 당신의 부정적인 문제는 모두 당신이 직접 이번 생애에서 선택한 것입니다. 자신의 진화를 위해 사용하겠다는 목적으로 자신도 모르게 또는 의도적으로 그런 선택을 한 것입니다. 당신의 전생을 진실로 정확히 볼 수 있는 사람은 이런 관점에서 볼 것입니다. 당신의 전생을 정확하게 그리고 의식적으로 접속할 수 있는 유일한 방법은 당신이 근원과 완벽한 공명을 이루는 상태에 있습니다. 이는 석가모니가 보리수나무 아래에서 명상을 하다가 도달한 상태와 매우 흡사합니다. 그런 상태에서 전생은 사람들이 일반적으로 생각하는 것과는 아주 다르게 보입니다. 당신이 그 동안 해왔던 생각들은 여전히 존재합니다. 하지만 근원은 에너지 진동 면에서 전생의 생각들과 경험들 덕분에 이루었던 전반적인 긍정적 발전과 동등한 수준이 되었습니다. 근원과 공명을 이룬 순수한 진동 상태에서는 전생에서 고통을 느꼈던 대상에 대해 어떤 강렬한 감정도 느껴지지 않습니다. 그런 상태에서 보는 모든 것은 "선(善)"이기 때문입니다. 당신의 전생은 오직 당신이 긍정적으로 진화하도록 도와서 현재의 모습으로 되게끔 하는 데 그 목적이 있습니다.

지금의 당신은 그 모든 삶이 수렴되어 최고조에 다다른 모습입니다. 그렇기 때문에 비록 흥미롭다 할지라도 전생을 의도적으로 기억해내려는 것은 당신에게 결코 도움이 되지 않습니다. 만약 누군가가 당신 안에서 전생의 삶과 관련된 부정적인 잔재물이 보인다고 한다면 이는 끌어당김의 법칙 때문입니다. 이 사람은 당신의 에너지 진동을 알아차리고, 당신이 이번 생애에서 지니고 있는 부정적인 에너지 진동과 가장 가깝게 일치하는 전생에 대한 생각의 이미지들을 보고 있는 것입니다. 끌어당김의 법칙에 따르면, 그 이미지들은 그것을 보고 있는 사람의 진동과도 일치하는 것입니다. 이 말은 그 이미지들이 당신의 것이든 아니든, 그 이미지들을 보면서 당신 것이라고 말하는 사람과 에너지 진동 면에서 일치하는 것들이라는 뜻입니다.

이 우주는 일직선상에서 선형적으로만 존재하는 공간이 아닙니다. 즉 현재 살고 있는 이 생애에만 한정시키게 되면 존재의 목적을 완전히 이해하기 어렵다는 뜻입니다. 그런 측면에서 살펴볼 때 환생에 대한 진실은 도축업자가 다음 생애에서는 그가 도살한 동물로 태어난다는 전통적인 사상과는 일치하지 않습니다. 이 우주에서 당신이 지불해야 할 빚은 아무것도 없습니다. 당신의 모든 생애는 당신의 진화를 돕는 것이기 때문에 당신 스스로가 선택한 것입니다. 도축업자가 죽고 나서 다시 상위자아가 되었을 때 상위자아는 그의 이전 생애로 인해 진화를 경험했기 때문에 다음 단계의 생애에서는 동전의 양면 중 다른 편에 서서 새로운 관점에서(도축업자의 식칼을 만나게 되는 동물로 환생하므로써) 자신의 진화를 바랄 수도 있을 것입니다. 그러나 당신은 단순히 이전 생애에 근거해 새로운 생애를 끌어당기지는 않습니다.

과거의 생애에서 당신의 소망을 실현하기 위해서 죽을 수밖에 없었다면 당신은 그 다음 생애에서 다시 비슷한 환경 속에 태어나는 것을 선택할 수도 있습니다. 새로운 생애에서는 죽기 전에 그 소망을 실현하기 위해 그러한 소망을 낳게 한 상황을 다시 살고 싶은 목적을 가질 수도 있습니다. 이는 살아있을 때 그 소망을 성취하게 되면 다음엔 완전히 새로운 소망과 관점을 가지게 된다는 사실을 알았기 때문입니다. 따라서 이전 생애에서 끝내지 못한 일을 이번 생애를 통해 마치려고 이런 선택을 내린 것으로 해석할 수 있습니다.

당신이 상위자아의 관점을 가지게 되면 전생과 관련된 생각이나 생각 형태를 다시 찾아내거나 다시 활성화할 수도 있습니다. 왜냐하면 그것은 여전히 존재하고 있기 때문입니다. 하지만 당신은 부정적인 진동 상태에서 삶을 끌어당기지는 않습니다. 그 이유는 부정적인 진동은 죽음을 초월하여 당신을 따라오지 않기 때문입니다. 그러므로 죽음은 기분 나쁜 일이 아닙니다. 당신이 죽으면 근원의 총체적이고 긍정적인 에너지 진동으로 다시 집중하기 때문에 그 생애의 생각들과 생각 형태들은 뒤에 남겨집니다.

 이런 이유에서 카르마는 물리적 영역에만 해당하는 개념입니다. 카르마는 주는 만큼 받는다는 개념으로서 끌어당김의 법칙의 작동 원리를 간단히 설명하고 있습니다. 그리고 부정적인 진동은 이번 생애에서 다음 생애로 옮겨질 수 없기 때문에 카르마는 물리적 차원을 벗어난 곳에서는 존재하지 않습니다. 카르마란 사람들이 스스로 통제권이 없다고 생각하는 상황을 합리화하려고 할 때 쓰는 개념입니다. 그들은 카르마를 언급하면서 다른 이들에게 겁을 주어 타인에게 유익한 행동을 하도록 만듭니다. 카르마는 끌어당김의 법칙을 의식적으로 깨닫지 못하고서 그 결과로 나온 현상만을 볼 때 쓰는 말입니다.

생명은 영원합니다

 죽음을 운명이라고 말하는 사람도 있습니다. 물리적인 모든 것, 즉 시작이 있는 모든 것에는 죽음이 찾아옵니다. 그러나 소멸(消滅)의 관점에서 보면 죽음은 불가능한 현상입니다. 궁극적으로 죽음과 같은 것은 없습니다. 우리가 이번 생애를 포함한 큰 그림을 보지 못할 때 이번 물리적 생애에 대해 집착을 할 것이고, 지금 눈에 보이는 것이 전부라고 말할 것입니다. 만약 주변에 있는 사람들은 죽음에 대해 선택권이 있는데 당신만 선택권이 없다면 죽음을 악당이라고 보기 쉽습니다. 또한 죽음은 원하는 것을 마음대로 가져가는 것으로 간주하게 됩니다. 죽음은 관련된 모든 사람들로 하여금 자신의 삶과 영원성에 대해 묻게 만듭니다. 하지만 당신이 죽음에 대해 비통해한다면 그 비통함 자체는 당신이 두뇌와 공명하고 있음을 말해줍니다. 동시에 당신이 상위자아와, 그리고 당신의 상위자아가 죽음에 대해 알고 있는 것과 공명하지 않고 있음을 말해줍니다. 그러한 에너지 진동의 불일치는 당신에게 고통을 가져다줍니다.

우리가 이번 생애의 물리적인 측면에 집착하게 되면 사랑하는 사람이 죽을 때 그 사람의 피부를 만질 수도 없고, 그 사람이 걷고 말하는 것을 볼 수도 없다는 사실이 견디기 어려워집니다. 당신은 자신의 공간에서 그들이 사라지고 없다는 사실에 집중합니다. 그러나 당신이 사랑하는 사람들은 죽음을 초월하여 존재합니다. 당신은 그들과 대화도 할 수 있습니다. 죽음의 관점에서 보면 그들은 살아있을 때보다 죽었을 때 더 많이 당신에게 다가올 수 있습니다. 왜냐하면 당신의 상위자아에겐 시간과 공간이 존재하지 않기 때문입니다. 그들은 당신이 언제 어디에 있든 당신과 함께 할 수 있습니다. 죽음은 자연스러운 사건입니다. 사실 죽음은 하나의 사건이 될 필요도 없습니다.

죽는 과정에서 매우 고통스러워하고, 죽음을 앞두고 건강 상태가 극도로 악화되는 사람들을 보게 되는 이유는 두 가지와 관련이 있습니다. 첫 번째는 사람들이 죽음을 두려워하고 맞서 싸우려고 할 때 그들은 조화롭지 못한 에너지 진동을 가지게 됩니다. 그 결과 그들은 다양한 형태의 질병과 고통을 겪게 됩니다. 두 번째는 죽기 전에 어떤 일이 일어날 것인지에 대한 우리의 기대감과 관련이 있습니다. 우리의 믿음은 주변 사람들에게서 어떤 모습을 보느냐에 달려있습니다(지금은 텔레비전과 신문의 영향을 많이 받습니다). 어떤 사람의 주변에는 죽음을 자연스러운 사건이라고 보지 않고, 죽음을 두려워하고 맞서 싸우려고 하는 사람들이 많이 있을 수도 있습니다. 그래서 그 사람도 혼신의 힘을 다해 죽음과 맞서다가 결국은 건강이 악화되고 고통을 받게 됩니다. 이런 경우 죽음은 자연스러운 삶의 과정이 아닌 중대한 사건으로 비춰집니다.

죽음에 대한 이러한 기대감은 심지어 당신의 사망 나이까지도 결정합니다. 이것은 모든 사람들의 수명은 정해져 있으며, 어느 누구도 제 수명보다 더 오래 살 수는 없다는 당신의 믿음(이런 믿음은 다른 사람들로부터 영향을 받은 것입니다)에서 비롯된 것입니다. 원래부터 오래 살겠다는 의도를 가진데다가 일찍 죽게 된다는 믿음도 없다면 당신은 이번 생애에서 당신과 상위자아의 관심사가 충족될 때까지 살 수도 있습니다. 그렇다 하더라도 당신에겐 이번 생애에 와서 단일한 관점으로 영원히 머무르겠다는 의도는 결코 없었습니다. 일단 당신이 자신의 육체적 측면에 집착한다면 불로장생이란 생각에 혹하고 빠질 수도 있습니다. 그러다 어느 순간이 되면 당신은 그런 삶이 주는 혜택에 감흥을 느끼지 않게 됩니다. 또한 죽음으로 가는 과정도 고통스러울 필요가 없습니다. 죽을 때가 다가오면 고통스러울 것이고, 건강도 극도로 나빠질 것이라고 믿지만 않는다면 죽을 때 쇠약해질 이유도 없습니다.

죽음은 단순히 당신의 상아자위가 이번 생애에서 물리적인 당신에 대한 생각에 집중했던 에너지를 거둬들이는 일입니다. 두뇌는 적절하게 사용하면 물리적 삶에 있어 매우 유용한 도구이지만 죽음은 없다라는 진실을 받아들일 땐 여러 면에서 자연스럽게 방해물로 작용합니다. 이런 장애물 중 하나는 두뇌가 생존을 위해 구조화되어 있다는 점입니다. 두뇌의 목적은 우리가 삶을 원한다는 사실을 우리에게 알려주는 것입니다. 두뇌가 이런 식으로 구조화되어 있는 까닭은 그러한 생존 본능은 상위자아가 당신이 이번 물리적 삶에서 충분히 혜택을 볼 수 있을 만큼 오래 살게 하는 것을 돕기 때문입니다. 하지만 뿌리 깊이 각인된 이러한 화학적 패턴은 다른 모든 것과 마찬가지로 당신의 생각과 함께 변할 수 있습니다. 두려움과 고통의 감정은 화학적인 반응이며 당신의 육체에 국한되어 있습니다. 죽음의 순간이 닥쳐오면(임사 체험을 한 대부분의 사람들이 말하듯이) 당신의 두뇌는 뒤에 남겨지고, 두려움에 대한 생각을 해석하는 이 화학물질들도 뒤에 남겨집니다. 고통과 두려움이라는 끔찍한 감정은 당신의 육체와 함께 남겨지고 당신은 이 세상에서 사라집니다.

당신은 죽을 때 강렬한 하얀 빛 속으로 들어가는 체험을 하게 됩니다. 죽는 순간 당신은 이번 생애에서 실존한 과정을 거꾸로 되돌리기 때문에 툴파(생각 형태)의 단계를 통과하게 되고, 그 다음엔 물리적 형태의 시작 부분을 통과하게 되는데, 그것이 바로 빛입니다.

그 과정을 맞이하는 순간 곧바로 당신은 근원으로 다시 되돌아가기 때문에 근원의 희석되지 않은 긍정적인 에너지에 빠져들게 됩니다. 그 순간 당신은 천국의 기분을 느끼게 됩니다. 이는 당신이 물리적인 생활 속에 몰두하고 있다가 잠이 들면서 관점의 변화를 느끼게 되는 것과 같은 경험입니다. 당신은 아름답게 느껴지는 꿈에 빠져드는데, 이 꿈은 당신의 물리적 삶보다도 더 익숙하게 다가옵니다. 이보다 더 극적인 변화는 없습니다.

천국과 지옥은 사후세계가 아닙니다

당신이 죽음을 통제하지 못하는 경우는 없습니다. 당신의 물리적 자아가 죽음에 동의하고 죽음의 에너지 진동과 공명하기 전까지 당신은 죽지 않습니다. 물리적 인생에서 당신이 누구였고, 어떤 일을 했는지 상관없이 죽음은 경이롭게 느껴집니다. 사람들은 진실을 깨닫지 못하여 일직선상에서 정의를 논하는 카르마(천국이냐 지옥이냐) 개념을 받아들이고 있지만 일단 죽으면 이번 생애에서 당신이 한 일과 관련해 어떤 삶 또는 장소의 형태로 당신을 기다리고 있는 벌이나 상은 없습니다. 천국과 지옥은 물리적 차원에서 나타나는 개념입니다. 그곳은 바로 여기 이 지구에 존재합니다.

지옥은 어떤 장소가 아닙니다. 지옥은 마음의 한 상태인데, 끌어당김의 법칙에 의해서 창조되고 당신에게 끌어당겨지면서 당신이 겪게 되는 고통입니다. 지옥이 끔찍하게 느껴지는 이유는 근원의 에너지 진동과 가장 반대방향이면서도 가장 멀리 있는 에너지 진동이기 때문입니다. 지옥은 근원과 양립할 수 있는 진동이 아닙니다. 지옥은 당신이 하고 있는 생각과 행동 속에서 근원과 상위자아가 완전히 배제되었을 때 느끼는 감정입니다. 지옥도 끌어당김의 법칙의 영향을 받지만, 그 순간 당신은 근원과 공명을 이룰 수 없습니다.

당신은 마음으로 창조하고, 생각하는 것을 창조하기 때문에 지옥이란 개념이 역설적으로 보일 수도 있습니다. 그 이유는 너무나 많은 사람들이 지옥을 생각하고 있다면 논리적으로 따질 때 지옥은 반드시 존재해야 하기 때문입니다. 하지만 물리적 삶과 물리적 차원의 총체적 목적은, 근원이 정확히 우리가 꿈꾸고 원하는 대로 됨으로써 그 자신을 알도록 하는 것입니다. 그 누구도 부정적인 것들과 진동적으로 일치하는 것들을 결코 원하지 않습니다. 그런 진동들이 물리적 차원 속에(그리고 물리적 차원에서 오는 생각들 속에) 존재하는 까닭은, 우주가 진화해서 어떤 상태로 되길 원하는지 우리가 명확하게 알고 집중할 수 있도록 하기 위해서입니다. 우리가 죽을 땐 오직 죽음만이 우리가 원했던 것입니다. 우리가 살아있을 때 지옥같은 삶을 산다면 그것은 우리가 오직 원하지 않은 것에만 집중했다는 것입니다. 지옥은 편협한 사고의 틀을 가진 사람들이 옳고 그름을 따질 때 쓰는 개념입니다. 그런 사람들은 다른 사람들에게 겁을 줘서 착한 행실만 하도록 하고 나쁜 행실은 못하도록 만들기 위해 외부 세계를 어떤 식으로든 이용하려고 듭니다. 그 외부 세계가 바로 지옥입니다.

두려움과 같이 어떤 감정이 뭔가를 하거나 하지 않게 되는 동기라면 그런 동기는 순수한 에너지 진동에서 나오는 것이 아닙니다. 그러므로 그것은 진정한 것도 지속적인 것도 아닙니다. 악마도 존재하지 않습니다. 지옥과 같이 악마도 허구적인 생각으로, 물리적인 차원에서 존재하는 사람들의 마음속에서 투영된 생각형태입니다. 악마는 근원의 마음이 아닌 인간의 마음속에서 지어낸 개념입니다. 다시 말해, 자신의 책임감을 덜어내고자, 공포심을 통해 다른 사람들을 통제하기 위한 목적으로 쓰는 수단입니다.

악마라는 개념이 갓 출현했을 때 많은 지도자들은 종교를 통해 권력을 얻으려고 했습니다. 이 때문에 절대 권력에 위협이 된다고 생각되는 모든 무신론자들과 이교도들을 악마와 연관 지었고, 다른 사람들의 영혼에 위협적인 존재이자 신의 적으로 간주했습니다. 그리고 그들을 악마와 접촉하는 사람들이라고 바로 낙인 찍었습니다. 이 모든 것이 단순히 추측에서 나온 것이지만 일반 대중은 그들의 영혼이 곧장 지옥으로 떨어질 것이라고 믿었습니다. 그들이 지옥에 가면 정의가 실현될 수 있고, 죽음이 한 인간에게 생길 수 있는 최악의 사건이라는 믿음에서 사형선고(오늘날의 사회에서도 여전히 시행되는)를 내려 그들을 처형했습니다. 그들은 물리적으로 존재하는 그 밖의 모든 것처럼 죽은 후에는 본래의 초월적이며 긍정적인 근원의 에너지와 관점으로 되돌아가게 됩니다. 사실 죽음은 인간이 경험할 수 있는 최악의 사건과는 거리가 멉니다. 대다수의 사람들이 그런 사실을 알았다면 가장 악질적인 흉악범을 사형에 처하는 일을 그만둘 것입니다.

지금쯤이면 아시겠지만, 천국은 지옥과 마찬가지로 어떤 장소가 아닙니다. 천국은 당신이 삶에서 느끼는 기쁨에서 비롯된 마음의 상태입니다. 이 또한 당신의 생각에서 생겨난 결과입니다. 천국은 북극성이라는 자신의 감정을 아무 저항 없이 지속적으로 따라갈 수 있는 사람만이 성취할 수 있는 상태입니다. 천국은 당신이 살아있을 때 근원의 에너지 진동과 가장 가까운 상태입니다. 그리고 당신이 죽은 후 갖게 되는 유일한 감정입니다.

5장

가려진 베일 너머로
Beyond the Veil

당신이 뜨고 있는 눈이

당신을 속인다는 사실을 알게 되기를.

당신이 보는 것은 보이는 것의 단면일 뿐이다.

이번 차원의 베일 너머로

당신은 결코 도착한 적도

떠난 적도 없다는 사실을 알게 될 것이다.

당신이라는 존재엔 시작도 끝도 없다.

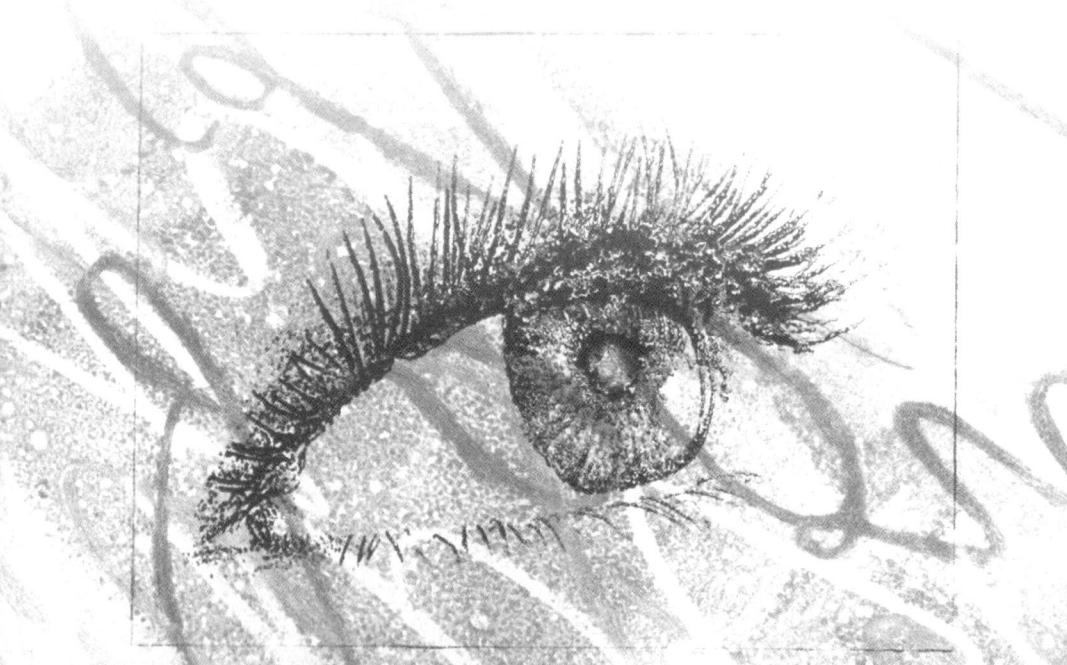

당신은 언제든지 자신의 눈을 열어 정상적인 지각 범위의 베일 밖에 존재하는 것을 볼 수 있습니다. 그것은 당신의 선택에 달려있습니다. 애초에 그 베일을 창조한 것은 베일 밖에 무언가가 존재한다는 믿음입니다. 수년 동안 보이지 않는 것에 대한 관심은 주로 유령, 천사, 영적 가이드에게 쏠렸습니다. 사람들은 그들이 실제로 존재하는지의 여부에 대해, 또한 그들의 정체는 무엇이고, 무슨 목적을 가지고 있는가에 대해 오랫동안 논쟁을 해왔습니다. 그들은 실제로 존재합니다. 위의 세 가지는 툴파(Tulpa)의 예이며, 정신의 에너지가 현현된 모습입니다. 정확히 말하자면 생각 형태(thought form)입니다. 생각 형태란 형상이나 형태, 시각적 모습이 될 수 있을 만큼 충분한 에너지를 갖고 있는 생각입니다. 그것은 비고정적인 방식으로 모습을 드러내거나 다른 에너지 진동들을 이용하여 모습을 드러냅니다. 당신이라는 생각은 툴파입니다. 툴파는 물리적인 당신을 구성하는 성격, 외모, 기호의 본질적인 형태입니다.

떠나는 툴파, 들어오는 툴파

유령은 떠나는 툴파(exiting Tulpa)입니다. 유령을 이렇게 부르는 이유는 상위자아가 에너지를 집중하여 지금 창조하고 있는 툴파가 아니기 때문입니다. 그것은 한 때 상위자아가 집중했던 생각이나 잔여물입니다. 유령 툴파는 사람이 자신의 육체를 떠날 때 존재합니다. 그리고 그 사람은 상위자아와 다시 만나면서 이번 생애와 관련해 자신에 대한 생각의 에너지 진동과, 근원의 에너지 진동과 일치하지 않았던 생각의 에너지 진동을 뒤에 남깁니다. 이런 종류의 툴파는 물리적인 차원과 매우 강하게 공명하기 때문에 물리적인 사물이나 사람, 장소에 집착을 보이는 경우가 많습니다. 또한 충분한 에너지가 있어서 이미지의 형태뿐 아니라 물리적인 대상을 조종할 수 있는 폴터가이스트(poltergeist: 폴터가이스트는 독일어로 시끄러운 소리를 내는 영을 뜻하는데, 폴터가이스트 현상이란 이유 없이 이상한 소리나 비명이 들리거나 물체가 스스로 움직이거나 파괴되는 현상을 말한다-역주)의 모습으로 나타날 수 있습니다. 이러한 툴파들은 다양한 형태를 띠면서 생전에 끝내지 못한 일을 완수할 수 있습니다. 하지만 육체가 부패하듯 누군가가 그들에게 집중함으로써 에너지를 빌려주지 않은 한 그들은 시간이 감에 따라 에너지를 잃게 됩니다.

유령은 삶과 죽음 사이 어딘가에 갇혀버린 사람의 영혼이 아닙니다. 이러한 생각 형태들을 사라지게 도울 수도 있습니다. 유령을 빛으로 넘어갈 수 있도록 돕는 영매에 대해 들어본 적이 있을 겁니다. 이 같은 현상은 영매(툴파의 에너지 진동을 보거나 들을 수 있을 정도로 에너지 공명이 높은 사람)가 자신의 에너지 진동을 제공함으로써 이 생각 형태가 자신의 에너지 진동을 바꾸고 근원과 공명할 때 생겨납니다. 이때 생각 형태는 빛이라는 최초의 "현현(manifestation)" 단계를 통해 자신을 다시 불러들이는 "비현현(de-manifestation)"의 과정을 거칩니다.

이와 같이 떠나는 툴파의 형태는 자신을 드러내기 위해 주변 환경에 많이 의존합니다. 그리고 이 툴파가 자신을 드러낼 수 있는 경우는 자신이 죽었을 당시 에너지를 많이 가지고 있었을 때, 자신이 죽었던 장소나 지금 애착을 느끼는 장소가 본질적으로 에너지가 많을 때, 행성들이 충분한 에너지를 지구에게 빌려주기 위해서 특정한 배열상태에 있을 때(이를 테면, 보름달 기간), 자신이 죽었을 당시의 환경이 많은 에너지를 필요로 했을 때, 살아있는 사람들이 자신의 존재에 많은 관심을 기울일 때, 주변에 있는 누군가가 자신과 접촉할 수 있을 정도로 에너지 공명이 강할 때입니다. 당신이 이 툴파로부터 부정적인 감정을 느낀다면 당신은 그 사람이 남긴 생각 형태와 진동 상태를 경험하고 있는 것입니다. 그것은 그 사람의 영혼이 아닙니다. 또한 그 사람이 남긴 근원의 일부도 아닙니다. 그 사람의 상위자아(근원 에너지)는 자신의 육체나 툴파를 그리워하지 않습니다.

그러나 만약 상위자아가 자신의 툴파와 직접적으로 연결되고자 한다면 그것과 다시 공명함으로써 연결될 수 있습니다. 상위자아가 툴파와 다시 공명하는 순간 이번엔 들어오는 툴파(entering Tulpa)가 됩니다. 하지만 상위자아는 오직 이런 일이 유익할 때만 그렇게 합니다. 상위자아는 가까웠던 사람들의 죽음과 출생의 과정을 돕기 위해 들어오는 툴파가 되기도 합니다. 또한 삶에서 힘겨운 투쟁을 하거나 고통 받는 사람들을 돕기 위해서도 들어오는 툴파가 되지만 이는 오직 그들이 잘 아는 사람의 도움이 최선일 때에만 그렇습니다.

근원의 일부가 당신의 이름으로 알려진 물리적 형태를 띠고 있을 때 당신의 관점은 물리적 형태가 지닌 관점입니다. 이 말은 당신이 가지고 있는 에너지 진동수가 당신을 물리적 형태로 만들 수 있을 만큼 높다는 뜻입니다. 끌어당김의 법칙 때문에, 당신은 물리적 형태가 될 수 있을 만큼 높은 에너지 진동수를 가지고 있는 다른 것들과 에너지 진동 면에서 일치합니다. 이런 이유로 오늘날 사람들은 오감으로만 물리적인 대상을 인식합니다. 그들은 종종 비물리적인 현상을 감정만으로 인식하기도 하는데, 그것이 바로 육감(sixth sense)입니다. 감정의 총체적 목적은 육체가 상위자아(존재의 비물리적 측면)와 계속해서 접촉할 수 있도록 하는 것입니다. 대부분의 아기들은 전체적으로 아직 순수한 물리적 진동을 띠고 있지 않습니다. 그들은 물리적인 대상과 공명을 이룰 수 있도록 자신을 훈련하기 전까지는 생각 형태를 볼 수 있습니다. 그런 후에는 생각 형태를 보는 것을 가능하게 했던 진동수를 잃게 됩니다.

죽음의 과정에 있는 사람이 물리적 대상의 에너지 진동에 더 이상 집중하지 않게 되면 생각 형태를 다시 인식할 수 있습니다. 그 사람은 한 때 알았던 사랑하는 사람들에게 말을 걸 수도 있습니다. 새로운 에너지 진동을 가지는 사람의 눈에는 그곳에 있는 사람들이 보이기 때문입니다. 가끔 어떤 사람은 자신의 에너지 진동수를 물리적 대상 이상의 진동수로 유지하는 경우가 있습니다. 사실 오늘날 태어나는 새로운 아이들은 다분히 이런 의도를 가지고 있습니다. 이 같은 일은 태어날 때 발생할 수 있고, 이후에도 계속 지속될 수 있습니다. 임사 체험의 결과로 일어날 수도 있습니다. 또한 배울 수도 있습니다. 어떤 사람의 목적이 지금 살고 있는 인생에서 생각 형태와 공명하는 에너지 진동을 찾는 것이라면 그 사람은 투청력(초인적인 청력)이나 투시력을 가질 수도 있습니다. 물리적 대상과 비물리적 대상 사이에 가려진 베일은 없습니다. 그것을 인식하는 사람의 마음이 다를 뿐 이 둘 사이에는 차이점도 없습니다.

천사와 영적 가이드

영적 가이드와 천사에 대해 말하자면 그들은 근원이 어떤 목적을 위해 생각 형태로 투영된 모습입니다. 어떤 면에서 보면 그들은 들어오는 툴파입니다. 물리적 상태에 있는 사람들이 뭔가를 창조하고 어떤 모습으로 되는 것을 돕는 실체들을 창조하는 것은 근원에게 큰 이득이 됩니다. 왜냐하면 그러한 실체들은 물리적 존재가 자신이 원하고 자신의 본래 목적과 일치되는 것을 찾는 일에 도움을 줄 수 있기 때문입니다. 그리고 더욱 중요하게는 그들은 물리적 존재가 근원을 인식하고 그로 인해 근원과 공명하는 것을 돕기 때문입니다.

당신이 삶에서 진정으로 번영하는 길은 당신의 상위자아를 깨닫고 근원과 공명하는 일에 있습니다. 고통 받는 삶이 있는 우주보다 번영하는 삶이 있는 우주에서 더 큰 진화가 찾아옵니다. 우리는 결국 우리와 관련된 어떤 교훈이나 능력, 문제들에 대해 전문가인 영적 가이드와 에너지 진동 면에서 일치하게 됩니다. 그들은 우리의 성장을 돕습니다. 그들은 성공이나 실패의 관점에서 우리를 보지 않습니다. 그들은 완전히 객관적인 관점을 가지고 있습니다. 근원과 마찬가지로 그들은 우리를 최대한 좋은 방향으로 돕습니다.

이러한 실체들은 존재로서의 경험을 얻고 또 거기에서 배웁니다. 그들의 진화는 비물리적인 형태에서 이루어집니다. 그렇기 때문에 그들은 물리적 형태가 아닌 생각 형태로 투영하는 것을 선택합니다. 그들은 당신에게 이름을 알려줄 수도 있습니다. 물리적인 삶과 물리적 관점을 경험하고 있는 사람에겐 하나의 존재가 아닌 생각 형태보다는 하나의 존재를 이해하는 것이 훨씬 더 쉽기 때문입니다. 그리고 그들은 비분리(non-separation)의 진실을 알고 있기에 그들 중 일부는 자신의 이름을 알려주지 않을 것입니다. 왜냐하면 그들의 바람은 하나됨의 진실을 알려주는 것이기 때문입니다. 그들은 어디에나 있는 경이로운 존재입니다. 당신이 원한다면 그들과 에너지 진동 면에서 공명하는 방법과 감각으로 그들을 체험할 수 있는 방법을 배울 수 있습니다. 거의 대부분의 경우에서 우리가 그들을 인식하는 것보다 그들이 우리를 더 잘 인식할 수 있습니다. 그들에게는 우리가 인식하는 시간과 공간이 존재하지 않습니다. 그들은 전류를 조종하기도 합니다.

영적 가이드를 하나의 실체로 경험하길 원한다면 직관력을 개발하는 것이 매우 중요합니다. 그들의 메시지는 종종 우리가 알던 지식처럼, 우리가 하던 생각처럼, 말로 설명할 수 없는 느낌처럼 다가옵니다. 영적 가이드를 경험하기 위해서는 우리의 에너지 진동을 바꿔서 그들의 에너지 진동(매우 높은 진동)과 공명하는 방법을 알아야 합니다. 그들의 에너지 진동은 대개 우리의 에너지 진동 범위를 넘어서 있습니다. 영적 가이드는 당신과 관련된 사람이나 그들의 인생 이야기를 보여줄 수도 있습니다. 이는 당신과 그들이 모두 물리적 형태로 함께 살았던 전생 속 그들의 이미지가 투영되는 형태를 띱니다. 그것은 이번 생애에서 당신과 공명할 수 있는 연결점입니다.

천사는 영적 가이드의 한 종류입니다. 천사는 거의 모습을 드러내지 않기 때문에 근원과 에너지 진동 면에서 가장 일치합니다. 천사는 대개 날개 달린 이미지로 자신을 드러내지 않지만 그들이 날개 달린 사람이라는 전통적인 이미지를 선택한 이유는 사람들로 하여금 그들이 누구인지, 그들의 목적이 무엇인지 쉽게 알아차릴 수 있도록 하기 위해서입니다. 천사가 날개라는 이미지를 사용하는 이유는 날개가 오랫동안 사람들에게 "메신저"의 상징이었기 때문입니다. 심지어 유대파 기독교가 생겨났을 땐 사람들은 날개를 영적 메신저의 상징으로 보았습니다. 날개는 당시의 사람들과 진동 면에서 아주 강하게 공명한 상징적인 이미지였습니다. 오늘날까지도 전해지는 기독교의 막강한 영향력 때문에 천사는 사람들에게 자신의 목적을 전하고자 할 때 날개의 이미지를 사용합니다. 날개의 이미지가 가장 효율적인 방식이라면 그렇게 나타날 수 있고, 또 여전히 그렇게 나타나고 있습니다. 천사는 근원이 당신에게 전달하고자 하는 정보를 자신들이 가지고 있다는 사실을 알리기를 원합니다. 그리고 물리적 존재가 이해할 수 있도록 자신들의 에너지 진동을 낮추는 동시에 개인과 아주 다양한 방식을 통해 소통하려고 합니다.

직관이라는 내면의 목소리

우리는 직관력과 심령술을 언급하지 않고서는 '간차원적 의사소통'이란 주제를 논할 수 없습니다. 심령술은 시각, 미각, 청각, 촉각, 후각과 같은 가장 명백한 3차원적 신체적 오감으로 감지할 수 없는 정보를 인식할 수 있는 능력입니다. 일부 사람들에게, "심령(psychic)"이란 단어는 부정적인 뉘앙스로 다가옵니다. 수년간 이 단어는 대개 육안으로 볼 수 있는 것 이외의 현상을 암시하는 수수께끼 같은 개념들과 함께 나타났습니다. 뿐만 아니라 사이비 과학과 자기 망상과 같은 범주의 용어로 치부되어 왔습니다. 이러한 반응은 사람들이 자신의 진정한 본성을 보지 못하게 만듭니다. 왜냐하면 존재하는 모든 것은 궁극적으로 에너지 진동이 모습을 드러낸 것이기 때문입니다. 우주에는 눈에 보이는 물리적 차원(논리를 바탕으로 한)을 초월하여 주고받는 정보들이 대단히 많습니다.

우리 모두는 에너지를 해석하여 그 에너지로부터 3차원의 현실을 만들어낼 수 있습니다. 우리 안에는 초자연적인 능력이 있습니다. 사실 모든 사람은 심령술사라고 볼 수 있습니다. 대부분의 사람들은 그 능력을 인지하지 못하거나 아니면 그것에 너무 익숙해 있어서 자신의 통찰력을 단순히 상식으로 치부합니다. 심령술은 어느 누구에게도 결코 상식이 아닌데도 말입니다. 실제로 초감각적 경험을 해보지 않은 사람들을 찾기란 쉽지 않습니다. 문제는 어떤 사람이 부정할 수는 없지만 자신의 현실적인 이해력을 벗어난 범주에 있는 사건을 경험할 때 생긴다는 점입니다. 그때 우주는 그 사람에게 선물을 준 것입니다. 선물이란 그 사람의 이해력을 확장하고 초월할 수 있는 기회를 말합니다. 그런데 사람들은 두려움을 느끼면서 현실적인 이해력을 벗어난 현상을 매우 불편한 시선으로 바라봅니다.

선택은 미지의 세계를 체험하든지 아니면 현실 세계에 국한되어 살든지 둘 중 하나를 택하는 것입니다. 어떤 사람은 부정할 수 없는 이러한 체험을 하고서도 기어이 그것을 합리화시키면서 현실의 테두리 안에 끼어 맞춥니다. 다시 말해, 어떤 것은 가능하고 어떤 것은 불가능하다는 자신의 흑백논리 속에 스스로를 가둬버립니다. 이러한 논리적인 판단 때문에 우리는 직관(intuition)이라는 내면의 목소리를 들을 수 없습니다. 그러나 내면의 목소리는 우리가 듣든 안 듣든 상관없이 항상 우리와 함께합니다. 본질상 비물리적이고 영적인 것은 우리가 그것을 믿든 안 믿든 항상 작용합니다. 직관은 내적인 앎이기에 당신은 그 지식을 어떻게 얻게 되었는지 알지 못합니다. 본능은 직관의 한 예입니다. 직관은 감정과 우리의 다른 신체적 감각만큼 자연스러운 것입니다.

에너지를 의식적으로 읽는다는 것

본질적으로 눈에 보이지 않는 에너지 정보를 의식적으로 접속하고 해석할 수 있는 능력은 직관력과는 다릅니다. 이는 자연스러운 느낌인 직관을 자신의 이익뿐 아니라 존재하는 모든 것의 이익을 위해 사용할 수 있는 기술로 개발한 것입니다. 본질적으로 하나됨과 일치하는 비물리적인 에너지를 인식하는 수준에 도달해서 대체 그 에너지가 어디서 오는 것인지 알아내고, 그 에너지를 다른 에너지와 구분해 내는 일은 대단히 어려운 기술입니다. 초자연적 현상을 정확히 감지해내려면 먼저 편견 없는 상태에 도달할 수 있어야 합니다.

의식적으로 집중을 하다 보면 직관력은 특정한 에너지 진동을 찾아서 맞출 수 있는 수준에 도달하게 됩니다. 마치 라디오 채널에 주파수를 맞추는 것 같이 말입니다.

3차원 너머로 존재하는 눈에 보이지 않는 에너지를 의식적으로 읽을 수 있는 사람들도 있습니다. 높은 에너지를 필요로 하는 사건이 발생한 장소에는 종종 에너지적 흔적이 고스란히 남겨지기도 하는데, 그 사람들은 사건이 발생한 후 많은 시간이 흘렀어도 여전히 그 사건에 집중할 수 있습니다. 그들은 사물의 에너지를 읽고, 물리적 대상 주변에 깔려있는 에너지장을 보고, 가청 범위를 넘어서는 소리를 듣고, 텔레파시와 감정이입을 통해 정보를 얻습니다. 또한 물리적으로 드러나지 않는 에너지에 채널을 맞추고, 에너지를 객관적으로 해석함으로써 에너지가 그들을 통해 물리적 차원에서 자신을 표현하게 합니다.

이 뿐만이 아닙니다. 미래를 읽는 사람들도 있습니다. 왜냐하면 미래에 있는 모든 것은 어떤 사람이 현재 생각하고 있는 것과 에너지 진동 면에서 정확하게 일치하기 때문입니다. 당신이 현재 하고 있는 생각들은 칵테일을 만들고 있습니다. 칵테일은 곧 당신의 미래이며, 어떤 칵테일을 만드는지에 따라 당신의 미래가 달라집니다. 하지만 미래를 읽는다는 것은 돌에 새겨진 미래의 시나리오를 말해주는 것이 아닙니다. 단순히 가능성을 해석하는 것입니다. 만약 어떤 사람이 생각을 바꾼다면 그 사람의 미래도 달라집니다. 일부 사람들이 미래를 예측하는 데 있어 놀라울 정도로 정확한 천리안을 가지는 이유는 그들이 살면서 언제든지 생각을 바꿀 수 있음에도 불구하고 생각의 패턴을 바꾸지 않고 꾸준히 그 생각을 품어 창조로까지 이어지게 하기 때문입니다.

예감(premonition)은 당신의 현재 생각으로 창조하고 있는 것에 대한 일종의 통찰력입니다. 당신이 사회나 인류가 하고 있는 생각과 에너지 진동 면에서 일치하면 꿈을 통해 예감이 올 수도 있습니다. 꿈은 두뇌가 판단을 쉬고 있는 상태이며, 따라서 물리적 차원을 초월하는 에너지 진동의 정보를 훨씬 더 많이 받아들일 수 있습니다. 에너지는 우리의 신경체계를 통해서 끊임없이 흡수되고 방출됩니다. 우리 안과 주변에 존재하는 에너지 진동은 우리의 생각, 감정, 심지어 몸을 통해 우리 안에서 끊임없이 처리됩니다.

심령정보는 다양한 사람들에게 다양한 형태로 들어오는데, 그들은 이런 정보를 인식하지 못하는 경우가 많습니다. 예컨대, 원인 모를 강렬한 두려움, 기쁨, 슬픔을 느끼는 때처럼 감정의 형태를 띠고 사람들에게 찾아올 때도 있습니다. 또한 갑자기 숨이 가빠진다든지, 땀이 난다든지, 이유도 없이 몸의 특정 부위가 아파오는 것과 같이 신체적 감각의 형태로 찾아올 수도 있습니다. 이미지, 비전, 목소리, 꿈의 형태로 오는 경우도 있습니다.

직관이 어떤 식으로 표면화되든지 간에 모든 사람들은 직관을 의식적으로 이용하는 방법을 배울 수 있습니다. 지난 100년간 사람들은 심령정보를 인식하는 방법을 개발해왔습니다. 심령정보를 해석하는 방법을 배우는 것은 언어를 배우는 것과 크게 다르지 않습니다. 처음에는 곤혹감과 좌절감이 들 수도 있습니다. 하지만 시간이 지나면서 심령정보 안에 있는 패턴을 깨닫고 혼돈처럼 느껴지는 것으로부터 의미를 도출해낼 수 있습니다. 직관적으로 어떤 인상을 받았을 때 그것이 어떤 의미인지 깨닫기를 원하고, 그 능력을 기술로 개발하고자 하는 의도를 갖게 되면 심령정보가 나타났을 때 당신은 그것을 알아보기 시작할 것입니다. 그리고 당신은 심령술 개발에 도움이 되는 환경으로 정확히 끌어당겨질 것입니다. 우리는 천성적으로 호기심이 많은 존재이기 때문에 일상적인 3차원 경험을 초월한 현상을 발견하게 됩니다. 아마 이런 이유로 당신은 지금 이 책을 읽고 있는지도 모릅니다. 우리는 항상 더 큰 깨달음과 발견으로 향하는 길에 있습니다. 직관에 대해 깨달으면 깨달을수록 근원에 대한 지식은 늘어나며, 결국 인생을 자신이 원하는 대로 꾸려갈 수 있습니다.

6장

당신의 건강과 삶
Your Physical Health, Your Physical Life

육체는 잠깐 동안 존재하는 덧없는 것이다.
입술, 손끝 그리고 주요 장기라는 선물은
각각을 인지할 때 생겨난다.
육체는 신성의 드러남이다.

우리는 다양한 수준에서 건강이라는 주제를 논할 수 있습니다. 당신은 이 물리적 삶의 모든 것을 육체를 통해서 경험하고 있습니다. 당신의 육체가 건강한 상태에 있을 땐 마음의 모든 측면을 드러냅니다. 그러나 오늘날 사회에서 간과되고 있는 것은 오히려 그 반대가 더 진실이라는 점입니다. 다시 말해, 마음이 육체를 통해 자신의 상태를 드러낸다는 점입니다. 당신의 마음이 건강한 상태에서 영적인 본질과 연결되어 있을 땐 육체의 모든 측면에서 스스로의 모습을 비춥니다. 영성이 당신의 물리적 자아의 건강에 필수적인 까닭은 당신이 물리적으로 존재하는 총체적 이유가 바로 영혼(근원)과 관련되어 있기 때문입니다. 당신이 영혼의 목적을 잊게 되면 생각의 목적과 역할을 잊게 됩니다. 그리고 생각의 목적과 역할을 잊게 되면 감정의 목적과 역할을 잊게 됩니다. 또한 감정의 목적과 역할을 잊게 되면 자신의 감정이 인생에서 가장 중요하다는 사실을 잊게 됩니다. 그렇게 되면 궁극적으로 병을 불러오는 에너지 진동을 유지하게 됩니다.

육체와 관련해 진행되는 치유에 관한 연구는 과학적이면서 예술적인 면을 동시에 띠고 있습니다. 이러한 연구는 약, 물리치료, 수술, 약초, 마사지, 향기, 소리, 영양, 수면, 운동과 같은 외적인 방법을 이용하여 인체가 다시금 건강하도록 조정합니다. 위에 나열된 방법은 인체가 병에 걸렸을 때 훨씬 더 큰 효과를 나타낼 수 있습니다. 건강이 극도로 악화되어 있을 땐 좋은 기분을 느끼게 하는 생각을 떠올리기란 무척 어렵습니다. 어떤 문제를 오랫동안 고민해오던 사람이 지금부터는 자신의 사고방식을 바꾸고 영혼(상위자아)과 재정렬하기 위한 안정적인 발판을 마련할 계기를 찾으려고 할 때, 의학은 그 문제를 고치거나 강도를 약화시키는 데 도구로써 쓰여질 수 있습니다. 하지만 때로는 건강의 에너지 진동에 극렬하게 저항하는 마음을 흘려보내고, 자신이 건강하다고 믿는 것이 그 사람에게 필요한 도구의 전부이기도 합니다.

오늘날 존재하는 약, 수술, 물리치료가 우리에게 큰 도움이 되지 않았더라면 지금까지 존재하지도 않았을 것입니다. 하지만 의학의 목적은 우리 몸에 도움을 주는 것이기는 하나 동시에 너무나 많은 부정적인 결과들도 낳고 있기에 그 목적에 있어 전체적인 진화가 필요한 시점입니다. 의학의 새로운 목적은 사람들이 자연과학과 인체과학의 전통적 테두리를 벗어나 시야를 넓혀서 다른 치유 방법들과 연결되는 수준까지 끌어올리는 것입니다. 그리고 물리적 현실을 통한 우리의 여정이 즐겁고 생산적이 될 수 있도록 돕는 것입니다.

오늘날 존재하는 모든 것은 고유의 에너지 진동을 가지고 있습니다. 우리가 그런 에너지 진동을 선택해서 우리 것으로 만들 것인지의 여부는 궁극적으로 우리에게 달려 있습니다. 하지만 우리는 물리적 차원을 체험하고 이에 영향을 받으면서 우리 주변에 있는 사물들과 공명하기 쉽습니다. 이렇게 되면 우리는 더 많은 질병에 걸리게 되지만 유익한 점도 늘어날 수 있습니다. 예컨대, 어떤 사물의 주변에서 시간을 보내고, 그것을 받아들이고, 듣고, 냄새를 맡으면 그것의 에너지 진동을 띠게 될 수 있습니다. 어떤 에너지 진동들은 특정한 질병의 에너지 진동과는 공명할 수 없습니다. 따라서 그런 사물의 에너지 진동을 띠게 되자마자 질병은 사라지고 맙니다.

이와 관련된 좋은 예로 아스피린을 들 수 있습니다. 아스피린이라 불리는 아세틸살리실산은 버드나무 껍질의 주요 성분입니다. 아세틸살리실산의 에너지 진동은 트롬복산(혈관 내에서 혈소판 분자와 결합하는)의 에너지 진동과는 공명할 수 없기 때문에 혈전이 생기는 증상을 예방합니다. 버드나무 껍질 추출물을 먹거나, 껍질의 냄새를 맡거나, 버드나무로 만든 악기로 연주하는 음악을 듣거나, 버드나무 껍질에 집중하거나 근처에서 시간을 보내도 똑같은 효과를 볼 수 있습니다. 이런 다양한 기법을 이용해서 아스피린과 같은 효과를 볼 수 있는 것을 방해하는 것은 자연과학과 인체과학의 방식에만 집착하는 행동입니다. 그 사람은 아스피린만 효과를 내고 다른 방법들은 효과를 내지 못할 것이라고 믿습니다. 그렇기 때문에 다른 방법들이 효과를 내지 못합니다. 만약 그 사람이 아스피린도 효과를 내지 못할 것이라고 강하게 믿는다면 아스피린 또한 효과를 내지 못할 것입니다.

DNA, 영과 육이 만나는 장소

인체는 아주 단순하면서도 매우 복잡한 시스템으로, 우리가 이 물리적 차원에서 활동할 수 있게 해줍니다. 이런 양면성은 DNA에서 가장 명확히 드러납니다. DNA는 당신에 대한 근원의 생각이 가장 처음 청사진으로 나타난 모습입니다. 그것은 영과 육이 만나는 장소입니다. 오랫동안 우리는 3차원적 인식에만 갇힌 나머지 DNA를 단지 3차원적인 본성만 지녔다고 생각했습니다. 그러나 이는 옳지 않을뿐더러 우리로 하여금 현실, 목적, 영원성에 대한 전체적인 그림도 보지 못하게 만듭니다. DNA는 다른 모든 것과 마찬가지로 자기장을 가지고 있기 때문에 3차원에만 국한되지 않습니다. DNA는 간차원적이며, 물리적이고 비물리적인 측면을 동시에 띱니다. 사실 우리의 DNA는 그 본질상 물리적인 측면보다 비물리적인 측면이 더 많습니다. 우리가 생물학적이고 유전적인 물질로 보는 물리적인 부분은 DNA로 들어가는 정보인 비물리적 에너지의 양에 비하면 거의 묻힐 정도로 작은 부분입니다.

많은 사람들은 그들의 DNA에 암호화된 정보에 따라 인생을 살아가게 된다고 믿고 있습니다. 마치 종신형을 선고 받은 사람처럼 말입니다. 이는 비만에서 기형까지 많은 문제들을 일으키는 잘못된 믿음입니다. DNA는 카드 묶음과 비슷합니다. 그 카드는 모두 근원이 당신에 대한 개념으로서 선택하고 모아둔 것입니다. 이제 이 카드로 어떻게 플레이를 펼칠 것인지는 당신의 선택(당신만의 관점)에 달려 있습니다. 당신은 DNA가 몸 안의 분자 및 세포와 의사소통 하는 방법의 수를 늘릴 수도 줄일 수도 있습니다. DNA는 당신의 생각, 생활방식, 건강을 결정짓지 않습니다. DNA는 물리적으로 모습을 드러낸 생각이며, 끊임없이 당신의 생각에 의해 수정되며, 당신의 몸이 어떤 상태가 될지 정보를 계속해서 입력합니다. DNA는 당신의 몸으로 전달되는 생각들을 처리하는 관제탑일 뿐입니다. 하지만 애초에 DNA를 통제하는 것은 당신의 생각입니다.

DNA에서 생각의 양상(마음의학)은 인체의학의 영역에서 치유법으로 존재하는 모든 것을 능가합니다. 이런 맥락에서 질병으로 고통

받는 사람들과 의사들은 놀라운 힘을 가집니다. 우리는 세상을 외부적 맥락에서 바라보는 것에 익숙해져 있습니다. 그래서 우리보다 더 많이 알고 있다고 믿고 어떤 식으로든 연구에 시간을 투자한 사람들의 조언을 신뢰하는 경향이 있습니다. 그들의 조언과 지식을 믿을 때 우리는 그들이 우리에게 전달하는 생각도 믿습니다. 의사가 어떤 가능성을 보고 그것에 대한 믿음을 환자에게 전달하면 환자도 그 믿음을 받아들입니다. 믿음은 곧 실체입니다. 의사가 질병을 앓고 있는 환자에게 해 줄 수 있는 것이 있다면 그것은 바로 환자 자신이 스스로 치유할 수 있는 능력이 있음을 믿게 해주는 것입니다. 물리적 세상에서 고정적인 것은 없습니다. 통계수치와 가능성이 의미하는 바가 무엇이든 애초에 물리적 상태로 모습을 드러낸 것은 모두 변화할 수 있습니다. 모든 질병은 잠재적으로 불치병이 될 가능성이 있지만 원래부터 불치병인 것은 없습니다. 이 물리적 세상 속에서는 변화를 겪든 그렇지 않든 미리부터 정해진 결말을 가진 것은 없습니다.

건강에 대한 전인적 접근

마음(생각)은 영혼과 육체를 잇는 다리입니다. 당신은 생각을 통해 영혼과 조화를 이룰 수 있습니다. 또한 생각을 통해 육체와도 조화를 이룰 수 있습니다. 당신의 몸은 원래 한 가지 생각에서 시작했습니다. 당신의 생각이 변해서 부정적인 에너지 진동과 일치를 이루면 이는 육체에 대한 청사진을 다시 쓰는 것을 의미합니다. 그로 인한 부정적인 변화는 질병으로 나타나게 됩니다. 오늘날 지구상에 존재하는 모든 질병은 부정적인 생각의 패턴을 받아들이고, 부정적인 에너지 진동과 공명함으로써 생기는 결과입니다. 만성 질병은 두려움, 스트레스, 죄책감, 분노, 증오, 압박감과 같은 생각들을 만성적으로 품고 있었을 때 생겨납니다. 만일 생각이 아직 형상화되지 않는 에너지 진동 단계에서 결함이 전혀 없다면, 질병이나 정신적 외상이 생겨날 근거도 없고, 바이러스나 박테리아가 당신에게 영향을 미칠 방법도 없습니다. 또한 특정 질병에 대한 당신의 유전적 소인도 활동을 멈추게 될 것입니다.

당신이 이러한 개념을 처음 접할 땐 당혹스러울 수도 있습니다. 우리는 세상이 우리 밖에 존재한다고 배웠습니다. 뿐만 아니라 우리 밖에 존재하는 사물을 통제할 능력이 우리에겐 없다고 배웠습니다. 만약 당신이 고속도로에서 시속 130킬로미터의 속도로 운전하고 있는데, 어떤 차가 통제력을 잃고 당신의 차를 덮친다면 이 충돌을 피할 길은 없다고 생각할 것입니다. 또한 이 사고는 당신의 잘못이 아니며, 물리적 충돌의 결과로 일어날 수 있는 외상을 미연에 막을 수도 없다고 생각할 것입니다. 이와 마찬가지로 우리가 배운 것에 따르면, 외부에 존재하는 바이러스가 숙주세포를 찾다가 당신을 발견하고 대상으로 삼게 되면 당신은 병에 걸리게 됩니다. 당신이 원하든 원하지 않든 말입니다.

우리는 오랫동안 이런 식으로 생각했고, 끌어당김의 법칙이 우리의 생각 그대로의 결과를 끌어당겨왔기 때문에 이와는 다르게 생각하는 일이 우리에겐 매우 어렵습니다. 하지만 그 순간 당신이 하고 있는 일은 당신의 삶 속에 있는 물리적 증거들을 가리키면서 그 증거들 때문에 당신이 지금의 감정을 느끼고 있다고 말하는 것입니다. 그렇지만 애초에 그 증거가 존재하는 유일한 이유는 당신이 느끼는 감정 때문입니다. 당신이 차 사고와 에너지 진동 면에서 일치하는 생각을 계속해서 하지 않았더라면 그런 사건을 경험할 수 없습니다. 그리고 당신의 몸을 약하게 만들 만한 생각을 이전에 가지지 않았다면 차 사고로 인한 부상도 경험하지 않을 것이고, 바이러스나 박테리아와 같은 병균에 감염되지도 않을 것입니다. 사실 우리 외부에서 발생하는 일은 바로 우리의 믿음 때문에 생겨납니다.

우리는 평생 동안 질병이나 고통을 경험하지 않고도 살 수 있습니다. 그러나 현재의 진화 단계에서 대부분의 사람들은 살면서 질병이나 고통을 경험했거나 경험할 것입니다. 이런 이유에서 모든 치유 방식은 가치가 있습니다. 표면상 드러난 문제를 해결하는 가장 좋은 방법 중 하나는 육체, 마음, 영혼의 모든 수준에서 문제를 다루는 것입니다. 당신은 단순한 육체 이상의 존재입니다. 당신의 육체는 당신의 마음을 반영합니다. 그리고 마음과 육체는 영혼(근원)의 기능입니다. 마음이 치유에 있어 가장 본질적인 요소인 까닭은 이미 드러난 환경을 바꾸기 위해서 물리적 수준에서 아무리 노력한다 해도 습관적으로 같은 생각을 반복해서 한다면 그 환경은 계속해서 나타날 것이기 때문입니다.

근시안적 사고에 빠지면 질병이 특정 바이러스 때문에 생긴다고 말하기 쉽습니다. 게다가 당신은 현미경으로 바이러스가 실제로 세포 안으로 침입하는 것도 관찰할 수 있습니다. 하지만 이는 방을 환하게 비추는 빛이 전구에서 온다고 말하는 것과 같습니다. 그 빛 자체가 실제로 어디에서 오는지 알려면 그보다 훨씬 더 멀리 거슬러 올라가야 합니다. 질병도 이와 마찬가지입니다. 질병의 진정한 근원은 눈에 보이는 명백한 원인보다 훨씬 더 멀리서 찾아야 합니다. 명백한 원인을 넘어 거슬러 올라가다 보면 부정적인 생각(근원이 당신에게 집중하는 에너지에 당신이 연결되는 것을 방해하는)이 질병의 진원지임을 알게 될 것입니다. 땅 위에 보이는 잡초만 뜯어내서는 완전히 잡초를 제거할 수 없듯이 물리적 차원에서 눈에 보이는 것만 다뤄서는 질병을 고칠 수 없습니다.

상위자아와 공명하는 긍정적 생각

현실을 창조하는 것은 당신의 생각입니다. 초점을 어디에 맞추고 해결해야 할지 알기 위해 우선 문제부터 확인하는 일이 잘못된 것은 아니지만 일단 질병이 생기면 당신은 온통 질병에 집중하게 되고, 해결책보다는 자연스럽게 문제의 방향으로 쏠리게 됩니다. 당신은 자신의 감정을 알아차리고, 문제에 집중하고 걱정하면서 최악의 시나리오를 떠올립니다. 그런 다음 자신의 문제를 가족과 친구들에게 말하기 시작하고, 잘못된 것이 무엇인지 찾기 위해 병원을 방문합니다. 이 모든 과정에서 당신은 질병, 고통, "나한테 생긴 안 좋은 일"의 에너지 진동을 너무도 많이 발산해서 그것을 더욱 증폭시킵니다. 그 결과 상황은 점점 더 악화됩니다.

만약 어떤 때라도 지금 앓고 있는 병에 집중하지 않고 자신의 인생에 대해 긍정적으로 생각함으로써 기분을 나아지게 만들면 병은 낫기 시작할 것입니다. 그리고 완전히 건강한 상태에 있는 모습과 기분에 집중한다면 병은 급속도로 호전되어 그 동안 눈앞에 펼쳐져 있던 부정적인 가능성도 떨쳐낼 수 있을 것입니다. 어떤 종류의 치료법을 제공하든 당신이 허용하는 만큼만 효과를 볼 수 있습니다. 믿음이 모든 것입니다. 병이 나을 것이라고 믿으면 그렇게 됩니다. 반대로 낫지 않을 것이라고 믿어도 그렇게 됩니다. 만약 당신이 의사한테 찾아가는 것이 안심이 된다면 그렇게 하는 것이 도움이 됩니다. 반면에 의사를 찾아가는 것이 두렵게 느껴지고 평정심을 잃게 만들면 그렇게 하는 것은 오히려 치유에 방해가 됩니다. 전인적 치유사나 에너지 치유사에게 찾아가는 것이 희망적이라고 느낀다면 그렇게 하는 것이 도움이 됩니다. 반면에 그들에게 치료 받으면 병이 낫지 않을 것이라는 비관적인 생각이 든다면 그들을 찾아가는 것은 치유에 방해가 됩니다.

우리는 집중하기로 선택한 대상에 집중할 수 있는 능력을 가지고 있습니다. 그런 능력이 우리 안에 있다는 느낌이 들지 않는 이유는 다음과 같습니다. 우리가 어떤 생각을 자주 하게 되면 그 생각을 해석하는 두뇌 속 신경세포들이 실제로 명확한 연결고리를 형성합니다. 신경세포들은 이 연결고리를 통해 서로 오랫동안 관계를 지속합니다. 특정한 신경세포 사이에 형성된 이러한 명확한 연결고리를 "신경틀(neuro-rut)"이라 말할 수 있는 이유는 당신이 어떤 생각의 틀에 빠져있기 때문입니다. 당신의 두뇌에서 특정한 생화학적 반응을 일으키는 생각은 그 동안 반복적으로 일어났기 때문에 이제 저절로 떠오르게 됩니다. 그리고 생화학적 반응도 그 즉시 일어납니다. 너무나 순간적이라서 당신이 그 생각을 시작했다고 느껴지지도 않습니다. 끌어당김의 법칙은 현실의 모든 수준에서 작용하고 있기 때문에 당신의 생각에도 작용합니다. 이 말은 당신이 어떤 생각을 하게 되면 첫 번째 생각은 자신과 공명하는 다른 생각을 끌어당깁니다. 그래서 당신이 미처 깨닫기도 전에 꼬리에 꼬리를 물고 일어나는 부정적인 생각의 고리에 빠져들게 되고, 그 생각은 물리적 차원에서 모습을 드러내게 됩니다.

이와는 반대로 긍정적인 생각의 고리에 빠져드는 일도 가능합니다. 당신은 의도적으로 두뇌 안에 긍정적인 신경틀을 만들어낼 수 있습니다. 그리고 그것은 애초에 당신이 만들었다는 사실도 모를 만큼 너무도 자연스럽게 느껴질 것입니다. 어떤 종류의 의학이든 질병의 치료가 아닌 예방에 초점을 맞추어야 합니다. 그러기 위해서는 잠재적인 문제점에 초점을 맞추지 말고 건강에 초점을 맞추어야 합니다. 일단 당신의 상위자아와 공명하는 긍정적인 생각에 초점을 맞추면 결국에 건강도 얻을 수 있습니다.

적절한 식단, 수면, 운동이라는 건강한 생활방식은 그다지 큰 노력을 기울이지 않고서도 지속할 수 있습니다. 당신이 긍정적인 생각에 초점을 맞추면 물리적 세계에서 건강과 에너지 진동 면에서 일치하는 것의 방향으로 자연스럽게 영감을 받을 것이며, 그 방향으로 이끌려 갈 것입니다. 좋은 기분이 아닌 나쁜 기분에서 영감을 받은 행동은 절대로 해서는 안 됩니다. 반대로 좋은 기분이나 생각에서 영감을 받은 행동은 그 즉시 해야 합니다. 이렇게 하다 보면 당신은 할 만한 가치가 있는 행동은 절대 어렵지 않다는 사실을 알게 될 것입니다. 영감(inspiration)은 상위자아가 당신에게 어떤 행동을 하라고 지시하는 것입니다. 그리고 상위자아가 지시하는 행동을 할 땐 힘이 들지 않습니다.

에너지 치유와 아우라

마음의학의 영역에서는 아우라(aura)와 관련된 에너지 작업에 대한 이야기를 많이 듣게 될 것입니다. 아우라는 본질적으로 툴파의 부분이자 생각 형태의 부분입니다. 아우라는 정보를 담고 있어 그것을 방출하기도 흡수하기도 하는데, 그 이유는 아우라가 자신을 둘러싸고 있는 환경 속에 있는 정보를 대단히 잘 포착하는 동시에 극도로 예민하게 반응하기 때문입니다. 아우라는 당신 안팎으로 들어갔다 나왔다 하는 전자기적 형태의 의식이라고 보면 됩니다. 생각 형태와 공명을 이룰 정도로 에너지 진동이 높은 사람들은 자신의 감각을 통해서 아우라를 해석할 수 있습니다. 모든 사람들은 아우라를 체험할 수 있는 능력이 있습니다. 아우라는 모든 존재의 주변에 존재합니다. 아우라는 당신의 육체보다 좀 더 광범위한 부분입니다. 이러한 에너지장은 당신의 육체뿐 아니라 물리적 세계에서 당신이 상호작용하는 모든 것에서 방출되고 또 흡수됩니다. 아우라는 다양한 소리, 크기, 형태, 패턴, 감촉, 색깔을 가지고 있습니다. 또한 다양한 색조와 명도 가지고 있습니다. 아우라의 색깔을 육안으로 감지할 수 있는 이유는 에너지장 내에서 빛 입자의 분포와 파동의 분포가 큰 차이를 보이기 때문입니다.

에너지(기) 치유사는 이런 아우라의 특성을 보고 어떤 부위에 집중해서 긍정적인 에너지 진동으로 되돌려 놓아야 하는지 알 수 있습니다. 그들은 아우라만 보고도 당신에 대한 거의 모든 정보를 알 수 있습니다. 아우라는 당신이 하고 있는 생각에 반응하고 그 생각과 일치하기 위해서 자신의 특성을 바꿉니다. 만약 당신이 꾸준히 부정적인 생각을 한다면 아우라는 우선 생각 형태로 나타난 다음 당신의 육체 안에서 다시 모습을 드러냅니다. 아우라는 당신이 현재 하고 있는 생각과 지금 이 순간 당신의 정체성을 만들어 내는 생각을 반영하는 청사진입니다. 여기에는 태도, 기억, 믿음, 경험 등을 포함해 전생뿐 아니라 이번 생애에서 당신을 만들어온 모든 것이 포함됩니다. 다시 말해, 아우라는 물리적인 당신을 만드는 데 필요한 청사진입니다.

문제를 일으키는 생각들(청사진을 만드는 건축가의 생각들)을 바꾸는 두 번째 방법은 자신의 아우라(청사진)에 집중하여 이전과는 다른 건강한 에너지 진동을 불어넣는 것입니다. 다른 누군가를 치유할 수 있는 사람은 없습니다. 우리는 단지 치유와 일치되는 에너지 진동을 받아들일지 말지를 선택할 뿐입니다. 치유사들은 말하자면 누군가에게 에너지 진동을 제공하는 교사로서, 그 사람은 이제 치유와 일치되는 에너지 진동과 공명하거나 공명하지 않을 수 있는 능력을 가지게 됩니다. 모든 사람들은 자신의 에너지 진동을 이용하여 다른 사람들이 스스로 치유할 수 있는 방법을 가르칠 수 있습니다. 에너지 치유사는 이런 일에 능숙해서 자신의 아우라에서 나오는 높은 에너지 진동을 이용해 다른 사람의 아우라에 영향을 미쳐 그 사람이 본인의 아우라와 공명하게 만들 뿐 아니라 자신의 생각을 이용하여 다른 사람의 에너지 진동에 영향을 미쳐 그 생각과 공명하게 만듭니다. 에너지장은 안팎으로 들어오고 나가는 에너지 통로들이 많이 있는데, 이는 당신이 물리적 형태와 생명을 유지하는 데 도움이 됩니다. 이런 채널들을 전통적으로 경락(meridians)과 차크라(chakras)라고 부릅니다.

손바닥 중심에는 예로부터 중국 치유사들이 "노궁혈(勞宮穴)"이라고 부르는 부분이 있습니다. 이곳은 에너지가 많이 발생되는 통로입니다. 누구나 손을 자신이나 다른 사람들의 몸에 갖다 대면 노궁혈에서 자연스럽게 방출되는 에너지와 결합할 수 있습니다. 손을 이용한 이러한 에너지 치유법은 오랫동안 가장 널리 쓰여 왔으며, 어떤 질병이든 상관없이 다른 사람이 긍정적인 에너지 진동을 찾는 데 도움을 줄 수 있습니다. 당신이 다쳤을 때도 이런 치유법을 실행할 수 있는데, 다친 부위를 그 즉시 손으로 감싸는 것입니다.

당신이나 당신이 지켜보는 누군가가 질병을 앓고 있을 때 도움을 줄 수 있는 가장 효과적인 방법 중 하나는 당신이나 그 사람이 완전히 건강해진 모습을 마음속으로 떠올리는 것입니다. 당신 자신과 그들의 조화롭지 않은 부분이 다시 조화를 이룬 모습을 떠올리세요. 예컨대, 누군가가 감기가 걸렸다면 그의 콧속이 완전히 말끔해진 이미지에 집중하고, 그의 목소리가 완전히 정상으로 돌아온 모습을 그리면서, 그가 기뻐하고 에너지가 충만한 모습을 상상하세요. 그가 "나 오늘 몸이 훨씬 좋아졌어"라고 말하는 모습을 그리세요. 이렇게 하는 것이 어렵다면 빛이나 어떤 색깔이 그 사람 신체의 안 좋은 부분에 침투해서 치유하는 이미지를 그리세요. 어떤 이미지를 사용해도 좋습니다. 이미지를 떠올릴 때 기분이 좋아진다면 치유와 에너지 진동이 일치하는 이미지를 선택했다는 뜻입니다. 다른 사람들을 위해서 이미지를 떠올릴 때도 긍정적인 기분이 느껴진다면 제대로 하고 있는 것입니다.

    사람들은 어떤 것이 건강에 이로운지 직관적으로 압니다. 그러므로 건강에 대한 해답(궁극적으로 그 밖의 모든 문제들에 대한 해답)을 외부에서 찾을 필요가 없습니다.

7장

가치에 대한 잘못된 생각이 인생 조각하기를 방해한다

Where the Sculpting of Your Life Goes Wrong with Worth

아름다운 외견은 없어도 실체는 존재한다.

아름다운 외견은 없어도 잠재력은 존재한다.

자신을 귀하게 생각하는 것은 거짓된 예술 형태가 아니다.

가치는 느끼기엔 너무 어렴풋한 대상인가?

가치를 감싸고 있는 복잡한 거미줄 같은 인생 때문에

가치의 주변에서 죽어가는 모든 것이 가치를 푸르게 만든다는 사실을

당신은 잊어버린다.

오늘날 지구상에 살고 있는 대다수의 사람들이 고통을 받고 있는 이유는 삶의 목적을 잊어버렸기 때문입니다. 기억의 상실과 더불어 우리를 찾아 온 것은 가치와 행복에 대한 잘못된 인식입니다.

가치는 무언가를 바람직하고, 우수하고, 쓸모 있게 만드는 특성이라고 정의할 수 있습니다. 그렇다면 여기서 질문이 하나 생깁니다. 대체 누구에게 바람직하고 우수하고 쓸모 있다는 것입니까?

많은 사람들이 본래의 목적대로 살아가지 못하는 이유는 이 물리적 삶에서 어느 정도의 시간을 보낸 후 자신과 상위자아가 자신에 대해 갖는 의견보다 다른 사람이 자신에 대해 갖는 의견을 더 중요하게 여기게 되었기 때문입니다. 그래서 우리는 우리뿐 아니라 다른 생명체들과 함께 이번 생애에 오게 된 목적을 잊어버리게 되었습니다. 그 목적은 바로 우리 주변에 보이는 것과 상대방을 이용해서 우리가 원하고 사랑하는 것을 확실히 알게 되고, 그에 따라 새로운 생각을 갖게 되어 우주가 그 생각대로 되도록 하는 것입니다.

처음에 우리는 세상에 대해 다른 사람들이 갖는 의견이 우리에게 위협이 되리라고는 생각하지 않았습니다. 그러다가 다른 사람들의 의견을 받아들이고 그들에게 인정받으려고 하면서 그들을 위협적인 존재로 보게 되었습니다. 지금 우리는 우리 외부에 있는 그들을 기쁘게 하려고 끊임없이 애를 쓰고 있습니다. 하지만 이는 불가능한 일입니다. 이 과정에서 우리는 그들에게 우리가 얼마만큼 바람직하고 쓸모가 있는지에 견주어 우리의 가치와 자질을 정의하기 시작했습니다. 또한 우리의 존재를 정당화하기 위해 타인의 인정을 받을 필요가 있다고 느끼기 시작했습니다. 그리고 그 순간 우리가 가치 있는 존재임을 남들에게 입증해야겠다고 결심했습니다.

기쁨을 삶의 목표로 삼으세요

여기서 문제는 당신이 증명해야 할 무언가를 가지고 있다는 생각입니다. 당신이 존재하는 이유는 이번 생애에서 당신이 하는 일과 당신의 모습을 훨씬 초월하는 문제입니다. 물리적 차원에서 당신의 존재는 가치와 관련해 필요한 유일한 이유이자 모든 이유입니다. 근원은 당신의 가치를 문제 삼은 적이 없습니다. 이 물리적 차원으로 들어오게 된 당신의 목적은 자신의 가치를 다른 사람들과 비교해 평가하거나 다른 사람이 당신보다 낫다고 결론 내리기 위해서가 아닙니다. 스스로를 다른 사람들과 견주어 판단하려는 의도는 그러한 판단을 통해 자신이 원하는 바가 무엇인지 알고 원하는 바가 되려는 것입니다. 우리 모두는 똑같은 것을 원하지 않습니다. 따라서 당신이 누군가가 바라는 대로 되려고 노력한다면 당신은 이곳에 존재하는 총체적인 목적을 저버리는 것입니다. "해야 한다"는 생각은 가장 고통스러운 감정 중 하나인 죄책감을 불러일으키는 공허한 동기입니다. "너는 이렇게 해야 한다"라는 다른 사람의 생각을 따르게 될 때 당신은 자신과 상위자아 사이에 담을 쌓고 있는 것입니다. 또한 그렇게 함으로써 고통으로 일그러진 삶을 살게 됩니다. 이 순간 당신을 바라보면서 당신이 그들이 원하는 존재가 되어야 한다고 말하는 사람들이 고통으로 가득 찬 삶을 살듯이 말입니다. 당신을 평가할 수 있는 잣대는 오로지 기쁨입니다.

어떤 인생도 실패란 없습니다. 인생이 아무리 고통스러울지라도 모든 인생은 근원을 진화하게 만들기 때문입니다. 어떤 사람들은 죽을 때까지 현실의 진화된 상태(기쁨)를 깨닫지 못할 것입니다. 그러나 당신은 언제라도 기쁨을 온전히 실현할 수 있는 능력이 있습니다. 그러기 위해서는 뭔가를 성취해야 하는 삶과 다른 사람들이 중요하게 생각하고 바라는 삶을 따라 사는 것을 중단해야 합니다. 대신 자신의 소망과 자신이 중요하게 생각하는 것을 따르는 삶을 살아야 합니다. 기쁨을 당신의 삶의 목표로 삼으세요.

이렇게 할 때 당신은 상위자아의 에너지 진동을 얻을 수 있습니다. 또한 당신과 상위자아가 일치된 모습으로 살아갈 수 있습니다. 그리고 당신이 이제껏 원했던 모든 것들을 손쉽게 얻을 수 있습니다. 반면에 기쁨을 거스르는 삶을 살 땐 당신이 되고 싶고, 하고 싶고, 만들고 싶은 모든 것들을 이루려면 엄청난 노력을 들여야 합니다. 그러는 와중에 지쳐서 결국 실패하고 맙니다. 그 순간 당신은 "나는 가치 없는 사람이야"라고 말할 것입니다.

그러나 기쁨을 우선시 하는 삶을 살 때는 모든 일을 즐기면서 할 수 있습니다. 그 이유는 즐거움이라는 감정은 당신이 하고 있는 생각과 행동에서 근원의 순수한 에너지를 느낄 때 생겨나기 때문입니다. 이때는 일을 하면서도 힘들게 느끼지 않습니다. 이렇게 힘들이지 않고 성공하게 되면서 당신은 "나는 가치 있는 사람이야"라고 말할 것입니다. 당신이 행복한 삶을 살 때만이 다른 사람도 행복과 가치를 느낄 수 있도록 도울 수 있고, 다른 사람에게 소중한 존재가 될 수 있습니다. 기쁨이 당신의 삶의 목적이 되어야 한다고 말하는 것은 조금 부족한 표현입니다. 정확히 말하자면, 기쁨이 당신 삶의 매일 매일과 매 순간의 목적이 되어야 합니다.

당신은 매 순간 근원에게 사랑받는 존재

진화와 변화라는 생각은 우리가 처음부터 쉽게 받아들이는 개념이 아닙니다. 만약 우리가 자기가치(self-worth)와 관련해 처음부터 문제가 있다면 변화라는 생각에서 숨은 의미를 도출해냅니다. 그 숨은 의미란 우리가 아직은 충분하지 않다는 것입니다. 우리의 현재 모습이 충분하지 않다면 이 모습 그대로서는 사랑 받을 수 없을 것이고, 그렇기 때문에 사랑 받지 못하고 있다는 결론을 끌어냅니다. 그러나 이것은 결코 진실이 아닙니다. 우리의 가치는 성격적 특성, 신체적 특성, 행동과는 관계가 없습니다. 왜냐하면 이런 특성은 일시적이기 때문입니다. 만약 당신의 가치가 인간의 모습 속에 존재하는 특성이라면 그 가치는 당신이 죽게 되면 당신에게서 떠나갈 것입니다. 가치는 이와는 다릅니다. 가치는 "당신이 무엇인가"와 관계가 있습니다. 왜냐하면 매 순간 당신은 잠재적 에너지이기 때문입니다.

이와 관련해 우리는 수용(acceptance)이라는 개념을 알아야 합니다. 구문법의 경우에서 흔히 그렇듯이 수용이라는 단어도 사람들에게 다양한 의미로 다가옵니다. 그 다양한 의미 중에는 이로운 의미도 있고 그렇지 못한 의미도 있습니다. 긍정적인 측면에서 보면 이 단어에는 어떤 대상과 화해한다는 뜻이 있습니다. 무언가에 대항해서 싸울 때(그것을 수용하지 못할 때) 당신은 삶에서 제거할 수 없는 것에 대항함으로써 삶 속에 마찰을 불러들입니다. 그것에 집중하게 되면 그것을 없애는 것이 아니라 더욱 강화시킵니다. 수용한다는 것은 저항을 흘려보내고 인생의 경험에서 원하는 것에만 집중하는 것입니다. 이처럼 광범위하고 평화로운 방식으로 흘려보내지 않는다면 긍정적인 변화를 경험할 수 없습니다. 건강한 방식으로 수용한다는 것은 그 대상에 불만을 품는 것이 아니라 이해하고 그 자체로 받아들이는 것입니다. 당신은 이전에 품고 있던 에너지 진동을 구현하면서 삶을 살고 있습니다. 그 진동은 이제껏 당신과 함께 있어온 존재입니다. 이제껏 있어온 존재에 대해 불만을 품을 때 바로 그 존재에 얽매이게 됩니다. 건강한 방식으로 그 존재를 수용할 때 당신은 자유로워질 수 있습니다.

부정적인 측면에서 보면 수용은 어떤 대상에 대해 체념하고 받아들이는 것입니다. 부정적인 의미의 수용은 당신이 좋아하든 그렇지 않든 그 대상을 묵인하고 승인하고 옳다고 생각하고, 더 나쁘게는 그것을 영원히 진실로 생각하는 것입니다. 무언가를 영원히 진실로 생각한다는 것은 그것을 고정적으로 만들고, 자신의 에너지 진동이 계속해서 그것과 일치되게 만드는 것입니다. 이것은 이 우주의 본성을 일시적으로 보지 못하는 것입니다. 수용은(원래부터 그렇게 되어야 하지만) 무언가에 안주하고, 참아내고, 합법화하고, 승인한다는 뜻이 아닙니다. 수용은 단지 부정적인 관점에서 자신을 놓아주고, 무언가에 투쟁하는 일(이것은 오히려 인생에서 그것을 계속 나타나게 만듭니다)을 멈춤으로써 조건 없는 사랑을 실천하는 것을 의미합니다.

자신의 위치와 모습을 있는 그대로 받아들이는 것은 정말로 중요한 일입니다. 마찬가지로 다른 사람의 위치와 모습을 있는 그대로 받아들이는 것도 중요합니다. 남에게 인정받는 것은 언제나 기분 좋은 일이지만 그것이 행복의 열쇠는 아닙니다. 다른 사람으로부터 인정받고 싶다는 소망을 가진다는 것은 당신이 스스로를 인정하고 있지 않다는 뜻입니다. 자신이나 다른 사람들을 수용하는 에너지 진동을 발산하지 않을 땐 당신을 수용하는 사람들과 에너지 진동 면에서 공명할 수 없습니다. 행복으로 가는 열쇠는 자신과 다른 사람들을 건강하게 받아들이는 것입니다. 자신과 다른 사람들을 있는 그대로 받아들일 때 다른 사람들로부터 인정받고 싶은 욕구는 생겨나지 않습니다. 또한 그런 욕구는 필요하지도 않을 것이지만 당신의 인생에서 자연스럽게 충족될 것입니다. 건강한 방식으로 수용할 때 당신은 현재 상황에 대한 저항을 흘려보내고, 긍정적인 변화로 가는 확실한 길을 낼 수 있습니다. 행동이나 성격, 신체의 부분 등 자신에 대해 맘에 들지 않는 부분을 보고 "이게 내 모습이야. 억지로라도 좋아해야 해"라고 말하거나 다른 사람들에게 당신을 사랑하기 위해서는 당신의 그런 부분을 사랑해야 한다고 말하는 것은 우주가 작용하는 방식에 위배됩니다.

　모든 사람들은 자신이 좋아하는 것을 찾고 창조하게끔 되어 있기 때문에 좋아하지 않는 것을 억지로 좋아할 필요가 없습니다. 무언가를 억지로 좋아하려고 하는 것은 헛된 노력입니다. 이것은 당신이 가치로 오인하고 있는 어떤 일시적인 특성을 영구적인 부분으로 만들려는 행동입니다. 게다가 그러한 특성이나 문제가 되는 사고방식의 에너지 진동은 당신의 기분을 나쁘게 만들고, 원하지 않는 것을 당신의 인생 속으로 끌어당기는 경우가 많습니다. 당신이 변하지 않으면 사랑 받지 못하기 때문에 변해야 하는 것은 결코 아닙니다. 당신은 매 순간 근원에게 사랑 받는 존재입니다. 당신은 어느 때라도 자신을 사랑하는 방법을 배울 수 있습니다. 그리고 그 사랑은 당신이 어떤 모습으로 변하는 가와는 상관이 없습니다.

사람들이 자신의 인생을 더 잘 창조할수록 외적인 조건에 국한되지 않는 사랑을 더 잘 실천할 수 있습니다. 사실 이런 종류의 사랑을 실천하는 데 있어, 그들이 당신을 좀 더 높이 평가하기 위해 당신에 대해 맘에 드는 외적 조건에 집중하기로 선택하지 않는 이상에는 그런 조건을 포함할 필요가 없습니다. 하지만 당신이 부정적인 의미의 수용을 진정한 사랑으로 혼동하고 변화를 거부할 땐 기쁨을 누릴 수 없습니다. 또한 다른 사람들에게 당신의 부정적인 에너지 진동뿐 아니라 당신의 모든 것을 좋아하라고 요구할 때도 기쁨을 누릴 수 없습니다. 다른 사람들로부터 인정을 받으려고 하는 것은 기쁨을 찾지 못하도록 스스로를 감옥에 가두는 행동입니다. 마찬가지로 자신과 다른 사람들을 수용하지 않는 것도 기쁨을 찾지 못하도록 스스로를 감옥에 가두는 행동입니다. 수용한다는 것은 당신의 힘을 다시 찾는 것입니다. 당신은 조건 없는 사랑을 실천하기 위해서 더 이상 외부적인 조건을 바꿀 필요가 없습니다.

수용은 조건 없는 사랑에 있어 중요한 열쇠입니다. 먼저 자신을 사랑하지 않고서는 다른 사람들에게 사랑을 받을 수 없는 이유는, 자신이 자기혐오의 에너지 진동을 가지고 있으면서 그 에너지 진동과 일치하지 않는 다른 것을 끌어당길 수는 없기 때문입니다. 사랑을 주지도 않으면서 받으려고 한다면 이 우주 안의 진화는 없을 것입니다. 또한 어떤 것도 변화할 이유가 없을 것이고, 모든 것은 지금 그대로의 상태를 유지할 것입니다.

먼저 사랑을 주는 방법을 모른 채 사랑을 구하려고 하는 것은 우주의 법칙에 위배됩니다. 자신이나 다른 사람들에 대해 맘에 들지 않는 부분을 억지로 사랑하려고 하지 말고 먼저 맘에 드는 부분과 사랑에 빠져보세요. 사랑받고 있는 기분을 느끼기 위해 자신에 대해 좋아하지 않는 부분을 남에게 사랑하라고 요구하기 보다는 먼저 자신에 대해 좋아하는 부분을 사랑해보세요. 자신이나 다른 사람들에 대해 좋아하지 않는 부분에서 영감을 얻어 좋아하는 부분을 찾아보세요. 당신의 진정한 가치는 당신이 근원 에너지라는 사실에 있습니다. 그러므로 당신이 원하는 것은 무엇이든 될 수 있다는 사실에 집중하세요.

당신은 완벽할 필요가 없습니다. 완벽한 상태에 있는 것은 불가능합니다. 왜냐하면 이번 생애는 진화가 진행되는 과정이기 때문입니다. 완벽함은 최종 결과가 아니라 그 과정 속에 있습니다. 우리는 갓 태어난 아이를 보고 아직 완벽한 상태가 아니기 때문에 가치가 없다고 말하지 않습니다. 모래 위에 그려진 선을 넘는 것처럼 어떤 지점을 통과하면 사람이 완성되거나 완벽해지는 것은 아닙니다. 우리에게 자신은 물론이고 다른 사람과 관련해 문제가 생기는 이유는 성인으로 가는 여정에서 상상의 선을 그리고, 그 선을 넘어가는 시점부터는 자신이나 다른 사람들이 완벽해질 것이라고 기대하기 때문입니다. 우리는 완벽함에 대한 자신의 생각과 공명을 이루는 삶을 살고 있지 않다는 사실을 깨달을 때 스스로를 의심하고 평가하는 경향이 있습니다. 하지만 우리는 완벽함이 미리부터 정해져 있고 반드시 따라야 하는 기준점이 아니라는 사실부터 깨달아야 합니다.

완벽함에 대한 우리의 생각은 대상에 따라 달라집니다. 아기가 태어났을 때 우리는 그 아기가 완벽할 것이라고 기대하지 않습니다. 왜냐하면 우리가 지금 알고 있는 지식을 그 아기가 알 것이라고 기대하지 않기 때문입니다. 그런데 우리는 종종 자신은 모든 것을 알기를 기대하고, 다른 사람들도 우리가 아는 것을 모두 알기를 기대합니다.

에너지 진동의 조화와 부조화

모든 순간에는 두 가지 관점이 존재합니다. 하나는 영적인 지식이고, 다른 하나는 물리적인 삶의 지식입니다. 근원의 관점과 지식은 모든 사람 안에 들어있고 모든 사람이 동의하는 영원한 지식입니다. 반면에 물리적 삶의 관점과 지식은 전적으로 개인이 살면서 관찰하고 경험한 것에 달려있습니다. 바로 여기에서 남을 얕보는 태도나 전쟁을 일으키려는 마음이 나왔습니다. 만약 모든 사람이 똑같은 삶의 경험을 가지고 있다고 가정한다면 그들도 우리와 같은 관점을 가질 것이고, 따라서 우리 의견에 동의하리라고 생각할 것입니다. 그러나 그들은 우리와 다른 삶의 경험을 가지고 있기에 우리의 의견에 동의하지 않을 수도 있습니다. 이런 경우 우리는 스스로를 의심하거나 방어하게 됩니다. 그리고 서로 간에 불일치하는 에너지 때문에 겪게 되는 고통과 관련해 그들에게 분노를 느끼게 됩니다.

그들이 있는 위치와 당신이 생각하기에 그들이 있어야 하는 위치 사이에, 또한 그들이 생각하는 것과 당신이 생각하기에 그들이 생각해야 하는 것 사이에는 커다란 간극이 있습니다. 이는 당신의 관점과 삶의 경험에서 볼 때 당신에게 최선인 것이 그들에게도 최선인 것으로 생각하기 때문입니다. 무엇이 옳고 그른가를 따지는 것은 오직 한 가지와 관련이 있습니다. 그것은 바로 삶의 경험입니다. 그런데 삶의 경험은 모든 생명체가 다릅니다. 옳고 그름에 대한 생각 또한 사람마다 다릅니다. 그것은 전적으로 각자의 믿음에 달려있습니다. 물리적 관점에서의 진실은 이전의 에너지 진동이 집중되어 모습을 드러낸 대상을 관찰한 정보일 뿐입니다. 물리적 진실은 보는 사람의 눈에 따라 다릅니다. 그렇기 때문에 우리는 결코 다른 사람을 대신해 옳고 그름을 판단할 수 없습니다. 이는 그 사람과 그 사람의 상위자아 사이의 개인적인 일입니다.

어떤 사람이 자신의 상위자아와 의견을 달리할 때(우리는 이것을 잘못되었다고 표현합니다) 그 사람은 상위자아의 에너지 진동과 공명하지 않기 때문에 부조화(부정적인 감정)를 느끼게 됩니다. 반대로 상위자아와 의견이 일치할 때(우리는 이것을 옳다고 표현합니다)면 상위자아의 에너지 진동과 공명하기 때문에 조화로움(긍정적인 감정)을 느끼게 됩니다. 다른 사람과 관련해 무엇이 옳고 무엇이 진실인가를 이해하기 위해서는 그 사람의 상위자아의 시선에서 그 사람과 그 사람의 삶을 바라보아야 합니다. 그 사람과 별개인 우리의 물리적 삶의 관점에서는 그렇게 할 수 없습니다. 누군가를 특정한 모습이 되게 하거나 특정한 사고방식을 갖게 만드는 것은 그 사람의 권리를 침해하는 일입니다. 우리 모두는 스스로 결정해야 합니다. 그것이 바로 과정입니다. 예컨대, 집단학살에 참여하는 것이 옳다고 믿는 것과 같이 어떤 사람이 자신의 상위자아와 어긋나는 믿음을 가지고 있다면 당신의 관점(집단학살은 옳지 않고 평화가 옳은 것이라는 관점)에서 당신이 어떤 행동을 하는가는 중요하지 않습니다. 그런 관점에서 당신이 취하는 행동은 무엇이든 간에 집단학살에 참여하는 그 사람이 그런 선택을 함으로써 자신의 상위자아와 연결이 끊어지면서 경험하는 부조화에 비하면 잔 그림자처럼 느껴질 뿐입니다.

끌어당김의 법칙은 처벌과 살인의 에너지 진동과 공명하는 사람들에게 정확히 그러한 진동과 일치하는 대상을 가져다줍니다. 하지만 모든 사람의 내면에는 언제라도 가르침을 전해주는 선생님이 있다는 사실을 당신이 믿는다면, 끌어당김의 법칙이 그들의 내면을 비춰주는 거울이 되어줌으로써 그들을 가르쳐줄 수 있다는 사실도 알게 될 것입니다. 끌어당김의 법칙은 궁극적인 정의이자 스승입니다. 우리가 어떤 이미지에 집중하면 집중할수록 그 이미지는 점점 더 커집니다. 긍정적인 이미지라면 그것이 점점 더 커져가는 것을 좋아할 것입니다. 그러나 부정적인 이미지라면 그것 또한 커져서 결국엔 우리가 인식하게 되고, 우리는 그에 따라 변할 수밖에 없습니다. 그 변화가 비록 죽음을 의미할지라도 말입니다. 우주는 진정한 자아와 반대 각에 서 있는 사람들을 그대로 오랫동안 내버려두지 않습니다. 그래서 그 사람들을 앞으로 끌어당깁니다. 어느 순간에는 당신의 상위자아와 좀 더 가까운 에너지 진동을 느낄 수 있을지라도 일단 그 순간이 지나면 다시 당신의 상위자아와 점점 멀어지는 기분을 느낄 수 있습니다. 예컨대, 어떤 사람은 두려움의 에너지 진동보다 복수의 에너지 진동에서 좀 더 나은 기분을 느낄 수 있습니다. 하지만 복수가 자신이 상위자아와 조화되지 못한 상태임을 알려주는 증표라는 사실을 곧 알게 될 것입니다. 그렇게 때문에 그 사람은 다시 상위자아와 일치되기 위해서 용서라는 행동을 취할 수 있습니다.

각자의 길을 통해 하나됨에 이르는 여정

당신이 자신을 위해 해줄 수 있는 최선의 방법 중 하나는 완벽한 상태에 있어야 한다는 압박감에서 벗어나는 것입니다. 또한 다른 사람들도 그러한 압박감에서 벗어나도록 도와주어야 합니다. 그리고 자신도 다른 사람들도 올바른 방향으로 끌어당겨지고 있다고 믿어야 합니다. 만약 당신이 다른 사람들과 의견을 달리한다면 각자가 생각하는 것의 본질을 알게 될 것이고, 그 본질을 고찰한 후(완전히 깨닫게 될 때)에는 자신의 마음이나 다른 사람의 마음을 바꿀 수 있을 것입니다. 어쩌면 둘 다 바뀌게 될지도 모릅니다. 모든 사람들은 각자의 길을 통해 근원의 진실로 오게 됩니다. 다른 사람이 당신과 의견이 같다고 해서 당신이 기쁨을 찾을 수 있는 것은 아닙니다. 그저 그것이 기분 좋게 느껴지는 이유는, 우리는 마음 속 깊은 곳에서 궁극적인 진실인 하나됨을 원하기 때문입니다.

다른 사람이 당신이 옳다고 생각하는 것에 공명한다고 해서 당신이 행복과 공명하는 것은 아닙니다. 당신은 오로지 자신이 옳다고 생각하는 것과 공명할 때만 행복을 찾을 수 있습니다. 당신이 옳다고 생각하는 것에 공명한다면 다른 사람의 의견(당신이 아무리 그것을 해롭다고 생각할지라도)은 당신의 경험 속에 들어올 수 없습니다. 그 의견에 강하게 반발하지(그것은 곧 그 의견과 공명하는 것입니다) 않는 이상에는 말입니다. 그렇지만 자신이 모든 것을 알고 있어야 한다고 기대해서는 안 됩니다. 또한 다른 삶을 경험하고 있는 사람들이 당신이 아는 것을 알고 있기를 기대해서도 안 됩니다. 자신에게 옳은 것은 자신에게만 옳은 것임을 깨달아야 합니다. 이는 원래부터 그렇게 되어 있었습니다. 만약 그것이 더 이상 당신에게 옳지 않게 된다면(이 변화무쌍한 우주에서는 그런 일이 발생할 수 있습니다) 당신은 그것을 바로 알 수 있습니다. 왜냐하면 그것이 옳지 않다는 기분을 느끼게 될 것이기 때문입니다. 그런데도 계속 그 방향으로 나아간다면 잘못되었다는 기분을 더 많이 느낄 것입니다. 그러다가 옳다고 느껴지는 방향으로 가기로 결심하는 순간이 옵니다. 그렇기 때문에 당신은 더 이상 잘못된 방향으로 갈 수가 없습니다. 이는 다른 사람들도 마찬가지입니다.

어떤 사람의 물리적 경험과 지식의 일부분은 다른 사람들의 경험과 생각을 관찰한 데서 나옵니다. 다른 사람들의 경험과 생각은 우리에게 우리가 원하지 않는 것(우리에게 옳지 않은 것)과 원하는 것(우리에게 옳은 것)이 무엇인지 깨달을 수 있게 합니다. 다른 사람들의 경험과 생각이 우리 인생에서 그런 목적을 가지도록 원래부터 그렇게 되어 있었습니다. 그것은 우리가 창조할 수 있도록 도와주며, 지금 당신이 읽고 있는 이 책의 목적이기도 합니다. 또한 그것은 물리적인 삶의 필수 요소입니다. 우리 인간이 모든 것에 대해 의견을 함께한다면 진화는 없을 것입니다. 진화는 당신이 행복해지는 방향으로 나아가면서 필연적으로 생기는 결과입니다.

8장

인생 조각하기가
행복과 어긋날 때

Where the Sculpting of Your Life
Goes Wrong with Happiness

기쁨은 눈 한번 깜빡이지 않고 매 순간 우리를 내려다보고 있다.
기쁨은 끝없이 펼쳐진 하늘 같은 황금 계곡 속에 들어있다.
기쁨은 이 사람의 입술에서 저 사람의 입술로 옮겨지는
순수하고 부드러운 미소 속에 들어있다.
기쁨은 여름에 먹는 달콤한 아이스크림 속에 들어있다.
많은 사람들이 그러하듯 당신도 행복이라고 불리는 이 상태를 찾아 인생의 4대륙을
헤매게 될 수도 있다.
여기까지 오는 내내 행복은 당신과 늘 함께 했다는 진실을 깨닫지 못한 채.
행복은 당신이 집중했던 것들 사이로 얽히고설켜 있지만 언제나 당신과 함께 있었다.
당신이 자신을 알아봐주기를 기다리면서.

행복에 대한 우리의 가장 잘못된 생각은 행복이 사람, 장소, 사물 등 외부에 있는 대상에 달려 있다고 믿는 것입니다. 그러나 행복은 당신의 외부에 있는 사물과 사람에 달려 있지 않습니다. 진정한 행복은 결코 외부의 대상과 관련이 없습니다. 행복이 다른 사람들과, 그들이 당신 주변에서 어떻게 행동하는지, 그리고 당신에 대해 어떻게 느끼는지에 달려있다고 생각하는 순간 당신은 자신의 힘을 완전히 저버리는 것입니다. 사실 이번 생애(또는 어떤 생애든)에서 유일하게 가진 힘을 스스로 포기한 것일 수도 있습니다. 지구라는 이 물리적 차원은 가장 아름다운 놀이터가 되기 위해 세워진 것입니다. 그리고 이러한 물리적 차원에서 당신이 생각하고 느끼는 모든 것은 당신 주위에서 꽃을 피우고 있습니다.

외부에서 원인을 찾는 것을 멈출 때

당신이 접촉하게 되는 모든 것은 당신이 생각하고 느끼고 있었던 것과 동일한 것입니다. 끌어당김의 법칙에 따라 그리되는 것입니다. 모든 것은 이런 식으로 창조되기 때문에 당신이 그 선택을 좋아했는지 또는 그보다 좀 더 나은 것을 원하는지는 쉽고 명확하게 알 수가 있는 것입니다. 말하자면 이 물리적 차원은 모든 사람이 자신이 뿌린 대로 거두는 모습이라고 볼 수 있습니다. 이 우주에서 당신은 최상의 결과든 최악의 결과든 자신이 뿌리지 않은 것은 거둘 수 없습니다. 외부적인 조건 때문에 행복하지 않다고 말함으로써 당신이 가진 힘을 포기하는 것은 거울 속에 비친 자신의 모습을 보면서 거울이 이상하다고 소리를 질러대는 것과 같습니다.

우주 안에 존재하는 비판은 모두 위선적입니다. 여기서 위선적이라는 말은 어떤 사람이 많은 사람들이 비판하는 행동을 한다는 뜻이 아닙니다. 만약 당신이 그토록 싫어하는 행동과 일치하는 에너지 진동을 당신이 발산하지만 않는다면, 당신은 그런 행동을 경험하지 않게 될 것이고 평생 동안 그런 사람을 만나지 않을 수도 있습니다. 그런 점에서 비판의 배경에는 외부에서만 원인을 찾는 자기 위선이 있다는 뜻입니다. 사실 당신의 외부에 있는 사람과 관련해서는 어떤 문제점도 있을 수가 없습니다. 모든 문제는 당신 자신과 관련된 것입니다.

예를 들면, 어떤 사람이 자신의 행복이 외부에 있는 다른 사람들에 의해서 결정되지 않는다는 사실을 이해하지 못한다면, 그 사람은 기를 써서 만성적인 화병(火病)을 가진 사람들을 피하려고 할 것입니다. 하지만 그런 사람들을 피하려고 애쓰는 과정에서 그 사람은 자신이 원하는 것이 아닌, 주로 원하지 않는 것을 주시하게 되고 그에 동조됩니다. 우주 안에는 "반(反)음표(3장에서 나오는 내용)"가 없기 때문에 그 사람은 만성적인 화병을 가진 사람들과 같은 에너지 진동을 계속해서 띠게 될 것입니다. 결국 이런 사람들만 그 사람의 인생에 계속해서 나타나게 됩니다. 그 사람은 마치 얼굴만 다를 뿐 에너지 진동이 똑같은 다른 사람들에게 괴롭힘을 당한다고 느낄 수도 있습니다.

이와 동시에 만성적인 화병을 가진 그 사람도 자신의 행복이 외부적인 환경과는 관련이 없다는 사실을 모를 수 있습니다. 그래서 다른 사람들을 이용하여 안 좋은 기분에서 벗어나려고 애를 씁니다. 하지만 자신의 행복이 기분을 좋게 만들어주는 다른 사람들에게 달려있다고 생각할 땐 자신이 곤경에 처하면 바로 등을 돌리는 친구를 만날까봐 걱정도 하게 됩니다. 그래서 그 사람은 그런 친구들을 일부러 피하려고 노력합니다(문제에 집중하게 됩니다). 그 결과 진실하지 못한 친구들만 자꾸 나타납니다. 이 둘은 계속해서 서로를 헐뜯을 것입니다. 진실하지 못한 친구는 상대방이 만성적인 화병 때문에 행복하지 못한 것이라고 비난할 것입니다. 그러면 상대방은 진실하지 못한 친구의 태도 때문에 자신이 행복하지 못하다고 맞대응을 할 것입니다. 이 중에서 옳은 말을 하는 사람은 없습니다. 이 두 가지 시나리오는 두 사람 모두 상대방이 무슨 말을 하든 무슨 행동을 하든 상관없이, 자신이 행복을 결정할 수 있다는 사실을 모르는 데서 기인합니다.

행복으로 가는 최고의 방법은 외부 환경에서 당신이 좋아하지 않는 것(상황, 사람, 장소, 사물)이 나타나면 그 즉시 시선을 내부로 돌려 당신 안의 어떤 문제점이 외부로 나타났는지를 파악하는 것입니다. 외부의 문제는 당신 내부의 문제가 드러난 것입니다. 당신이 내부의 무언가와 에너지 진동 면에서 일치되지 않았다면 결코 그것을 경험할 수 없습니다. 그렇다면 궁금증이 하나 생깁니다. '그것은 대체 무엇일까?'

많은 사람들은 죄책감과 수치심을 너무나 오랫동안 품고 있었습니다. 따라서 당신 안을 살펴보는 과정이 더 이상의 죄책감, 수치심, 자기비판으로 이어지게 해서는 안 됩니다. 당신의 잘못은 하나도 없습니다. 잘못은 비난을 내포하고 있습니다. 비난 받아야 할 사람은 아무도 없습니다. 겉보기엔 부정성을 만들어내는 당신 안의 에너지 진동도 기쁨으로 향하는 당신의 진화에 있어 커다란 역할을 맡고 있습니다. 당신이 원래 이런 에너지 진동을 띠려고 의도했는지 아니면 자연스럽게 띠게 되었는지는 중요하지 않습니다. 당신은 그것을 바꿀 능력이 있습니다. 이는 어려운 일이 아닙니다. 지금 당신이 보고 있는 모든 것은 당신이 이전에 가지고 있던 에너지 진동이 가시화되어 나타난 것입니다. 여기서 가장 중요한 점은, 이제부터 당신이 이전과 다른 에너지 진동에 집중하게 되면, 원하는 것은 끌어당기고 원치 않는 것은 당신의 공간 속으로 들어오지 못하게 할 수 있다는 사실입니다.

부정성을 연민으로 감싸안을 때

무엇보다도 좋은 소식은 일단 당신이 전조 격인 징후를 알아차리고 기분(당신 안의 에너지 진동임)이 좋아지는 생각을 하기 시작하면, 그 즉시 당신의 환경도 그런 긍정적인 면모를 반영하게 되고, 당신이 원래부터 갖기로 되어 있고 처음부터 갖고 있었던 힘을 되찾게 될 것이라는 점입니다. 당신은 최고의 힘을 가지게 될 것입니다. 그 힘은 바로 다른 사람과 상관없이 기쁨을 누릴 수 있는 힘입니다. 당신이 집중해야 할 일을 선택하여 그것을 당장 실천할 정도로, 에너지 진동을 조절하여 기쁨을 지배할 수 있는 자신의 능력을 믿게 될 때, 당신은 조건 없는 사랑도 실천할 수 있습니다. 다른 사람들에 대한 당신의 사랑은 그들이 어떤 일을 하느냐에 달려 있지 않습니다. 마찬가지로 자신에 대한 사랑도 당신이 어떤 일을 하느냐에 달려 있지 않습니다.

가끔씩 우리는 행복이란 생각에 강한 반감을 느낄 때가 있습니다. 우리가 고통을 받고 있을 때 행복한 사람들을 보게 되면 화도 나고 거짓처럼 느껴지기도 합니다. 그 이유는 우리가 질투심을 느끼기 때문입니다. 질투심이란 우리가 원하지만 가질 수 없다고 생각하는 것을 남들이 가진 모습을 볼 때 생겨나는 감정입니다. 또한 우리는 부정적이라고 느껴지는 것은 결코 보려고 하지 않는 겉으로만 행복한 사람들과 알고 지낼 때 행복에 대해 반감을 키울 수 있습니다. 당신이 자신만 소외되었다는 고통을 느낀다면 당신은 당신을 완전히 홀로 내버려두는 누군가를 끌어당긴 것입니다. 하지만 당신이 그렇게 행복해 보이는 사람들을 보고 기분이 언짢아진다면 그들은 진정으로 행복한 것이 아니라는 사실을 알아야 합니다. 게다가 그들은 당신에게 아무런 도움도 될 수 없습니다. 외부 환경에 의해 결정되는 행복은 진정한 행복이 아닙니다.

환경을 행복의 에너지 진동과 일치되게 할 수 있는 가장 확실한 방법은 외부 환경과는 별개인 행복을 성취하는 것입니다. 이는 선택적인 집중을 통해서 가능합니다. 겉으로만 행복한, 그래서 진정으로 행복하지 않은 사람들은 본질상 부정적인 것은 무엇이든 피하려고 합니다. 왜냐하면 그래야만 자신의 거짓 행복을 유지할 수 있다고 생각하기 때문입니다. 이런 식으로 그들은 우리에게 행복해 대한 잘못된 그림을 보여줍니다. 그러나 고통에서 도망친다면 당신은 결코 행복할 수 없습니다. 무언가에서 도망치거나 피하려고 하는 것은 거꾸로 그 문제에 집중하는 것이기 때문입니다. 진정한 행복은 당신이 어떤 사람들과 어울리든 어떤 상황에 있든 상관없이, 그 사람이나 상황에 대해 감사할 수 있는 측면(긍정적인 기분을 일으키는)에 집중하거나 그 사람이나 상황이 어떤 식으로 되기를 바라는 생각에 집중함으로써 성취할 수 있습니다.

진정으로 행복한 사람들은 부정적인 것에서도 가치를 발견합니다. 그들은 부정적인 것에도 나름의 목적이 있다는 걸 알기 때문에 더 이상 그것을 두려워하지 않습니다. 이는 마치 흙을 부정적으로 보는 세상에서 흙이 꽃에게 어떤 가치가 있는지를 보는 것과 같습니다. 흙이 없다면 꽃도 있을 수 없습니다. 부정적인 것을 피하는 행동의 에너지 진동은 긍정적인 것을 받아들이는 행동의 에너지 진동과 정반대에 있습니다. 부정적인 느낌 그 자체를 받아들임으로써 부정적인 것에서 긍정성을 수용할 수 있습니다. 많은 사람들은 부정적인 감정을 수용하는 것이 인생에서 그것을 계속 간직하는 것이고, 거기에 갇혀서 헤어 나오지 못하는 것으로 생각하고 두려워합니다. 그러나 진실은 그 반대입니다. 부정적인 감정을 수용하고 극렬한 저항감을 흘려보내는 방법을 배울 때 당신은 부정적인 감정과는 아주 대조적인 에너지 진동을 들어오게 할 수 있습니다. 그리고 이렇게 새로 들여온 에너지 진동은 너무도 강력하기 때문에 부정적인 감정은 더 이상 스스로를 유지할 수 없게 됩니다. 결국 완전히 자취를 감추고 맙니다.

부정적인 것은 이 물리적 차원에서 자연스러운 요소입니다. 부정적인 것을 통해 당신은 무언가 새로 창조하고 싶은 마음이 들게 됩니다. 그리고 당신이 원하는 것을 새롭게 창조하는 과정에서 우주는 진화합니다. 부정성을 수용하고 그것의 원래 의도에 맞게 이용하는 방법을 알게 될 때 부정성은 당신을 놓아주게 됩니다. 당신은 부정성과의 관계를 끊고 자유의 몸이 됩니다. 긍정성에 집중한다는 것은 부정성을 억누르고 평가절하하고 부인하는 것이 결코 아닙니다. 그렇게 하면 자신에게 아주 해롭습니다. 그런 방식으로는 문제를 해결할 수 없기에 부정성은 계속해서 자신의 몸뚱이를 부풀립니다. 이는 당신이 부정적인 것에만 집중할 때 부정적인 측면이 계속해서 커지는 것과 같습니다. 또한 당신이 더 많은 기쁨을 찾을 수 있는 완벽한 기회를 피하고 있다는 뜻이기도 합니다.

만약 당신이 부정적인 것을 억누르고 평가절하하고 부인한다면 부정성에서만 얻을 수 있는 매우 소중한 깨달음의 기회를 놓치는 것입니다. 당신이 무언가의 반대편을 추구한다면 가장 먼저 그 무언가가 존재한다는 사실부터 인정해야만 합니다. 당신이 이 책을 읽을 정도의 나이라면 감정의 나침반을 너무나 오랫동안 사용하지 않고 묵혀두어서 무엇이 부정적인 감정을 일으키는지 그 즉시 명확하게 밝혀내지는 못할 것입니다. 만약 부정적인 감정이 생겨나는 순간 마음속을 살펴서 그 감정이 오는 근원을 찾는다면 당신 안에 숨겨진 에너지 진동들을 마주하게 될 것입니다. 그것들은 당신이 의식하지 못해도 자신과 비슷한 에너지 진동을 가진 것들을 당신의 인생 속으로 끌어당깁니다. 일단 그 감정을 마주하게 되면 연민, 이해, 사랑, 감사의 마음으로 감싸 안아야 합니다. 당신의 부정적인 감정은 울고 있는 아이와 같습니다.

심지어 분노도 두려움의 에너지 진동에서 생겨납니다. 우는 아이를 연민으로 감싸 안듯이 그 감정을 포용할 때 아이는 울음을 그칩니다. 우리는 너무도 자주 부정적 감정을 비난하거나 두려워합니다. 이는 어린 아이를 비난하거나 두려워하는 것과 같습니다. 하지만 이런 식의 행동은 문제를 더욱 악화시킬 뿐입니다. 말하자면 불을 불로 맞서는 것과 같습니다. 부정성에 대한 인식을 통해 그것으로부터 벗어나려고 하는 것은 부정성에 집중하는 것과는 다릅니다. 당신은 부정성에 빠져 허우적대는 대신 부정성을 유리한 쪽으로 이용하고 있는 것입니다.

일단 부정적인 감정을 포용하고 연민의 마음으로 대하고 그것을 인식하고 어디에서 오는지 알게 되면 긍정적인 진동을 얻기 위해 당신이 가진 한 가지 힘을 사용할 수 있습니다. 그것은 바로 집중력입니다. 고통이나 불편함을 느끼는 바로 그 순간 부정적인 감정을 마주보고 이해하고 포용하면서 중화시킵니다. 그런 다음 긍정적인 감정이 흘러나올 수 있는 것으로 선회하여 집중합니다.

기쁨으로 가는 가장 빠른 방법

당신은 어떤 것에서든 긍정적인 측면을 찾을 수 있습니다. 당신이 방금 접한 것이 무엇이든 그 반대쪽에 집중할 수 있으며, 원치 않는 것에 집중하지 않는 대신 원하는 것에 온전히 몰입할 수 있습니다. 그리고 부정적인 것에 집중하고 빠져서 허우적댐으로써 부정적인 것을 좀 더 많이 끌어당기는 대신 부정성의 원래 의도를 알고 이용해야 합니다. 그것은 바로 그 부정성을 통해서 당신이 인생으로부터, 당신의 상위자아로부터, 이 우주로부터 창조하고 싶은 것이 무엇인지 알게 되는 것입니다. 당신은 부정성을 배제하려고 노력할 필요가 없습니다. 부정성 또한 이 물리적 차원에서 필연적인 조건입니다.

당신이 새롭게 얻는 모든 것은 새로운 비교대상(우리가 문제라고 부르는 것)을 가져오기 때문에 당신이 진정으로 원하는 것이 무엇인지를 아는 데 도움이 됩니다. 당신은 부정성을 피하거나 인생을 원하는 대로 조각하는 일에 실패했다고 주저앉을 필요가 없습니다. 오로지 긍정성만 바라보고 부정성에서 긍정적인 측면을 보지 못하면 물리적 차원의 삶에서 매우 중요한 핵심요소를 놓치는 것입니다. 다시 말해, 기쁨이라는 고양된 상태를 찾을 기회를 잃게 됩니다. 부정성을 기회라고 생각하고 대할 때 부정성의 손아귀에서 고통 받는 것은 불가능해집니다. 우리가 부정성을 두려움의 대상으로 생각하는 이유는 일반적으로 사람들은 삶에서 부정성이 드러나기 시작하면 일단 자신이 왜 불행한지를 합리화하기 위해 주변의 모든 사물의 부정적인 측면에만 집중하면서 인생을 보내기 때문입니다.

이는 우리가 감정을 도구가 아닌 좋거나 나쁜 것이라는 잣대로 규정짓기 때문입니다. 이런 식으로 감정을 판단할 때 우리는 현재의 상태에 대해 안 좋은 감정을 느끼면 그 이유를 자신이나 다른 사람들에게 입증하려고 노력합니다. 왜냐하면 마음 속 깊숙한 곳에서는 자신이 실패했다고 느껴지기 때문입니다. 그러나 그것은 절대 실패가 아닙니다. 당신은 어떤 감정을 느껴도 괜찮습니다. 당신은 어느 누구에게도 자신을 합리화할 필요가 없습니다. 하지만 당신, 오로지 당신만이 외부의 물리적 차원에서 어떤 일이 일어나는지 상관없이 자신이 원하는 감정을 느낄 수 있는 능력을 가지고 있습니다. 그리고 당신이 가고 싶은 기쁨의 공간으로 가장 빨리 도달할 수 있는 방법은 당신이 지금 있는 상황을 합리화하는 대신 있는 그대로 받아들이는 것입니다.

행복으로 가는 길에 놓인 가장 큰 장애물은 기쁨을 추구하는 일이 이기적이고 남을 배려하지 않는 행동이며 나쁜 사람들이나 하는 행동이라는 생각이 우리 머릿속에 박혀있다는 사실입니다. 그러나 희생이나 의무감에서 남들이 스스로 할 수 있는 일을 당신이 대신 해주게 된다면 오히려 그들에게 도움이 되지 않습니다. 만약 의무감에서 자신의 필요보다 남의 필요를 우선시할 때, 혹은 그보다 더 안 좋은 것으로서, 자신의 가치가 남의 필요를 우선하는 일에 의해 결정된다고 생각할 때, 그것은 부정적인 에너지 진동이며 거기에서 좋은 것은 결코 나올 수 없습니다.

이런 행동은 고통을 줄 뿐 아니라 원칙상 당신의 기쁨에도 위배되는 행동입니다. 당신이 도우려고 하는 사람들은 도리어 당신에게 분노를 느낄 것입니다. 왜냐하면 당신은 그들이 무능력하다고 생각하고 있다는 메시지를 전달하고 있기 때문입니다. 그리고 당신은 다른 사람들로부터 인정받고 보답 받으려고 애를 쓰면서 살아가게 될 것입니다. 하지만 당신은 그들의 인정과 보답을 받기는커녕 당신의 진가를 남들이 알아주지 않는다고 느끼면서 살아가게 될 것입니다. 결국 자신이 자유롭게 살지 못하는 이유가 남들 때문이라고 생각하면서 그들에게 분노를 느끼게 될 것입니다.

자신의 기쁨에 집중하세요

남들도 각자의 기쁨을 찾을 수 있다고 믿고, 그렇게 할 수 있도록 도와주어야 합니다. 또한 우리가 그들에게 도움이 된다는 그들의 생각에 근거해 우리의 행복을 구해서도 안 됩니다. 자신의 기쁨을 유지할 때에만 다른 사람들에게도 도움이 되는 건강한 몸과 충분한 에너지를 가질 수 있습니다. 자신의 행복을 추구하는 것이 이기적이라고 생각하는 것은 가장 큰 진실을 놓치고 있는 것입니다. 그것은 바로 하나됨의 진실입니다. 근원인 에너지가 다양한 모습으로 나타난 방식을 거슬러 올라가보면 이 우주의 모든 존재와 비(非)존재는 똑같은 본질로 구성되어 있습니다. 우리는 모두 에너지입니다. 근원은 분리됨의 관점에서 자신을 경험하고 있지만(1장을 참조) 그것은 모두 가상의 현실입니다. 우리는 여전히 근원이면서 자신을 각자 다양한 방식으로 표현하고 있습니다. 우리가 얼마나 다르게 보일지는 몰라도 우리는 모두 하나입니다. 그러한 하나됨을 이해하기 시작할 때 당신은 세상을 살아가면서 자신과 다른 모든 것 안에서 자신의 모습을 보고, 자신 안에서 다른 모든 것을 볼 수 있습니다.

그 동안 우리가 이기심이라고 불러왔던 상태는 사실 결핍의 상태입니다. 이러한 상태에 있는 사람은 하나됨을 깨닫지 못하고, 이 세상의 자원에는 한계가 없다는 사실을 믿지 못합니다. 이기적이 된다는 것은 다른 사람들을 자신의 풍족함을 빼앗아가는 위협적인 존재로 인식하는 것입니다. 이것은 자신의 기쁨을 추구하는 모습이 아니며, 애초부터 두려워할 필요가 없는 상황에 맞서 싸우려고 드는 모습입니다. 자신의 기쁨에 집중하는 것은 이와는 전혀 다른 모습입니다. 당신이 자신만의 고유한 관점으로 이 물리적 삶을 사는 보다 근본적인 이유는, 근원(당신 자신)이 우리가 만장일치가 된 상태로 들어와서 사는 것보다 훨씬 더 역동적인 방식으로 진화할 수 있도록 돕기 위해서입니다. 우리가 모두 같은 의견과 동일한 관점을 가지고 산다면 근원은 진화할 방법이 없습니다.

이러한 다양성과 각기 다른 여러 관점들은 근원이 자신의 모든 것을 알기 위해서 반드시 필요한 요소입니다. 또한 자신과 분리된 상태에서만이 진정으로 하나됨을 알 수 있고 하나됨을 원할 수 있습니다. 진정한 하나됨은 당신이 자신의 기쁨을 추구할 때 이룰 수 있습니다. 당신이 "모든 것"이라는 사실을 깨닫게 되면 자신의 기쁨을 추구할 때 당신이 "다른 것"이라고 부르는 모든 것도 기쁨을 찾을 수 있습니다. 사실 자신의 기쁨을 찾는 것이 다른 사람들을 도울 수 있는 (전반적으로 우주를 돕는) 최선의 방법입니다. 왜냐하면 이것이 당신이 완벽하게 통제할 수 있는 유일한 전략이기 때문입니다. 다른 사람들이 기쁨을 경험할 때 당신은 그것을 자신의 기쁨으로 여겨야 합니다. 또한 다른 존재를 위하는 행위는 다름 아닌 자신을 위하는 행위임을 깨달아야 합니다. 이제껏 존재했고 지금도 존재하고 앞으로도 존재할 하나됨의 진리를 깨닫고 인식하게 되면 이기심이나 이타심과 같은 것은 없다는 사실을 알게 될 것입니다. 당신이 모든 것일 때 당신이 하는 모든 일은 당신을 위한 일입니다. 그리고 당신이 모든 것일 때 당신만을 위한 일은 아무것도 없습니다.

당신의 인생을 조각하는 과정이 행복과 어긋나게 하는 장애물이 또 하나 있습니다. 그것은 바로 자신의 감정을 헤아리지 못하는 것입니다. 우리는 상위자아와 공명하지 않는 생각들을 수년간 반복한 후에는 그러한 불일치되는 감정에 익숙해져 버립니다. 너무나 익숙해진 나머지 우리가 항로를 이탈했다고 감정이 말하고 있다는 사실조차 깨닫지 못합니다. 감정은 분명히 존재함에도 불구하고 그것을 느끼지 못할 정도로 갑옷을 두른 채 차단할 때도 있습니다. 때로는 감정에 지나치게 저항한 나머지 무감각한 상태에 빠지기도 합니다. 이는 인생 전체를 눈 가리고 비행하는 것이고, 깨어있는 마음이 아닌 독선적인 마음에 완전히 사로잡혀 있는 상태입니다. 이때 우리는 전적으로 두뇌의 지시에 따라 살고 있는 것이며, 육체는 살아있는 유기체가 아니라 두뇌에 조종당하는 기계와도 같습니다.

감정이라는 나침반 알아차리기

감정은 삶의 감촉입니다. 감정이 말하고 있는 것이 무엇인지 모를 때 감정을 그저 설득력이 없고 자신을 나약하게 만드는 것으로 치부하면서 무시하기 쉽습니다. 상처받기보다는 차라리 멍한 상태에 있는 것을 선호하기도 합니다. 하지만 당신의 감정이 전하는 지식에 귀를 기울이지 않는다면 더 큰 고통이 찾아옵니다.

감정을 불러일으켜 느껴보는 훈련

감정이라는 나침반의 조언을 듣는 여정을 시작하기에 앞서 감정과 다시 연결되는 일이 필요합니다. 이는 무척 힘든 일처럼 보일 수도 있는데, 그 이유는 그 동안 단절되었던 감정과 다시 연결되는 훈련을 하기 위해서는 모든 감정은 그 자체가 부정적이라서 믿어서는 안 되고, 싸워서 이겨내야 한다는 우리의 잘못된 믿음을 다시 불러내야 하기 때문입니다. 하지만 먼저 자신이 감정을 알아차리지 못한다 해도 감정은 존재한다는 사실을 깨닫는 것이 중요합니다. 오랫동안 감정에 귀를 기울이지 않았다 해도 감정은 당신을 저버리지 않습니다. 감정은 당신을 저버릴 수 없습니다. 그들은 변함이 없습니다. 감정은 당신과 근원 사이를 붙여주는 풀과 같습니다. 감정은 억누르면 우리 안에 차곡차곡 쌓이게 됩니다. 감정은 억눌러도 존재합니다. 그러므로 당신이 해야 할 일은 감정을 다시 느끼는 것입니다.

감정과 다시 연결되는 일이 얼마나 중요한지를 깨닫고 난 후에는 이것이 당위적으로 "해야 하는" 일이 아니라 당신의 진정한 소망임을 인정해야 합니다. 그리고 당신이 가지는 모든 소망은 당신이 그것을 완전히 실현할 수 있도록 당신의 상위자아가 당신에게 끌어당겨 주는 것임을 깨달아야 합니다. 감정과 다시 연결되기 위해 인지 치료사의 도움을 받아도 좋고 다음에 나오는 방법을 실천해도 좋습니다. 이것이 당신의 소망이기만 한다면 무슨 방법을 동원하든 그것은 당신에게 올바른 방법입니다.

스스로의 힘으로 시작하고 싶다면 감정을 느낄 수 있는 기회가 자연스럽게 생길 때까지 기다릴 필요가 없습니다(물론 이 때가 감정과 친해질 수 있는 좋은 때이긴 합니다). 연습을 위해 감정을 일부러 불러일으킬 수도 있습니다. 감정을 불러일으키기에 좋은 방법은 음악을 듣는 일입니다. 어떤 음악이든 마음 내키는 곡을 선택하고 들으면서 멜로디나 리듬, 사운드에 집중하는 대신 당신의 내면에 집중하면서 어떤 감정이 드는지 살펴봅니다. 다양한 음악을 선곡해서 다양한 감정을 느껴보세요. 음악마다 다른 감정을 느낄 수 있을 것입니다. 음악에 맞춰서 춤을 춰도 좋습니다. 춤은 감정을 몸짓으로 표현한 형태입니다.

감정을 말로써 표현하기 어렵다면 몸으로 표현하는 것이 감정을 인식하는 좋은 방법일 뿐 아니라 긴장을 풀고 행복감을 좀 더 느낄 수 있는 방법입니다. 무언가를 떠올리면서도 감정을 불러낼 수 있습니다. 특정한 감정을 느꼈던 기억을 되살려보세요. 그 기억과 관련된 세부사항을 떠올려보세요. 그 일이 오늘 생겼던 것처럼 느껴보세요. 기억이 생생할수록 감정 또한 명확하게 떠오를 것이고, 어떤 감정인지 좀 더 구체적으로 알 수 있을 것입니다. 부정적인 감정뿐 아니라 긍정적인 감정을 느꼈던 기억도 떠올려 보세요. 영화, 그림, 향수, 음식 등 거의 모든 것에 대해서도 감정을 느낄 수 있습니다. 여기서 중요한 점은 감정에 집중해서 그 감정을 강화시키는 것입니다. 감정을 경험하는 일에 저항하기를 멈출 때 감정은 자연스럽게 당신에게 찾아올 것이고, 그 감정에 집중할 때 그것은 더 이상 보이지 않는 존재가 아닙니다. 이제 감정은 당신이 어렸을 적에 그랬듯이 다시금 아주 명확하게 느껴질 것입니다.

현재 어떤 감정을 느끼는지 제대로 파악할 수 없는 상황에 있다면 기회를 만들어야 합니다. 우선 현재의 상황을 조용히 관찰할 수 있는 장소를 찾으세요. 그런 다음 가능한 한 객관적으로 당신의 마음 속 감정을 관찰하세요. 온몸을 구석구석 살펴보면서 각 부분이 어떻게 느껴지는지 살펴보세요. 억눌린 감정은 종종 우리 몸을 통해서 나타나기도 합니다. 긴장감, 따스함, 차가움, 따끔거림, 통증, 배고픔, 갈증 등의 증상을 살피면서 몸에 대한 감각을 느껴보세요. 근육 조직이 불끈 솟아오르면서 뭔가를 때리고 싶은 충동과 같은 형태로 나타날 수도 있습니다. 일단 그것에 집중하면 그 느낌은 강렬해질 것입니다. 이 과정을 통해 당신은 그 감정의 정체를 알아볼 수 있을 정도로 감정과 친숙해질 것입니다. 심지어 너무나 희미해서 이전에는 알아보지 못했던 감정도 이제는 알 수 있을 것입니다. 감정이 느껴지는 부분에 특별히 집중하세요.

이러한 감정을 인식하고 포착해내면 그것이 발산하여 온몸을 감싼다고 상상하세요. 의식적으로 감정을 강화하고 확대하는 과정에서 그 감정을 온전히 느낄 수 있을 것입니다. 그리고 감정을 펼치고 드러내면서 단순히 몸에서 느껴지는 감각이 아닌 마음에서 우러나오는 감정을 느껴보세요. 마음속에서 떠오르는 생각이나 이미지를 객관적으로 살펴보세요. 당신 안에 존재하는 기억이나 소리, 맛, 냄새, 느낌을 객관적으로 살펴보세요. 다양한 감정을 목록으로 적거나 인쇄해서 지니고 다니면서 "감정 알아맞히기 게임"을 할 수도 있습니다. 생각, 이미지, 신체적인 감각, 기억을 관찰하면서 이에 맞는 감정에 동그라미를 쳐보세요.

예컨대, 어떤 사람이 연인과 헤어진 후 멍한 상태에 빠져있습니다. 그런데 이 사람의 기억 속에서 수년 전 부모님이 이혼하던 모습이 자꾸만 떠오릅니다. 이 사람은 부모가 이혼하던 당시 자신이 어떤 감정을 느꼈는지 스스로에게 질문해보고 그와 일치되는 감정에 동그라미를 쳐봅니다. 그런 후 지금 상황에서 자신의 감정이 어떤가를 살펴보고 두 감정이 동일한가를 비교해봅니다. 대답은 대개 "그렇다"입니다. 모든 생각, 감정, 기억, 이미지는 당신의 현재 생각과 일치하기 때문에 당신에게로 오고 있는 것입니다. 그 감정 속에 들어가 그것을 파악하세요. 훗날 그 감정이 또 나타나면 정체를 알아볼 수 있도록 그 감정에 익숙해지세요. 나침반을 읽기 위해서는 서쪽과 북쪽이 무엇인지 알아야 합니다. 이와 마찬가지로 절망감, 죄책감, 기쁨 등과 같이 다양한 감정에 익숙해지면 그들에게 이름표를 붙이는 것이 도움이 됩니다. 이렇게 하면 감정은 더욱 명확해지고 당신을 더 잘 안내할 수 있습니다.

감정이 떠오를 때마다 표현을 할 수도 있습니다. 그러면 감정의 정체를 알아차릴 수 있을 정도로 발전하게 됩니다. 이 방법은 이제껏 당신이 감정을 억누르기만 했다면 많은 도움이 될 것입니다. 분노, 슬픔, 두려움, 행복을 느낄 때 그렇다고 말로 표현해보세요. 이렇게 일부로나마 표현할 때 감정은 더욱 구체적이고 생생하게 다가올 것입니다.

9장

이미지의 원리
The Axiom Of Imagery

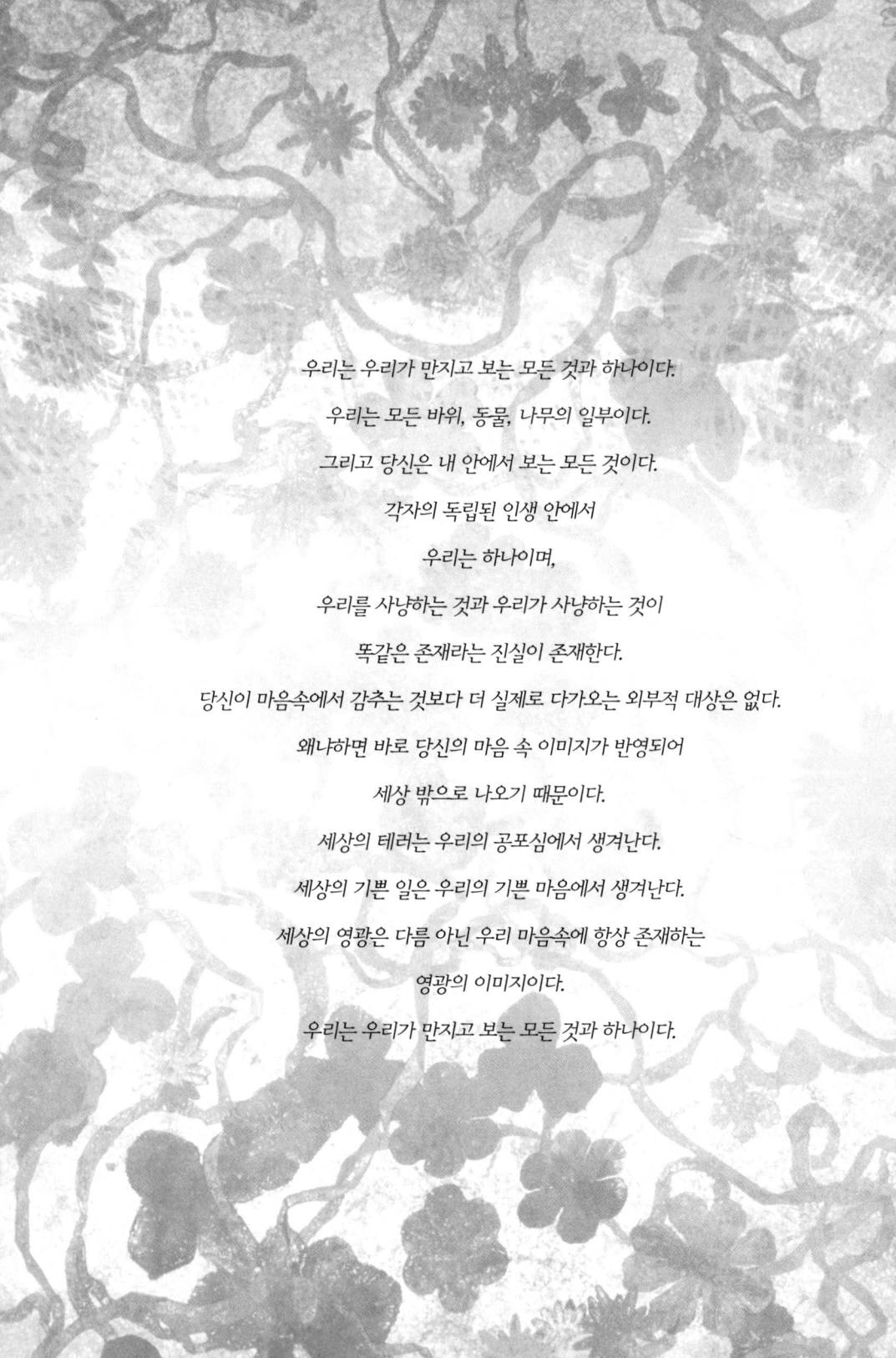

우리는 우리가 만지고 보는 모든 것과 하나이다.

우리는 모든 바위, 동물, 나무의 일부이다.

그리고 당신은 내 안에서 보는 모든 것이다.

각자의 독립된 인생 안에서

우리는 하나이며,

우리를 사냥하는 것과 우리가 사냥하는 것이

똑같은 존재라는 진실이 존재한다.

당신이 마음속에서 감추는 것보다 더 실제로 다가오는 외부적 대상은 없다.

왜냐하면 바로 당신의 마음 속 이미지가 반영되어

세상 밖으로 나오기 때문이다.

세상의 테러는 우리의 공포심에서 생겨난다.

세상의 기쁜 일은 우리의 기쁜 마음에서 생겨난다.

세상의 영광은 다름 아닌 우리 마음속에 항상 존재하는

영광의 이미지이다.

우리는 우리가 만지고 보는 모든 것과 하나이다.

당신은 당신이 보고 만지는 모든 것입니다. 이 사실을 아는 순간 우리는 유일한 진실이 자유라는 것을 깨닫게 됩니다. 그리고 이 사실을 알 때 당신이 보고 만지는 것을 언제든지 바꿀 수 있다는 것을 깨달을 수 있습니다. 그것을 바꾸면서 당신은 자신과 우주 그리고 근원에 대한 새로운 역사의 장을 쓰는 것입니다. 우리 모두의 내면에는 아직 실현되지 않은 잠재력이 존재하고 있습니다. 우리가 가진 유일한 한계는 상상력에 있습니다. 상상력을 통해 당신은 원하는 대로 인생을 창조할 수 있습니다.

대부분의 사람들은 이미지와 시각화를 생각할 때 순전히 시각적인 경험을 떠올립니다. 하지만 이미지의 언어에는 모든 감각적 인식, 즉 시각, 청각, 후각, 미각, 촉각, 감정이 포함됩니다. 당신이 마음의 눈을 통해 원하는 바를 보고 경험할 때 우주는 그 생각의 에너지 진동과 이 물리적 차원에 존재하는 대상(당신이 진짜라고 부르는 것)의 진동을 똑같다고 보고 구별해내지 못합니다. 당신의 두뇌도 이 둘의 차이점을 구별하지 못합니다. 그리고 당신의 두뇌가 차이점을 구별하지 못하기 때문에 당신의 몸도 차이점을 구별하지 못합니다. 끌어당김의 법칙은 에너지 진동과 일치하는 것이라면 무엇이든 당신에게 가져다줍니다. 그것이 경쟁에서 완전히 승리하는 것이든, 완벽한 이상형을 만나는 것이든, 건강해지는 것이든 말입니다. 당신이 경험하고 싶은 모든 것은 당신의 생각과 반드시 공명해야 합니다. 왜냐하면 그것이 바로 끌어당김의 법칙이기 때문입니다.

그러나 우리가 종종 뒤죽박죽인 결과를 얻는 이유는 인생에서 우리가 가진 큰 능력이 집중력이라는 사실을 잊어버렸기 때문입니다. 집중력을 잊어버릴 때 그것은 마치 오랫동안 쓰지 않아서 퇴화된 근육처럼 기능을 상실하고 우리가 내보내는 에너지 진동을 뒤죽박죽으로 만들어버립니다. 그 결과 끌어당김의 법칙도 혼란스러운 결과를 끌어당겨옵니다. 우리는 성공에 대한 생각을 내보내는 동시에 실패에 대한 생각도 내보냅니다. 그래서 이 두 가지가 섞인 결과를 얻습니다. 우리가 성공하지 못할 것이라는 생각을 한다면 우리는 결코 성공할 수 없습니다. 당신의 모든 경험은 당신이 가장 두드러지게 하는 생각이 세상이라는 거울 속에 비춰진 이미지입니다.

소망과 하나되는 방법

소망은 당신이 가고자 하는 목적지로 갈 수 있는 디딤돌입니다. 소망을 품을 때 당신은 당신이 향하는 목적지와 계속해서 연결될 수 있습니다. 하지만 소망만을 생각하고 거기에만 사로잡혀 있다면 그것은 이루어지지 않습니다. 이미 현실에서 이루어졌다고 느껴야 합니다. 소망의 에너지 진동은 무언가를 가지지 못했을 때 나오는 에너지 진동과 공명하기 때문에 그것을 가지지 못하는 상황만 계속해서 펼쳐집니다. 그러므로 이미 그것이 존재하는 모습을 마음속으로 그려야 합니다.

그렇다고 소망 자체가 원흉인 것처럼 일부로 피할 필요는 없습니다. 소망이 무엇인지 관찰한 후 그것이 이루어진 상상을 해야 합니다. 방법은 많습니다. 소망을 생각할 때마다 시각화와 이미지 기법을 사용하세요. 여기서 비결은 의식적으로 상상을 통제하는 것입니다. 그런 다음 주변 상황을 살피고 있다가 어느 순간 직관적으로 좋다고 느껴지는 무언가에 자신이 끌려가도록 허용하세요. 그러면 당신에게 최선의 방법을 발견할 수 있습니다. 따라서 당신이 해야 할 일은 원하는 상황이 지금 일어나고 있는 것처럼 마음속에서 펼쳐보는 것입니다. 그것이 이미 존재하고 있는 것처럼 이미지, 광경, 냄새, 맛, 촉감을 느껴보세요. 당신이 어떤 생각을 했을 때 기분이 좋아진다면 그것이 바로 올바른 생각입니다. 이 연습을 통해 기분이 좋게 느껴지면 느껴질수록 당신은 좀 더 열정적이 되면서 더욱 강렬한 에너지 진동을 내보내게 되고, 근원과 더 가까이 공명하게 됩니다. 결국 그 소망은 당신의 경험 속에 얼굴을 드러내게 될 것입니다.

최종상태 심상화와 감정상태 심상화

소망을 이미 사실인 것으로 생각하는 "최종상태 심상화" 방법부터 연습해봅니다. 이미 이루었다는 마음으로 소망에 집중합니다. 타이머를 10~15분으로 설정합니다. 눈을 감고 마음속에서 원하는 이미지를 그려보세요. 소망이 이루어진 상태를 시각, 촉각, 후각, 청각을 이용하여 상상해보세요. 그것을 좋아하고 원하는 이유를 생각해보세요. 만약 당신의 생각이 부정적인 방향으로 흐른다면 그 생각을 비난하거나 부정적인 생각을 했다는 사실에 저항하지 말고 당신이 보고 싶은 것에 다시 초점을 맞추세요. 이 과정에서 최대한 상세한 이미지를 그려서 좋은 기분을 계속 유지합니다. 최종상태 심상화 방법이 기분 좋게 느껴지는 한 매일 꾸준히 합니다.

간단한 "감정상태 심상화" 방법으로 부정적인 기분에서 긍정적인 기분으로 바꿀 수 있습니다. 타이머를 다시 10~15분으로 맞춰 놓습니다. 그리고 기분이 좋아지고 행복해지는 이미지를 플래시 카드를 살펴보듯이 생각하세요. 각각의 이미지를 잠깐씩만 생각합니다. 타이머가 꺼지기 전에 되도록 많은 이미지를 떠올립니다. 세션이 끝날 때쯤이면 당신의 에너지 진동은 이전보다 높아져있을 것입니다. 그리고 세상은 기분 나쁜 일보다 기분 좋은 일이 더 많다는 사실을 깨닫게 될 것입니다. 일상의 삶에서 이 같은 사실을 깨닫지 못하는 유일한 이유는 우리가 싫어하는 것에만 초점을 맞추고 있기 때문입니다. 우리는 결점을 찾고 결점과 싸우는 데만 집중을 합니다. 왜냐하면 그래야만 결점을 없앨 수 있다고 생각하기 때문입니다. 그러나 결점에 집중할 때 그것은 점점 더 커질 뿐입니다.

만약 당신의 삶 속에서 어떤 사람과 문제를 겪고 있다면 다음의 방법을 연습해봅니다. 우선 타이머를 10~15분으로 맞춰놓습니다. 그리고 그 사람이 진정으로 행복하고, 자신이 원하는 모든 것을 다 가지고 있으며, 편안하고 안전하며, 잘못을 깨닫고 당신에게 화해를 신청하러 오는 모습을 마음속으로 그려보세요. 이 방법을 통해 그 사람을 향한 당신의 긍정적인 감정은 더욱 증폭될 뿐 아니라 그 사람의 부정적인 행동은 사라지게 됩니다. 그 이유는 진정으로 행복한 사람은 당신이나 다른 생명체에게 고통을 가하지 않기 때문입니다.

심상화는 당신이 고통을 겪고 있을 때 활용할 수 있는 강력한 수단입니다. 육체적 고통이든 정신적 고통이든 관계없이 그것과 마주한 채 심상화 훈련을 할 수 있습니다. 예컨대, 그 고통은 불처럼 보일 수 있습니다. 일단 고통의 정체를 알고 난 후에는 그것을 치유하는 데 집중하세요. 만약 당신의 고통이 불의 이미지라면 물이나 흙으로 끌 수 있습니다. 처음의 무력함이 안도감으로 바뀌면 눈을 떠도 좋습니다.

내면 아이 찾기

또 다른 강력한 심리적인 이미지 심상화 방법으로는 마음속에서 당신의 내면 아이를 찾는 것입니다. 내면 아이를 꼭 껴안아주면서 자신을 소개하세요. 용기 있는 태도를 보여줘서 고맙다고 전하고 당신에게 할 말이 없는지 물어보세요. 그런 다음 당신은 이제 성인이기 때문에 내면 아이가 할 일은 끝났다고 말하면서 그만 잠자리에 들라고 말하세요. 당신은 스스로 문제를 처리할 수 있고, 그렇게 하고 싶다고 내면 아이에게 말하세요. 당신은 내면 아이가 먹고 싶은 것을 먹일 수 있고, 힐링 워터(약수)로 부드럽게 씻어줄 수도 있고, 내면 아이가 입고 싶은 옷을 입혀줄 수도 있습니다. 또한 내면 아이가 편안하게 잠들 수 있도록 당신의 팔 안에서 재울 수도 있고, 당신의 마음 속 아주 안전한 장소에 놓인 따뜻한 침대에 눕힐 수도 있습니다. 내면 아이가 함께 자면서 안정감을 느낄 수 있도록 애완동물을 침대 귀퉁이에 놓아둘 수도 있습니다. 이런 훈련을 통해 기분이 좋아지면 눈을 뜨고 천천히 현재의 상태로 돌아옵니다.

위의 예시 이외에도 특정한 목적에 맞게 다양한 이미지를 이용해 심상화를 할 수 있습니다. 이들 중에는 당신이 어떤 공간에 있든 당신과 공명하는 방법도 있을 것이고 공명하지 않는 방법도 있을 것입니다. 이것은 문제가 안 됩니다. 왜냐하면 어떤 경험을 창조할 것인지 선택하는 사람은 바로 당신이기 때문입니다. 현실의 창조력은 행동을 지배할 때 나오는 결과가 아닙니다. 마음을 지배할 때 나오는 결과입니다.

10장
명상과 기도
The Anchor of Meditation and Prayer

영원불멸함은 출생과 죽음이 한데 어우러져 있는 놀이터에 존재한다.

이곳에는 삶과 죽음 그 이상의 것이 있다는 약속과 함께

새로운 삶과 죽음의 주기가 또다시 시작된다.

지금 자신의 고향처럼 느껴지는 이 실재는

당신의 피가,

당신의 땀이,

당신의 눈물이 되었다.

그것의 일시적인 본성은

당신이 인생이라고 부르는 일상의 경험 속에서 잊혀졌다.

그리고 그것은 당신의 정체성이 되었고,

당신과 늘 함께 하는 당신의 일부가 되었다.

그러나 그것은 당신의 참모습이 아니다.

당신은 존재하는 모든 것의 영원불멸한 근원이다.

당신이 근원을 찾을 때

그것은 당신이 만나는 모든 얼굴에서 볼 수 있으며

숨 가쁘게 뛰는 당신의 심장 박동 소리에서도 들을 수 있다.

대부분의 사람들은 명상이라 하면 가부좌를 하고 엄지와 검지를 맞붙인 채 잠에 빠진 듯한 표정을 짓는 사람의 모습을 떠올립니다. 이러한 오해 탓에 새로운 유행을 추구하는 서구사회에서 조차도 명상은 "히피(1960년대부터 미국을 중심으로 일어난 반체제 자연 찬미파의 사람들을 말한다-역주)"적인 행동이나 "허튼 짓"이라는 오명을 쓰고 있습니다. 오늘날 현대 사회는 너무나 순수하게 물리적 측면에서만 기능을 하기 때문에 명상은 비실용적인 행위가 되어 버렸습니다. 이러한 오해가 생기는 까닭은 우리 사회가 마음의 중요성을 평가절하하고 있기 때문입니다. 그렇게 해서 명상의 진정한 목적과 가치는 우리에게 잊혀졌습니다. 하지만 명상은 당신의 인생을 조각하는 과정에서 활용할 수 있는 가장 강력한 기법 중 하나이기 때문에 새로운 시대에 사는 사람들의 일상 속으로 반드시 다시 돌아와야 하는 예술 형태입니다.

모든 명상은 우리를 특정한 의식의 상태로 유도합니다. 모든 명상은 마음이 우리를 이용하는 패턴이 아닌 우리가 마음을 이용하는 법을 배우게 합니다. 모든 명상은 우리로 하여금 순전히 물리적 차원에 집중되어 있는 마음인 "생각하는 마음(thinking mind)" 너머에 있는 에너지 진동수로 올라가게 합니다. 명상을 하면 에너지가 물리적 차원에 덜 집중하게 되면서 명상하는 사람의 뇌파(대개는 베타파 형태로 작용함)는 알파파와 세타파의 형태로 올라갑니다. 이처럼 뇌파가 올라가면 긴장이 완화됩니다. 이러한 긴장 완화는 명상을 할 때 생기는 변화입니다. 명상 중에 당신은 근원의 순수하고 비차별적이며 수용적인 모드로 들어가게 됩니다. 이 말은 치유, 영감, 그리고 근원과 함께 오는 모든 측면을 반대되는 에너지 진동이 전혀 없이 당신에게 흘러들어 올 수 있도록 허용하는 것입니다.

명상은 그 동안 수많은 훈련법에 활용되어 왔습니다. 이 중에는 의도적으로 마음을 이용하는 시간을 가지는 명상법도 있는데, 이는 심상화나 시각화 기법과 비슷합니다. 또한 집중력을 극대화하는 명상법도 있고, 완전히 마음을 흘려보내는 명상법도 있습니다. 명상법에는 옳고 그름이 없습니다. 모든 명상법(평생 다 해보지 못할 정도로 많습니다)은 종류에 상관없이 당신에게 큰 도움이 됩니다. 어떤 명상법은 다른 명상법에 비해 훨씬 힘들게 느껴지기도 하는데, 이는 그만큼 연습이 더 많이 필요하다는 것을 의미합니다. 그리고 자신이 잘하는 명상법을 꾸준히 연습하는 것은 이번 생애의 여정에서 반드시 필요한 일입니다.

명상은 우리 모두 안에 존재하는 근원(영적)의 본질과 접촉하는 일입니다. 명상은 물리적 차원과 생각에서 벗어난 공간에 도달해서 당신을 지켜보고 있는 "당신"이 있다는 사실을 인식하는 일입니다(당신이 하는 생각을 관찰하고 있는 더 큰 마음이 있습니다). 많은 명상법에서 호흡이 가장 중요한 요소가 되는 이유는 호흡이 당신과 근원이 하나로 연결되어 있다는 사실을 깨달을 수 있는 가장 쉬운 방법이기 때문입니다.

호흡은 인체가 가진 한 가지 기능 이상의 의미를 지닙니다. 호흡할 때 공기를 들이마시고 이산화탄소를 배출하는 것은 실제로 일어나고 있는 물리적 현상입니다. 숨을 들이마실 때는 당신의 상위자아가 에너지를 집중해서 당신을 채웁니다. 상위자아는 에너지 흐름을 당신에게 집중해서 자신의 창조물이기도 한 당신을 유지시킵니다. 상위자아는 당신의 물리적 자아에게 에너지(생명력)를 집중시킵니다. 이것이 바로 당신이 물리적 차원에서 존재하고 머무를 수 있는 방식입니다. 숨을 내쉴 때 당신은 단순히 불일치하는 에너지 진동을 흘려보내고 있는 것만이 아닙니다. 이와 동시에 당신의 상위자아는 당신으로부터 이번 생애에서 당신의 물리적 자아이기도 한 에너지를 끌어당기고 있습니다. 내쉬는 숨은 이번 생애가 당신이 다시 근원으로 되돌아가게 하는 본질을 담고 있는 에너지 흐름입니다. 당신은 근원으로 다시 돌아갈 때 진화할 수 있습니다. 간단하게 말하자면, 들이마시는 숨(당신의 상위자아와 근원 에너지의 흐름이 당신에게로 가는 것)은 어떤 근원으로부터 심해용 카메라로 보내지는 전기라고 생각하면 됩니다. 그리고 내쉬는 숨(물리적인 당신에서 당신의 상위자아로 가는 피드백의 흐름)은 카메라에서 나온 사진이 근원으로 돌아가는 것으로 생각하면 됩니다(애초에 카메라를 해저 바닥으로 보낸 것은 근원입니다).

이 근원 에너지가 당신을 물리적 차원에서 유지시키고 살아있게 만드는 원인입니다. 당신은 이 흐름을 잠시 숨을 참음으로써 막을 수 있습니다. 하지만 이렇게 하면 상위자아가 당신에게 집중하는 것을 막는 것이기 때문에 오랫동안 숨을 참을 수는 없습니다. 당신이 죽고 당신의 상위자아가 당신에게 집중하지 않겠다는 결정을 내리면 당신은 숨을 멈추게 됩니다. 이는 양방향으로 이루어지는 일입니다. 당신만 상위자아에게 숨을 불어넣는 것이 아니라 당신의 상위자아도 당신에게 숨을 불어넣습니다. 호흡을 깊게 할수록 더 많은 활력이 생깁니다. 왜냐하면 심호흡은 근원의 흐름을 좀 더 많이 허용하는 것이기 때문입니다.

명상을 생활 속에서 습관화하면 지금처럼 감정에 휘둘려 행동하지 않습니다. 대신에 당신의 상위자아의 눈(근원의 눈)을 통해 지금 살고 있는 세상을 보게 됩니다. 그런 관점에서는 감정이 당신을 괴롭히는 존재가 아니라 신뢰할 수 있는 나침반으로 생각하게 됩니다. 그리고 진정한 자아는 감정을 초월하는 존재임을 알게 됩니다. 명상을 꾸준히 하다 보면 삶에서도 이런 초월적인 상태를 유지할 수 있습니다. 이제 부정적인 감정은 지금의 건실한 기반을 흔들지 못합니다. 이는 당신이 이제껏 경험해보지 못한 자유이며, 원래부터 당신에게 내재되어 있었던 자유입니다.

쉽게 할 수 있는 두가지 명상법

명상의 세계에 빠져들면 다양한 명상법을 경험하면서 명상에 집중하는 시간을 차츰 늘릴 수 있습니다. 우선 다음의 두 가지 명상법을 시작해봅니다.

1. 조용하고 편안한 장소에 편안한 차림을 하고 앉습니다. 마루 위나 침대 위, 또는 의자 위에서도 좋습니다. 타이머를 15분에 맞춥니다. 눈을 감고 호흡에 집중합니다. 호흡을 들이쉬고 내쉬면서 에너지의 교환이 완전하게 이루어지도록 하세요. 생각이 떠오르면 그

것을 인정하고 흘려보내세요. 그리고 다시 호흡에 집중하세요. 당신은 아직 마음에 집중하는 법을 연습하지 않은 상태입니다. 그래서 지금 이 시점에서 마음이 야생마와 같다는 사실을 깨닫게 될 것입니다. 당신의 마음은 온갖 잡생각으로 야생마처럼 마구 날뛰고 있습니다. 호흡에 계속 집중하지 못한다고 실망하지 마세요. 그런 생각은 도움이 되지 않습니다. 실망감 대신 그런 생각을 그대로 지켜보고 흘려보내세요. 그리고 다시 호흡에 집중하세요. 타이머가 꺼지면 잠시 자신의 몸과 주위 환경에 적응하는 시간을 가지세요. 얼마 지나지 않아 명상하는 시간 내내 호흡에 완전히 집중할 수 있음을 깨닫게 될 것입니다. 생각으로부터 자유로워지면 마음이 깨끗해지면서 근원을 완전히 허용하게 됩니다.

2. 편안한 자리에 앉습니다. 타이머를 15분에 맞춥니다. 처음에는 호흡에 집중하다가 천천히 자신이 원하는 곳으로 옮겨갑니다. 우선 지금 이 순간에 완전히 빠져봅니다. 당신이 앉아 있는 방안에서 지금 이 순간에 대한 것을 아무 판단 없이 그대로 바라보세요. 지금 귀에 들리는 소리, 코 속으로 들어오는 냄새, 입고 있는 옷감의 감촉을 느껴보세요. 이제 몸에 집중하면서 각 부분을 느껴보세요. '나는 그것이 싫어'와 같은 생각이나 판단이 들면 그냥 흘려보내고 다시 바라보세요. 이 과정을 진행할 때 어떤 사람들은 눈을 뜨고 보면서 하는 것을 좋아합니다. 반면에 어떤 사람들은 눈을 뜨면 판단 없이 관찰하는 일이 어렵다고 생각합니다. 어떤 방법이든 자신이 편한 대로 하면 됩니다.

이 명상법이 어렵다고 생각되면 아무런 판단 없이 사물에 대해 마음속으로 이름표를 붙여봅니다. 예를 들면, 에어컨에서 쉭쉭 거리는 바람 소리가 들린다면, "에어컨"이라고 말해보세요. 어깨에 긴장감이 느껴진다면 "긴장"이라고 말해보세요. 타이머가 꺼지면 다시 호흡에 집중하고 적어도 천천히 심호흡을 세 번 합니다.

명상에 익숙해질수록 당신의 삶은 훨씬 좋아질 것입니다. 매일 시간을 내서 생각을 멈추고, 있는 그대로를 느끼면서, 상위자아로부터 멀어지게 하는 생각을 흘려보내고, 그 반대로 상위자아 쪽으로 끌어당기는 생각에 집중하면 치유의 과정을 시작할 수 있습니다. 인생에서 이루고 싶은 모든 것을 실현하는 과정도 시작할 수 있습니다. 또한 기쁨을 누리면서 사는 과정도 시작할 수 있습니다.

유한한 존재와 무한한 존재의 의사소통

수세기 동안 기도는 세계의 거의 모든 주류 종교에서 근원과 연결되는 가장 중요한 방법으로 여겨져 왔습니다. 그러는 동안 신자들은 물론 무신론자들도 기도를 하기 시작했습니다. 하지만 사람들이 근원이 물리적 생명으로 가는 흐름을 방해하는 믿음이 넘쳐나는 환경에 있다 보면 그러한 환경에서 나타나는 현상들을 결코 기적이라고 보지 않습니다. 그런 믿음에서 창조된 환경은 두려움으로 가득 찬 곳입니다. 그래서 그들은 외적인 수단을 통해 두려움의 상태를 통제하려고 애를 씁니다. 결국 이런 상태에서는 믿음을 갖기가 어렵게 됩니다. 만약 당신의 안전이 눈에 보이는 것을 통제할 때 보장된다고 확신한다면(삶의 환경 때문에 이런 생각을 갖게 된 경우), 보이지 않는 것을 진심으로 믿는다는 생각과 믿는 것이 보는 것이라는 생각을 한다는 것은 무척 어려울 뿐 아니라 이런 생각에 두려움마저 느낄 것입니다. 그러나 당신은 자신을 옭아매고 있는 것을 놓아 버리는 순간 온전한 믿음을 가질 수 있습니다. 그리고 이러한 믿음이 곧 보편적인 진리로 통하는 문입니다.

기존의 가치관을 놓아 버리겠다는 결정과 보기 전에 믿겠다는 결정은 강요에 의해 내릴 수 있는 결정이 아닙니다. 그것은 개인이 스스로 내리는 결정입니다. 때론 다른 대안이 없는 상황에 있기에 어쩔 수 없이 그런 결정을 내릴 수도 있습니다.

온전한 믿음을 가지는 사람들에게 기도는 자신은 물론 세상을 바꿀 수 있는 촉매제가 됩니다. 기도를 통해 유한한 존재는 무한한 존재와 의사소통을 할 수 있습니다. 기도를 통해 우리는 마음을 열고 근원을 담는 그릇이 될 수 있습니다. 기도를 통해 우리는 보이는 현실에 영향을 줄 수 있습니다. 어떤 사람은 기도의 효과를 보고 기적이라고 부릅니다. 왜냐하면 기도의 효과는 우리가 고정적이라고 생각하는 물리적인 가능성과 원칙에 어긋나기 때문입니다.

역사를 살펴보면 기도의 기적에 대한 기록이 많습니다. 우리는 자신을 온전히 열어 근원에게 다가갈 때 근원을 특정한 방향으로 이끌 수 있습니다. 바로 그 순간 치유가 이루어지고, 엄마가 아이를 누르고 있던 수백 킬로그램의 차를 들어올리고, 사람들이 물 위를 걷는 그야말로 기적이 일어납니다. 기도는 물리적인 특성을 바꾸는 능력이 있으며, 자연의 법칙으로는 설명할 수 없는 사건과 사물을 창조해내기도 합니다. 어떻게 이런 일이 생겨났는지 설명하기 힘들다면 그 이유는 물리적인 모든 것은 물리적이지 않은 것(근원)에서 나왔다는 사실을 이해하지 못해서입니다. 물리적인 법칙은 고정적이라 변할 수 없다고 주장하는 것은 계속해서 점토를 조각하는 사람한테 더 이상 점토 모양을 바꿀 수 없다고 말하는 것과 같습니다. 따라서 비물리적인 근원의 수준에서 문제를 언급한다면 이 세상의 개념을 다시 쓰는 것과 다름없는 일입니다.

기도는 다양한 형태를 띱니다. 주문, 축복, 찬송, 고해, 짧은 기도문, 묵도, 예배, 진심 어린 간구 등이 모두 기도에 속합니다. 어떤 형태를 띠든 기도는 근원을 수용하기 위해 의식적으로 의도적으로 자신의 마음을 여는 행동입니다. 기도는 근원과의 연결에 집중하게 만듭니다. 그리고 당신이 무엇에 집중하든 그것은 실현됩니다.

기도와 초점 맞추기

우리에게 가장 친숙한 기도의 형태는 간구 기도입니다. 간구 기도를 통해 기적을 낳은 사례도 많지만 실망스런 결과를 낳은 사례도 많습니다. 간구 기도 자체에는 문제가 없습니다. 하지만 초점과 관련해 문제가 있는 경우가 많습니다. 사람들은 기도하다가 응답을 받지 못한다고 느낄 때 근원에 대해 매우 실망합니다. 그러나 근원은 어떤 기도라도 응답을 합니다. 근원은 모든 것에 응답을 하듯 기도에도 응답을 합니다. 근원은 당신이 어디에 초점을 맞추는가에 따라 응답을 합니다. 어떤 사람은 평생 동안 매일 기도를 하지만 자신의 상황에 대해 계속해서 불만족해합니다. 그 사람은 자신이 근원에서 분리된 존재가 아니라는 사실을 완전히 무시한 채 기도를 합니다. 하지만 자신의 가치를 모르는 상태에서 구하는 것은 어떤 것이든 완전히 받을 수 없습니다. 게다가 그 사람은 구하는 것을 가졌을 때의 기쁨이 아니라 그것이 없다는 데 초점을 맞추고 있습니다.

자신이 가진 힘을 인정하지 않는 사람은 그 힘을 경험할 수 없습니다. 당신은 근원을 완전히 신뢰하고 자신을 근원에게 내맡길 때 그 힘을 경험할 수 있습니다. 당신이 근원과 분리된 존재라는 생각, 근원보다 못하다는 생각, 삶의 조건을 바꿀 수 없다는 생각을 한다면 그 힘을 경험할 수 없습니다. 그 힘을 경험하기 위해서는 자신을 면밀하게 관찰하면서 어디에 집중하고 있는지 깨달아야 합니다. 많은 사람들은 자신이 원하는 것에 집중하고 있다고 생각합니다. 실제론 그 반대의 경우인데도 말입니다.

다음의 예는 극단적인 경우이지만 살펴볼 필요가 있습니다. 아픈 아이를 둔 부모는 매일 "제발 아이가 죽지 않게 해주세요"라고 기도합니다. 그 부모는 우주 안에서는 에너지 진동 면에서 일치되는 것만 끌어당길 수 있다는 진실에 기도도 예외가 되지 않는다는 점을 모를 수도 있습니다. 이 기도의 초점은 죽음에 맞춰져 있습니다. 부모는 죽음에 대해 극심한 공포심을 느끼고 저항하며, 안절부절 못하고 있습니다. 게다가 아이가 나을 것이라는 믿음도 없습니다. 그저 절망감과 슬픔만 느낍니다. 따라서 이런 기도는 아이의 죽음이라는 응답을 받는 경우가 많습니다. 초점을 죽음에 맞추고 요청했기 때문입니다. 그들이 결코 이런 결과를 의도한 것은 아닙니다. 아이의 죽음은 어느 누구의 잘못도 아닙니다. 단지 아이와 부모의 초점이 죽음과 일치된 것입니다.

　기도를 통해 기적을 얻으려면 믿음이 있어야 합니다. 자신이 원하는 바를 얻을 수 있다고 믿어야 합니다. 근원이 당신의 요청을 현실로 만들기 위한 모든 요소를 준비하고 있다는 사실을 믿고 마음을 편히 가져야 합니다. 이미 이루어졌다고 생각하세요. 당신이 요청한 것이 완벽하게 이루어졌다는 사실에 진심으로 집중할 때 그것은 실현될 것입니다. 이 방법 밖에는 없습니다. 이것은 이제껏 당신이 믿어온 물리적 법칙을 대체하는 우주의 보편적인 법칙입니다. 눈으로 보기 전에 믿을 수만 있다면 당신의 인생은 기적이 될 수 있습니다.

11장

완벽한 인생 설계하기
Designing Your Perfect Life

근원은 기쁨이다.

근원은 넘쳐나는 기쁨이며 무한한 기쁨이다.

기쁨 안에서 우리는 근원을 온전히 알게 된다.

기쁨은 진정한 우리의 모습과 연결되는 느낌이다.

그렇기 때문에 다른 무엇도 아닌 기쁨을

매일의 소망으로 삼는다.

기쁨을 인생의 사명으로 여긴다.

그러면 오늘 이후로 근원을 알게 될 것이다.

다른 사람들과 이야기를 나누다 보면 우리는 각자 우선시하는 사항이 다르다는 사실을 분명히 알 수 있습니다. 돈 버는 일을 우선시하는 사람도 있고, 연인을 찾는 일을 우선시하는 사람도 있고, 자녀와 함께 시간을 보내는 일을 우선시하는 사람도 있습니다. 이런 점에서 볼 때 우선순위에 대한 동기 또한 각자 다를 것이라고 짐작하기 쉽습니다. 그러나 이것은 틀린 생각입니다. 돈 버는 일을 우선시 하는 이유는 돈을 가지면 행복해질 것이라고 생각하기 때문입니다. 연인을 찾는 일을 우선시 하는 이유는 연인이 있으면 행복해질 것이라고 생각하기 때문입니다. 자녀와 함께 시간을 보내는 일을 우선시 하는 이유는 자녀와 함께 있으면 행복해질 것이라고 생각하기 때문입니다. 사실 우리가 어떤 일을 하는 유일한 동기는 그것이 우리의 기분을 더 좋게 만들 것이라는 생각입니다. 행복의 중요성을 경시하는 태도를 바꾸고 우리의 최우선 순위를 행복 그 자체로 삼아야 하는 데 이보다 더 큰 이유는 없습니다.

기쁨은 어디서 나오는지, 진정한 나는 누구인지

대부분의 사람들은 기쁨을 추구합니다. 하지만 특정한 목표를 성취하면, 원하는 재산을 가지면, 다른 사람들한테 인정을 받거나 사랑을 받으면 기쁨을 얻게 될 것이라고 생각합니다. 그러나 진실은 우리가 지향하는 목표나 재산, 다른 사람들의 의견은 내려놓고, 기쁨을 우리의 유일한 목적과 목표로 삼을 때 기쁨을 얻을 수 있다는 사실입니다. 그 외의 다른 것은 뒤따라오는 것입니다. 그런데 우리는 기쁨이라는 개념과 너무나 격리되어 있어서 기쁨이 어떤 의미인지도 깨닫지 못합니다. 심지어 우리 자신에 대해서도 진정으로 알지 못합니다. 우리는 우리가 추구하는 기쁨이 무엇인지 알고 싶어 합니다. 그리고 그 답은 각자 다릅니다. 당신의 인생을 원하는 대로 설계하는 데 중요한 열쇠는 자신을 아는 일입니다.

우리의 진정한 본성으로 가는 문은 알아차림(awareness)을 계발할 때 열립니다. 알아차림이란 용어는 아주 널리 쓰이고 있지만 알아차림에 대해 일치된 정의는 찾기 어렵습니다. 이 책에서 알아차림은 객관적이고, 관찰에 근거를 두고 있으며, 확장된 인식에서 비롯된 자각의 형태입니다. 만일 우리가 외부적인 대상의 껍질과 우리의 실제 자아라고 잘못 생각하고 있는 방어막을 걷어낼 수 있다면 우리에겐 본질에 대한 알아차림만 남게 됩니다. 이런 경우 우리는 물리적 존재로서의 한계를 벗어나 진정한 모습을 경험할 수 있습니다.

알아차림은 무언가에 집중해서 그것에 대해 더 많이 알게 되고, 그것을 반복적으로 하게 되는 상태가 아닙니다. 알아차림은 깨어남과 같습니다. 당신은 현실에 대한 통제력을 실현할 수 있을 정도의 객관적인 관점으로 전환하기를 선택하지 않았기 때문에 무심코 현실을 창조하고 있었습니다. 그러나 알아차림은 이러한 현실에서 깨어나는 것입니다. 알아차림은 당신의 이해력 안에서 한정되는 삶을 살고 그런 틀 안에서 자신의 삶을 정의 내리고 있다가(왜냐하면 그것이 당신이 보고 생각하는 전부이기 때문입니다) 갑자기 생각을 바꾸면서 이제까지만 해도 한계라고 생각했던 현실의 공간 밖에 더 많은 것이 존재한다는 사실을 깨닫게 될 때 생겨납니다. 알아차림은 궁극적인 관찰입니다. 알아차림은 생각하는 마음 밖에 있는 상태로서, 지금 보고 있는 것이 더 이상 전부가 될 수 없습니다. 이렇게 객관적인 상태에서는 당신이 보고 있는 것이 당신을 통제하는 것이 아니라 당신이 자신의 행동과 반응을 조정할 수 있는 능력을 가집니다.

긍정적인 변화를 하기 위해서는 행동 중에 있는 자신의 모습을 포착할 수 있어야 합니다. 그것은 알아차림에서 비롯된 깨달음을 통해 가능한 일입니다. 우리는 종종 성격대로 행동합니다. 하지만 이것이 선택이며 습관적으로 한다는 사실을 이해하지 못한 채 살고 있습니다. 우리가 지금 무엇을 하고 있는지, 어떤 감정을 느끼는지, 싫어하고 좋아하는 것이 무엇인지, 우리가 지금 어떤 모습인지, 그리고 전체적인 상황에서 모든 것이 어떻게 우리에게 도움이 되는지에 대해 판단 없이 객관적으로 바라볼 수만 있다면, 우리의 낡고 정형화된 패턴은 사라지고 우리가 선택한 삶을 살 수가 있습니다.

알아차림으로 돌아오는 과정은 어려울 수도 있습니다. 처음에는 자신이 어떤 상황에 있는지, 무슨 일을 하고 있는가를 인식할 때 부끄러움과 당혹스러움을 느낄 수도 있습니다. 심지어 무력감까지 느낄 수도 있습니다. 하지만 그런 감정을 중단하고 벗어나고 싶은 부정적인 충동에 굴복하지 않는다면 이번 생애에서의 정체성을 초월한 진정한 자신을 느낄 수 있습니다. 그것은 더욱 실제적이고 실속 있는 본질처럼 느껴질 것입니다. 이 본질은 당신의 주변 환경은 물론 당신과 관련된 부분들을 아주 잘 알고 있습니다. 또한 현명하고도 열정적이며 인내심이 있으며 사랑이 넘칩니다. 이 본질이 바로 당신의 진정한 모습이며 참자아입니다. 참자아는 측정할 수 있는 "것"이 아니라 "감정의 공간"입니다. 따라서 지식으로는 알 수 없고 체험할 수 있을 뿐입니다. 당신의 진실한 본성은 측정할 수 없습니다.

비록 당신의 참자아는 측정할 수 없는 본질이고, 그 위에 덧붙여지는 성격과 물질적인 욕구와 같은 세상적인 것들은 행복의 핵심 요소가 아니지만 그들을 아는 것은 본질을 아는 과정에 도움이 됩니다. 그들은 당신 자신을 아는 데 있어 필수적인 정보입니다. 자신이 누구인지, 그리고 기쁨은 어디서 나오는지에 대한 완벽한 해답의 열쇠는 다름 아닌 완벽한 질문 그 자체에 있습니다. 이를 테면, "나한테 무슨 문제가 있지?"와 같은 무력함을 더하는 부정적인 질문 대신 당신이 원하는 인생의 그림을 만들어낼 수 있는 질문을 시작해봅니다. 그 그림이 바로 진정한 당신의 모습입니다. 이러한 질문들에 대한 해답은 인생을 살면서 진화할 것입니다. 당신이 인생을 살면서 진화하듯 말입니다. 이는 원래부터 그렇게 되게끔 되어있었습니다.

인생의 청사진을 만들 수 있는 질문들

여기에 당신이 원하는 인생의 청사진을 만드는 데 도움이 될 만한 질문들이 있습니다. 연필과 종이를 준비하고 아래 질문들에 대한 답을 적어보세요. 모든 질문에 대한 답을 적어도 되고 끌리는 질문에 대한 답을 적어도 됩니다.

- 나는 모든 질문에 대한 답을 구하지 않아도 괜찮다는 사실을 알

고 있는가?
- 나는 살아가면서 질문하는 일이 중요하다는 사실을 알고 있는가?
- 지금 이 순간 자신에게 묻고 싶은 최고의 질문은 무엇인가?
- 그 질문이 최고의 질문인 이유는 무엇인가?
- 그 질문에 대한 해답을 찾으면 나의 인생이 어떻게 나아질 것이라고 생각하는가?
- 나에 대해 가장 맘에 드는 부분은 무엇인가?
- 그 부분이 가장 맘에 드는 이유는 무엇인가?
- 지금 이 순간 내 인생에 대해 대체로 어떻게 느끼고 있는가?
- 그렇게 느끼는 이유는 무엇인가?
- 언제부터 그렇게 느끼기 시작했는가?
- 그렇게 느끼기로 한 것이 의식적으로나 무의식적으로나 바로 내 결정이라는 사실을 알고 있는가?
- 그런 느낌은 변할 수 있다는 사실을 알고 있는가?
- 내가 하는 생각은 변할 수 있다는 사실을 알고 있는가?
- 내가 집중력이란 힘을 가지고 있기 때문에 어떤 생각이라도 선택할 수 있다는 사실을 알고 있는가?
- 나 자신에 대해 어떤 생각을 가장 하고 싶은가?
- 그 생각을 하고 싶은 이유는 무엇인가?
- 세상에 대해 어떤 생각을 가장 하고 싶은가?
- 그 생각을 하고 싶은 이유는 무엇인가?
- 지금 이 순간 내 기분을 좀 더 좋게(또는 아주 조금이라도) 바꾸기 위해 할 수 있는 생각은 무엇인가?

- 나의 가장 큰 재능/능력은 무엇인가?
- 내게 그런 재능/능력이 있는 이유가 무엇이라고 생각하는가?
- 나와 다른 사람들을 위해 매일 그런 능력을 이용할 수 있다면 기분이 좋을까?
- 나는 이미 그런 능력을 매일 이용하고 있는가? 만약 그렇다면 기분이 어떨까?
- 나의 위대한 재능과 능력을 활용할 수 있는 방법은 무엇인가?
- 지금 이 순간 가장 중요한 나의 인생 목표는 무엇인가?
- 그것이 가장 중요한 목표인 이유는 무엇인가?
- 그 목표를 이루기 위해 지금 당장 나를 기다리고 있는 기회들이 있는가?
- 그것이 최선의 기회인 이유는 무엇인가?
- 그 기회를 생각하면 기분이 어떤가?
- 나 자신을 가치 있는 존재라고 생각하는가?
- 나의 가치는 내가 하는 일이나 내가 한 일과는 관련이 없다는 사실을 알고 있는가?
- 지금 이 순간 내가 가치가 있다고 느끼는 데 도움이 될 만한 생각은 무엇인가?
- 나는 자신을 사랑하는가?
- 인생에서 가장 중요한 것은 자신을 사랑하는 일임을 알고 있는가?
- 나의 좀 더 광범위한 자아인 근원은 나를 조건 없이 사랑하고 있다는 사실을 알고 있는가?
- 나는 사랑 받을 가치가 있는 존재임을 알고 있는가?

- 지금 이 순간 나에 대한 사랑을 보여주기 위해 어떤 생각을 해야 하는가?
- 남을 대접하는 만큼 나 자신을 대접하고 있는가?
- 남을 대접하는 만큼 나 자신을 대접하기 위해 어떤 생각을 해야 할까?
- 남을 대접하는 만큼 나 자신을 대접하기 위해 어떤 행동을 해야 할까?
- 나의 인생의 주요 목적들은 무엇인가?
- 그들이 내 인생의 주요 목적이 되길 원하는가?
- 내 인생에서 최고의 목적은 무엇이기를 원하는가?
- 내 인생의 주요 목적을 이루기 위해서는 지금과 어떻게 다르게 생각해야 할까?
- 이런 목적에 따라 살아가려면 지금과 어떻게 다르게 행동해야 하는가?
- 좀 더 즐거운 인생을 만들려면 매일 무엇을 해야 할까?
- 인생에 대해 어떤 부분을 생각하면 기분이 가장 좋아지는가?
- 내가 가장 좋아하는 일들은 무엇인가?
- 어떻게 이런 일들을 최대한 즐길 수 있을까?
- 이런 일들을 마음속에서 한다면 마치 실제로 그런 일을 하는 것처럼 느끼게 될 것이라는 사실을 알고 있는가?
- 이런 일들을 더 많이 하려면 어떤 단계를 밟아야 하는가?
- 나에 대해 어떤 생각을 할 때 최상의 능력을 끌어낼 수 있을까?
- 내 안의 장점을 최대한 끌어낼 수 있는 방법은 무엇일까?

- 다른 사람들이 최상의 능력을 발휘하게 하려면 그들에 대해 어떤 생각을 가져야 하는가?
- 다른 사람들의 장점을 최대한 끌어낼 수 있는 방법은 무엇일까?
- 매일 무슨 일을 해야 하는지 어떻게 알 수 있을까?
- 매일 무슨 일을 해야 하는지 결정할 수 있는 좋은 방법이 있는가?
- 내 인생에서 가장 중요한 사람은 누구인가?
- 그 사람이 내 인생에서 가장 중요한 이유는 무엇일까?
- 그 사람의 어떤 점이 가장 좋은가?
- 그 사람이 나의 어떤 좋은 점을 끄집어 낼 수 있는가?
- 나는 인생에서 자신을 가장 의지하고 신뢰하고 있는가?
- 자신을 가장 의지하고 신뢰해야 하는 이유는 무엇인가?
- 위 질문에 대한 대답이 내가 어떤 생각을 하고 싶고, 어떤 사람이 되고 싶은가와 관련이 있는가?
- 자신을 매일 의지하고 신뢰하는 데 도움이 되는 생각은 무엇일까?
- 자신을 의지하고 신뢰할 수 있다는 점을 증명할 수 있는 때는 언제일까?
- 나는 다른 사람들의 어떤 면모를 가장 높이 평가하는가?
- 나도 그런 면모를 가지길 원하는가?
- 그런 면모를 원하는 이유는 무엇인가?
- 나는 원하는 어떤 면모든 가질 수 있다는 사실을 알고 있는가?
- 내가 원하는 면모를 가지는 데 가장 도움이 될 만한 생각은 무엇일까?
- 이런 면모를 가지기 위해서는 무엇을 해야 할까?

- 나의 어떤 면모가 나에게 가장 도움이 될까?
- 내가 이미 가지고 있는 면모 중 어떤 면모가 다른 사람에게 가장 도움이 될까?
- 누가 나한테서 가장 많은 혜택을 볼 수 있을까?
- 나는 언제 가장 기뻐하는가?
- 나는 언제 최상의 상태가 되는가?
- 내가 최상의 상태가 되는 데 도움이 되는 생각은 무엇인가?
- 내가 최상의 상태가 될 수 있는 기회를 어떻게 만들 수 있을까?
- 내가 가장 좋아하는 장소는 어디인가?
- 그 장소를 좋아하는 이유는 무엇인가?
- 그 장소에 있는 것을 시각화할 때 내가 실제로 그곳에 있는 것처럼 느끼게 될 것이라는 사실을 알고 있는가?
- 내가 지금 있는 장소에 대해 좋아하는 부분을 찾거나 만들 수 있는 방법이 무엇일까?
- 나에게 건강과 행복을 선사해주는 사람들은 어디에서 찾을 수 있을까?
- 나는 어디서 영감을 가장 많이 받는가?
- 다른 행성에서 온 외계인을 만난다면 나는 지구의 삶 중 어떤 부분이 가장 좋다고 말할까?
- 자신감을 가지는 데 가장 도움이 되는 생각은 무엇일까?
- 자신감을 가지는 데 가장 도움이 되는 행동은 무엇일까?
- 나는 사람들의 어떤 행동을 가장 사랑스럽게 느끼는가?
- 우리 집과 관련해 내가 가장 중요하게 생각하는 부분은 무엇인가?

- 그 부분을 가장 중요하게 생각하는 이유는 무엇인가?
- 내가 매일 하는 일과 관련해 가장 중요하게 생각하는 부분은 무엇일까?
- 그 부분을 가장 중요하게 생각하는 이유는 무엇인가?
- 내 몸과 관련해 가장 중요하게 생각하는 부분은 무엇인가?
- 그 부분을 가장 중요하게 생각하는 이유는 무엇인가?
- 내 마음과 관련해 가장 중요하게 생각하는 부분은 무엇인가?
- 그 부분을 가장 중요하게 생각하는 이유는 무엇인가?
- 이제껏 살아온 인생에 대해 가장 중요하게 생각하는 부분은 무엇인가?
- 그 부분을 가장 중요하게 생각하는 이유는 무엇일까?
- 나에 대해 영적으로 가장 중요하게 생각하는 부분은 무엇인가?
- 그 부분을 가장 중요하게 생각하는 이유는 무엇일까?
- 사랑 받는 느낌과 관련해 가장 중요하게 생각하는 부분은 무엇일까?
- 그 부분을 가장 중요하게 생각하는 이유는 무엇인가?
- 내가 하는 가장 큰 상상은 무엇인가?
- 그것이 나의 가장 큰 상상인 이유는 무엇인가?
- 세상에는 내가 할 수 없고, 가질 수 없고, 될 수 없는 것은 없다는 사실을 알고 있는가?
- 나는 그 상상을 실현할 수 있다는 사실을 알고 있는가?
- 그 상상이 실현된 것처럼 느끼는 데 도움이 되는 생각은 무엇일까?
- 그 상상을 실현하기 위해 매일 무엇을 해야 할까?

- 이런 일을 하는 것을 생각하면 기분이 좋아지는가?
- 내년을 최대한 즐길 수 있는 한 가지 방법을 고른다면 무엇일까?
- 우정에 대해 내가 가장 중요하게 생각하는 부분은 무엇인가?
- 그 부분을 가장 중요하게 생각하는 이유는 무엇인가?
- 내 인생 최고의 날은 언제였나?
- 그 날 이후로부터 내가 인생에서 원한 것은 무엇인가?
- 그 소망을 이후로도 계속 추구했는가?
- 지금 여기에서 그런 소망을 추구하려면 어떻게 해야 할까?
- 건강에 대해 내가 가장 중요하게 생각하는 부분은 무엇인가?
- 그 부분을 가장 중요하게 생각하는 이유는 무엇인가?
- 내가 좀 더 건강하다고 느끼는 데 도움이 될 만한 생각은 무엇인가?
- 내가 좀 더 건강하다고 느끼는 데 도움이 될 만한 행동은 무엇일까?
- "목적"이란 단어를 보면 어떤 생각이 마음속에 떠오르는가?
- 그 생각이 떠오르는 이유는 무엇인가?
- 그 생각은 내게 어떻게 느껴지는가?
- 목적이란 생각과 관련해 나를 기분 좋게 만드는 생각은 무엇인가?
- 나의 목적이 지금 여기서 성취되고 있다는 사실을 알고 있는가?
- 어떤 것이 내 인생의 목적이 되어야 한다고 생각하는가?
- 그것이 내 인생의 목적이 되어야 하는 이유는 무엇인가?
- 그 목적은 내 기분을 좋게 하는가?
- 인생의 목적을 나중에라도 바꿀 용의가 있는가?
- 나의 목적을 이루기 위해 어떤 행동을 해야 할지 자연스럽게 영감을 받으려면 어떻게 해야 할까?

- 죽음에 대해 어떻게 생각하는가?
- 그런 식으로 죽음을 생각하면 기분이 좋아지는가?
- 어떤 생각을 해야 죽음에 대해 좀 더 좋은 감정을 가질 수 있을까?
- 왜 그런 생각이 죽음에 대해 좀 더 나은 감정을 가지게 하는가?
- 죽음에 대해 새로운 생각을 믿을 용의가 있는가?
- 나는 나의 어떤 점을 가장 신뢰하는가?
- 모든 사람이 자신의 행복을 추구한다면 주변의 세상이 어떻게 변할 것이라고 생각하는가?
- 나의 어떤 믿음이 인생에서 가장 걸림돌이 된다고 생각하는가?
- 그런 믿음을 포기할 용의가 있는가?
- 그런 믿음은 어디에서 나왔을까?
- 그런 믿음을 계속해서 간직하는 것은 나의 선택임을 알고 있는가?
- 무언가가 옳거나 정확하다는 것을 어떻게 결정하는가?
- 나의 이런 결정 방식이 무엇이 옳거나 정확하다는 것을 정의하는 기준이 되길 원하는가?
- 어떤 생각이 위의 정의를 따르게 만드는가?
- 행복한 삶에 대한 그림을 상상할 때 어떤 생각이 드는가?
- 나의 삶이 투쟁에서 벗어나 좀 더 즐겁게 만드는 데 도움을 줄 수 있는 한 가지는 무엇이라고 생각하는가?
- 좀 더 즐거운 삶에 대해 생각할 때 지금 나의 삶에서 제거하고 싶은 한 가지는 무엇인가?
- 이 한 가지에서 자유로울 때 나는 어떤 기분을 느낄까?
- 좀 더 즐거운 삶에 대해 생각할 때 지금 나의 삶에 추가하고 싶은

한 가지는 무엇인가?
- 내가 가장 전념하는 것은 무엇인가?
- 나는 그것에 전념하기를 원하는가?
- 나는 어떤 것에 전념하기를 원하는가?
- 그것에 가장 전념할 수 있는 방법은 무엇인가?
- 현재 나를 가장 힘들게 하는 상황과 관련해 긍정적인 부분은 무엇인가?
- 현재 내가 가장 사랑하기 어려운 사람에 대해 내가 가장 존중하는 부분은 무엇인가?
- 이전에 내가 경험한 고통 속에서 얻었던 긍정적인 측면은 무엇인가?
- 나는 무엇에 가장 감사함을 느끼는가?
- 내가 감사함을 느끼는 부분에 매일 집중할 수 있는 방법은 무엇인가?
- 이렇게 하면 지금과는 다른 기분을 느낄 수 있을 것이라고 생각하는가?
- 인생에서 가장 도망치고 싶은 부분은 무엇인가?
- 그 부분에서 도망치고 싶은 이유는 무엇인가?
- 그 부분을 내 인생에서 제거한 것처럼 느끼려면 어떤 생각을 해야 할까?
- 그 부분을 내 인생에서 완전히 제거하려면 지금과 어떻게 다르게 행동해야 할까?
- 지금 내가 느끼는 감정의 원인이 되는 생각은 무엇인가?

- 그 생각 대신 하고 싶은 생각은 무엇인가?
- 어떤 생각을 할 때 기분이 좋아지는가?
- 개인적으로 인생에서 성취하고 싶은 것은 무엇인가?
- 그것을 성취하고 싶은 진짜 이유는 무엇인가?
- 그 이유가 맘에 드는가?
- 어떤 생각을 할 때 그것을 꼭 성취할 수 있다는 기분이 드는가?
- 내가 가장 신경 쓰는 부분은 무엇인가?
- 내가 원하지 않는 것을 생각하는 것이 내가 원하는 것을 아는 데 어떻게 도움이 되는가?
- 내가 원하는 것에 집중할 수 있는 방법은 무엇인가?
- 앞으로 살날이 일 년 남았다고 가정할 때 무엇을 해야 가장 큰 기쁨을 느낄 수 있을까?
- 가장 기분 좋은 기억은 무엇인가?
- 왜 그 기억을 떠올릴 때 가장 기분이 좋은가?
- 나의 삶을 그 기억과 같이 만들려면 어떻게 해야 할까?
- 그런 일이 일어나게 하려면 어떻게 해야 하는가?
- 나로 하여금 열정을 솟아나게 하는 일은 무엇인가?
- 그 일을 할 때 열정이 솟아나는 이유는 무엇인가?
- 삶에서 이미 이룬 소망은 무엇인가?
- 지금의 나는 내가 되고 싶은 모습인가?
- 나는 어떤 사람이 되고 싶은가?
- 지금의 나는 내가 되고 싶은 사람과 어떤 점에서 일치하는가?
- 내가 되고 싶은 사람과 비슷해지기 위해서는 어떤 생각을 해야 할까?

- 내가 되고 싶은 사람과 비슷해지기 위해서는 어떤 행동을 해야 할까?
- 그런 일들을 생각하고 행동할 때 기분이 좋은가?
- 기분을 좋게 하는 생각과 행동을 했을 때 내가 얻을 수 있는 혜택은 무엇인가?
- 오늘과 관련해 어떤 점이 좋은가?
- 지금 이 순간을 가장 잘 활용할 수 있는 방법은 무엇인가?

자기성찰의 중요성

당신이 원하는 삶과 에너지 진동 면에서 일치하기 위해 스스로에게 할 수 있는 질문은 수없이 많습니다. 그 중 일부는 불필요해 보이는 것도 있습니다. 또한 답을 쓰려고 할 때 이전에 생각해두었던 답이 바뀔 수도 있습니다. 이 과정은 당신이 진정으로 원하는 삶의 진실이 무엇인지 알아내고 그것을 자꾸 갈고 닦을 수 있도록 도와줍니다. 그리고 그 진실은 당신이 지금 생각하고 있는 삶이 아닐 수도 있습니다.

당신이 가장 좋아하는 것들의 목록을 만들고 그것들을 좋아하는 이유를 따로 적는 것도 도움이 됩니다. 이를 테면, 가장 좋아하는 색깔, 음식, 동물, 사람, 시절, 영화 등을 적습니다. 어떤 것이든 상관없습니다. 이 과정을 통해 당신은 자신에 대해 좀 더 많이 알게 될 것입니다. 그리고 이유를 물을 때 당신의 생각 뒤에 숨어 있는 진짜 이유도 알 수 있습니다. 또한 그런 이유들을 좋아할지에 대한 여부도 결정할 수 있습니다. 바로 그 순간 당신은 기존의 생각을 바꿔서 원하는 생각에 집중할 수 있습니다.

이 방법은 오랫동안 물리적 차원에 갇혀 살던 사람에게는 하찮아 보일 수도 있습니다. 하지만 당신 주변에 보이는 모든 것은 생각에서부터 출발했습니다. 만약 당신이 생각을 바꾼다면 당신의 인생도 바뀝니다. 생각을 바꾸고 인생을 바꾸는 일은 이렇게 간단한 자기 성찰에서부터 시작됩니다.

12장

부정 속에 들어있는 긍정

The Positive of Negative

여기 이 고통 속에서
이전에 가졌던 모든 믿음에 대해 의문을 가진다.
믿음은 우리의 망상에서 타오른 불 속에서 타버린다.
고통은 지금 우리를 뒤덮고 있는 재가 된다.
바로 이 갇혀버린 시점에서
우리는 지난 생애보다 훨씬 더 아름다운 불사조로
이번 생애에 다시 나타난다는 사실을 깨닫는다.

우리는 부정적인 것을 계속적으로 피하고 밀어내면서 살아갈 필요는 없습니다. 또한 그것을 적으로 생각할 필요도 없습니다. 만약 부정성을 적으로 보고 피하려고 할 때 힘을 얻게 되는 것은 바로 그 적입니다. 부정성을 적이 아닌 전우라고 생각하면 그 힘은 약화됩니다. 따라서 부정성을 우리에게 유리한 쪽으로 이용하면서 선물로 생각해야 합니다. 더 좋게는 기회로 봐야 합니다.

부정성의 진정한 목적

이 주제에 대해서는 이미 다루었지만 이번 장에서 좀 더 심도 있게 다루어질 것입니다. 부정성에서 긍정성을 찾는 것은 기쁨을 찾는 데 꼭 필요한 기술이기 때문입니다. 긍정적인 삶을 산다는 것은 부정적인 것 위에 광택제를 바르는 것이 아닙니다. 그것은 바로 부정성의 방향으로 함께 돌면서 그것의 실체를 알고 그 힘을 약화시키는 것입니다. 그 순간 당신은 부정성과 반대되는 방향으로 집중할 수 있는 능력을 가지고 있다는 사실을 깨닫습니다. 아니 좀 더 정확히 말하자면, 당신의 인생에서 나타나는 부정성은 당신이 그것과 반대되는 것을 알 수 있도록 도와주는 목적을 가졌다는 사실을 깨달아야만 합니다. 부정성은 당신이 원하는 것이 무엇인지, 당신이 원하는 완벽한 우주의 그림이 무엇인지 알 수 있도록 도와줍니다.

만약 극심한 곤경에서 빠져 나와 완전히 새로운 기쁨을 찾은 사람을 만난 적이 있다면 그 사람은 앞으론 절대로 그와 같은 곤경에 처하지 않을 것이라고 말할 것입니다. 가장 하얀 것이 무엇인지 알기 위해서는 가장 검은 것을 아는 것이 최선입니다. 최악의 경험을 한 사람들은 최고로 행복한 삶을 살기 위해 필요한 비교대상을 가지고 있는 것입니다. 많은 사람들은 태어나기 전에 그들이(근원이) 최고의 기쁨과 하나됨의 상태로 진화하는 데 비교대상으로서 도움을 줄 수 있는 출생환경이나 어린 시절의 환경 속에 들어오기로 결정합니다.

부정성의 총체적인 목적은 당신의 미래 삶(그리고 근원)을 정확히 원하는 대로 만들 수 있도록 돕기 위해 비교대상으로서 존재하는 것입니다. 만약 이 사회가 무언가를 원한다면 그 소망은 결국 이루어집니다. 소망이 이루어진 상태에서는 또다시 새로운 부정성을 동반하게 됩니다. 예를 들어보겠습니다. 과거에 사람들은 기술적인 방법을 통해 상대방과 연결될 수 있는 능력을 원했고 마침내 그 소망을 이루었습니다. 하지만 그 이후로 사회는 소통을 기술에만 의지하였기에 인간적인 방식의 소통이 필요함을 느낍니다. 이렇듯 새롭게 생겨난 부정성을 통해 우리는 이전에 원했던 것보다 더 나은 것이 무엇인지 알게 됩니다. 이는 예전 모습으로 되돌아가는 것이 아니라 우리가 원하는 진화된 자아와 우주의 그림 속으로 들어가는 것입니다. 위의 예시에서는 인간의 소통과 기술의 소통이 완벽하게 조화를 이룬 사회가 새로운 목표가 될 것입니다. 우리는 "한 가지를 얻으면 한 가지는 포기해야 한다"라는 말을 듣고 살고 있습니다. 그러나 우주의 진실은 이제껏 그래왔듯이 인생에서 두 가지를 모두 가지는 것입니다. 이것을 방해하는 유일한 요인은 우주는 한계가 있기에 뭔가를 주어야만 받을 수 있다는 잘못된 믿음입니다. 당신이 믿지 않는 이상 "주어야만 받을 수 있다"는 이론은 존재하지 않습니다. 당신도 그런 삶은 원하지 않을 것입니다. 이 물리적 삶을 창조하고 있는 사람은 바로 당신이기 때문에 당신은 원하는 대로 삶을 바꿀 수 있습니다.

부정성은 당신이 원하는 인생을 만드는 데 도움이 될 뿐만 아니라 당신이 원하는 모습으로 되는 데도 도움이 됩니다. 부정성은 당신이 아직 어떤 모습이 되고 싶은지 완벽한 그림을 완성하지 않았을 때도 도움이 됩니다. 당신에게 자신의 모습을 솔직하게 보여줌으로써 말입니다. 만약 당신이 이번 생애에서 어떤 특정한 행동방식과 사고방식을 실천하고 있다면 그것이 즉시 물리적인 형태로 나타나게 되는 것을 보게 될 것입니다. 그런 행동과 사고방식의 에너지 진동이 상위 자아와 당신이 진정으로 원하는 것의 에너지 진동과 공명하지 않을 때 당신은 그것을 부정적이라고 말합니다. 만약 당신이 그것을 밀어내고 도망치려고 한다면 결국엔 이런 행동이 자신에게 전혀 도움이 되지 않는다는 사실을 깨닫게 될 것입니다. 이제 당신은 생각하고 행동하는 방식을 바꿀 수밖에 없습니다. 그러면서 자신이 원하는 것을 따라가게 됩니다. 그리고 기쁨과 점점 더 가까워집니다.

부정적인 핵심 믿음

여기서 질문이 하나 생깁니다. 부정적인 상황이 이제껏 당신이 살아온 삶에 크나큰 피해를 주었나요? 아니면 커다란 혜택이 되었나요? 부정적인 상황 속에 있을 때는 어떤 것에도 희생물이 될 수 있다는 망상에 사로잡혀 있기 때문에 그런 상황이 큰 피해를 준다고 말할 수 있습니다. 그러나 당신이 초월적인 마음과 더 가까이 연결될수록 희생물 같은 건 없다는 사실을 알게 될 것입니다. 부정성은 당신의 진화와 존재하는 모든 것의 진화에 있어 다른 무엇보다도 혜택을 가져다줍니다. 긍정적인 것과 부정적인 것은 모두 우리가 지금 생각하고 있는 것과 하고 있는 것을 반영한 모습일 뿐입니다. 또한 우리가 이제껏 생각하고 해왔던 것을 반영한 모습일 뿐입니다. 이제껏 있어 왔던 것은 가버렸습니다. 그리고 지금 있는 것은 인간의 마음으로는 파악할 수 없을 정도의 간격으로 변합니다. 몇 초 만에, 아니 몇 밀리초 만에 변합니다.

당신이 원하고 있는 삶을 살지 못하고 있는 이유는 주로 부정적인 믿음(반복적으로 순환하는 생각)을 가지고 있기 때문입니다. 이러한 부정적인 믿음은 우리의 삶에서 큰 비중을 차지하고 있기 때문에 우리는 그것을 진실이라고 생각합니다. 더욱 심각하게는 아예 그런 믿음을 가지고 있다는 사실조차 깨닫지 못합니다. 이러한 믿음은 당신이 오랫동안 지니고 있었던 자기 제약적이고 부정적인 핵심 믿음(core belief)이었습니다. 믿는 만큼 자신의 진실이 되어버리는 이러한 믿음을 당신은 합리적이라고 느꼈습니다. 왜냐하면 그것을 믿을 때 물리적인 형태로 나타났기 때문입니다. 그 순간 당신은 그것을 더욱 믿게 되었고 그것은 점점 더 현실 속에 모습을 드러냈습니다. 이런 식으로 당신의 믿음은 굳어져 갔고 악순환은 계속되었습니다.

인간 사회에서 우리는 물리적 증거의 형태로 볼 수 있는 것을 합리적이라고 표현합니다. 그런데 물리적 증거는 우리 자신이나 다른 누군가가 이전에 생각했던 것이 나타난 결과라는 사실에서 문제가 발생합니다. 핵심 믿음은 당신의 인생에서 가장 많이 실행된 에너지 진동입니다. 이 믿음은 은밀하게 숨어있기도 하지만 가장 지배적이기 때문에 당신의 일생에서 가장 많은 것을 창조하는 원동력입니다. 그리고 이 믿음이 바로 당신의 인생을 지금 이런 모습으로 만든 장본인입니다. 이제 당신은 부정적인 핵심 믿음은 발견하는 즉시 주의를 딴 데로 돌리고 다른 믿음으로 대체해야 합니다. 이는 마치 찾기 힘든 사냥감을 사냥하는 것과 같습니다. 그러나 일단 사냥감을 잡고 나서 그것이 나에게 도움이 안 되는 믿음이었다는 사실을 알게 되면 이제껏 몰랐던 깊은 안도감을 느끼게 될 것입니다.

자신의 핵심 믿음 찾아보기

극도로 부정적인 감정을 경험하는 상황에 처해 있을 때 당신은 자신을 제약하는 부정적인 핵심 믿음을 찾아낼 수 있는 절호의 기회를 얻은 것입니다. 당신은 자신이 가진 모든 진술을 완전한 질문과 함께 쫓아가면서 핵심 믿음을 찾아낼 수 있습니다. 두 개의 효과적인 질문은 "그것이 왜 나쁜 일일까요?"와 "그것이 사실이라면 어떤 의미일까요?"입니다.

예컨대, 뭔가에 실패할까봐 두려워하는 것처럼 당신이 두려워하는 상황에 처했다면, 여기서 "나는 실패할까봐 두렵다"라는 진술은 핵심 믿음이 아닙니다. 그것은 실제적인 핵심 믿음에 대한 감정적인 반응입니다. 이어서 "그것이 왜 나쁜 일일까요?"라는 질문을 자신에게 던집니다. 그러면 "한심해 보이겠지"라는 대답이 나올 수 있습니다. 이번엔 "그것이 왜 나쁜 일일까요?"라고 묻습니다. 그러면 "남들이 나를 어리석다고 생각할 수도 있기 때문이지"라는 대답이 나올 수 있습니다. 이번엔 "그것이 왜 나쁜 일일까요?"라고 묻습니다. 그러면 "남들이 나를 거부할 수도 있기 때문이지"라는 대답이 나올 수 있습니다. 이번엔 "그것이 사실이라면 나에게 어떤 의미일까요?"라고 묻습니다. 그러면 "내 자신이 가치 없게 느껴지고 외로움을 느끼게 되겠지"라는 대답이 나올 수 있습니다. 이번엔 "그것이 왜 나쁜 일일까요?"라고 묻습니다. 그러면 "혼자 내버려지면 절대 행복할 수 없을 거야"라는 대답이 나올 수 있습니다. 바로 이 마지막 진술이 이번 경우에서 핵심 믿음입니다. 당신이 실패를 두려워하는 근본 이유를 쫓아서 찾아냈습니다.

    핵심 믿음에는 한 겹 이상의 껍질이 덮여있습니다. 일련의 진술을 검토해보면 최종 결과(주요 핵심 믿음) 옆에서 작용하고 있는 많은 핵심 믿음들을 볼 수 있습니다. 위의 예시에 나오는 사람은 혼자 있으면 결코 행복할 수 없다는 믿음을 가지고 있을 뿐 아니라 "누군가가 나를 어리석다고 생각하면 나는 가치 없는 존재다"라는 믿음도 가지고 있습니다. 또한 여기서부터 "누군가가 나를 똑똑하다고 생각하면 나는 가치 있는 존재다"와 "내가 성공하고 실패하는 것은 다른 사람에게 달려 있다"라는 또 다른 핵심 믿음도 이끌어낼 수 있습니다. 질문에 대한 대답은 사람마다 다릅니다. 어떤 사람은 실패하는 것에 대해 똑같이 두려움을 느끼지만 그 뒤에 숨어있는 핵심 믿음은 다를 수 있습니다.

    당신 안에 있는 핵심 믿음을 찾아보면 그 믿음이 자신이 듣기에도 비논리적인 경우가 많습니다. 심지어 터무니없어 보이기까지 합니다. 그러나 이것은 좋은 현상입니다. 왜냐하면 이런 경우엔 반대되는 것을 생각하기가 쉽기 때문입니다. 뭔가 말이 되는 믿음보다는 터무니없는 믿음에서 벗어나는 일이 훨씬 더 쉽습니다. 그리고 그 믿음이 터무니없어 보일 수 있지만 그것이 바로 오랫동안 당신이 가지고 있던 믿음이었다는 사실을 깨달아야 합니다. 그 믿음은 자신과 정확히 일치되는 물리적인 현상을 가져왔습니다. 그러므로 당신에게 크나큰 영향을 미치고 있고 당신의 기쁨을 저해하는 주범은 바로 그 핵심 믿음입니다.

우리는 자신을 알고 우리가 원하는 사람이 되기 위해, 또한 우리 안의 믿음을 찾기 위해 생각과 감정 그리고 순간적인 반응이라는 겉껍질을 통과해야 합니다. 당신의 이전 경험들이 자연스럽게 당신을 만든 것처럼 보이지만 원래부터 당신에게 내재되어 있던 자유를 다시 얻게 되면 이전 경험도 당신의 선택이었고 지금의 모습도 당신의 선택이었다는 진실을 깨닫게 될 것입니다.

선회하기

이러한 자기 제약적이고 부정적인 핵심 믿음을 찾게 되면 그것을 보면서 당신이 진정으로 믿고 싶은 것이 무엇인지 정의할 수 있습니다. 이 과정을 "선회하기(turnabout)"라고 부릅니다. 핵심 믿음을 바꾸기 위해서는 당신의 관점부터 바꿔야 합니다. 우선 당신의 핵심 믿음이 무엇인지 아는 것부터 시작해서 그 반대의 것이 무엇인지 알아냅니다. 방향 전환을 하기 위해 당신을 불행하게 만드는 것이 무엇인지 알고, 그런 다음 당신을 행복하게 만드는 것이 무엇인지 알아냅니다. 또한 당신에게 바람직하지 않은 것이 무엇인지 알아냄으로써 당신에게 바람직한 것을 찾아냅니다. 선회하기의 과정은 핵심 믿음뿐 아니라 부정적인 감정을 느끼는 환경이라면 어디에서든 활용할 수 있습니다. 선회하기란 당신이 부정적이라고 보는 것을 이용하여 긍정적인 것(부정적인 것과 180도 반대방향에 있는 것)을 찾아내는 방법입니다.

위의 예시처럼 당신의 핵심 믿음이 "나는 혼자이면 행복하지 않을 것이다"라면, 이제부터는 당신의 삶 속에 새로운 소망을 추가할 수 있습니다. 그리고 당신이 상위자아가 그것을 보여주도록 허용할 때 그것은 현실에 모습을 드러낼 수 있습니다. 새로운 소망은 다음과 같을 수 있습니다. "나는 다른 사람과 함께 하든 아니든 항상 행복하고 싶어." "나는 다른 사람의 의견에 따라 나의 가치를 판단하지 않고 온전히 내 감정을 소중하게 생각하고 싶어." "나의 성공은 다른 사람의 판단에 달린 것이 아니야." 이러한 소망을 충족하기 위해서는 당신이 기존부터 믿고 있었던 생각을 선택해야 합니다. 그 이유는 이 생각이 당신이 앞으로 믿고 싶어 하는 소망을 지지해주기 때문입니다. 예를 들면, "남들은 주변에 사람들이 없어도 행복할 줄 알아. 이 말은 나도 그렇게 할 수 있다는 뜻이야." "아이가 가치가 있다면 내 자신도 가치가 있어. 나는 아기 때부터 가치를 잃은 적이 없어. 왜냐하면 나는 계속 진화하는 존재로서 잠재적 에너지를 항상 가지고 있기 때문이야." 이와 같이 당신은 원하는 믿음을 지지할 수 있는 생각을 찾음으로써 좀 더 높은 에너지 진동으로 올라갈 수 있습니다. 부정적인 믿음에 영양분을 더하는 부정적인 생각을 차단하여 그 믿음이 맥을 못 추게 해야 합니다.

문제점보다 해결책에 초점 맞추기

우리가 부정성이라고 부르는 것이 고통으로 전환될 필요는 없습니다. 부정성은 우리가 우리 안에 있는 부정적인 믿음을 인식하지 못할 때 고통으로 변합니다. 그리고 해결책보다는 문제점에 집중하는 굴레에 빠져있을 때, 우리가 너무 부정적인 것에만 집착해서 세상이 온통 부정적으로 보일 때 부정성은 고통으로 변합니다. 또한 부정성을 바꿀 힘과 능력이 우리 안에 있다는 사실을 모를 때, 부정성을 두려워할 때, 마음의 에너지를 긍정적인 것에 집중하지 않고 부정적인 것과 싸우려고 들 때, 부정성이 우리로 하여금 원하는 것이 무엇인지 알게 해준다는 긍정적인 측면을 보지 못할 때 부정성은 고통으로 변합니다.

다시 말해, 고통은 감정이라는 이름의 북극성을 따르지 않을 때 생겨납니다. 그 결과 우리 안의 부정적인 에너지 진동은 계속해서 강화됩니다. 고통은 이제 인류에게 자연스러운 현상이 되었습니다. 어떤 사람들은 고통을 생존의 불가피한 측면으로 여기기도 합니다. 하지만 고통이 우리의 생존에 있어 불가피한 현상이 될 필요는 없습니다. 이는 당신이 부정성을 어떻게 보는지, 부정성에 어떻게 반응하는지에 달려있습니다.

13장

멈춤이 주는 기회
용서가 주는 자유

*The Scope of Stillness,
the Freedom of Forgiveness*

여기 이 순간은 항상 변하고 있다.
항상 변하지만 그 자체임은 변함이 없다.
지금의 새로운 얼굴은 여전히 예전의 그 얼굴이고
그 자체임은 변함이 없다.
지금이란 순간은 존재하는 모든 것과
과거의 모든 것을 포함하는 영원한 공(空)이다.
매 순간 당신은 낯선 곳에 서 있다.
그리고 당신에게는 그곳과 친해질 새로운 기회가 늘 주어진다.
지나간 과거의 족쇄는 끊어버려라.
그 족쇄는 너무나 오랫동안 쩔그렁 소리를 내왔다.
모든 것에 죄가 없듯이 당신에게도 죄가 없다.
스스로에게 부당한 종신형을 선고하고
스스로가 만든 감방의 거칠고 쓰라린 창살에
몸을 기대고 자는 사람들을 위해
족쇄를 풀어라.
온 우주가 노래하고 있는 동안 용서의 열쇠로
족쇄를 풀어라.

멈춤을 대신할 수 있는 건 아무것도 없습니다. 멈춤만이 제한적이고 3차원적인 경험의 물결과 족쇄에서 우리를 자유롭게 할 수 있습니다. 당신 안의 고요함을 찾는 이 내면의 여행을 시작하기 위해서는 우선 현재 상태를 받아들임으로써 그곳의 속박으로부터 벗어나야 합니다. 아직 원하는 곳에 도달하지 못했다는 사실에 대한 좌절감에 얽매이는 대신 현재 상태를 인정하고 모든 것은 일시적이라는 사실을 받아들여야 합니다.

우리의 현재 상태와 위치를 관찰하기 위해서는 좀 더 천천히 가야 합니다. 이를 위한 좋은 방법은 아무 것도 하지 않는 시간을 따로 만드는 것입니다. 하루를 온전히 보내도 됩니다. 이 여정을 처음 시작할 때는 뭔가를 하는 것이 아닌 단순히 존재하고 있다는 사실에 만족할 필요가 있습니다. 행동이라는 마약에 중독되어 있는 이 세상에서 아무것도 하지 않기란 무척 힘든 일입니다. 당신이 뭔가를 하고 있지 않을 땐 시간을 낭비하고 있다는 생각마저 듭니다. 하지만 시간은 당신이 존재하기 위해 존재하는 것이지 당신이 뭔가를 하기 위해 존재하는 것이 아닙니다.

행동이라는 마약의 중독에서 벗어나기

영감을 받은 행동을 낳기 위해서는 우선 존재부터 해야 합니다. 우리는 가만히 앉아 있어서는 안 되고 일어나서 뭔가를 해야 한다고 자신에게 소리를 지릅니다. 그러나 이런 행동은 행복으로 가기 위한 첫 단추를 꿰는 것이 아닙니다.

행복은 아까와는 반대의 말을 자신에게 할 때 시작됩니다. 즉 일어나서 뭔가 하지 말고 그냥 앉아있으라는 말을 하는 것입니다. 어느 정도 연습하면 당신이 행동을 지배했던 것이 아니라 마치 중독에 걸린 것처럼 행동이 당신을 지배했다는 사실을 깨닫기 시작할 것입니다. 하지만 뭔가를 해야 한다는 생각은 계속해서 당신을 붙들고 잡아당기려고 할 것입니다. 그러다가 당신이 뭔가를 하지 않고 그냥 있으려고 노력할 때 그런 생각이 서서히 물러가는 것을 느끼게 될 것입니다. 바쁘고 분주한 상황은 결코 당신에게 만족감을 주지 않으며, 오히려 큰 고통을 가져다준다는 사실을 기억해야 합니다.

우리는 바쁘게 움직이지 않고 가만히 있으면 어떻게 될까봐 두려워합니다. 조용히 가만히 있을 때 우리는 모든 두려움, 불안감, 분노, 고통, 권태와 문득 함께 하게 됩니다. 우리가 계속해서 행동함으로써 도망치려고 했던 바로 그것들과 함께 하게 됩니다. 그러나 부정적인 감정에서 취하는 행동은 우리의 처음 상태를 강화하는 결과만 낳습니다.

행동을 멈출 때만이 우리의 현재 상태를 깨달을 수 있는 고요함 속에 놓일 수 있습니다. 그리고 우리가 두려움, 불안감, 분노, 고통, 권태에서 도망가기를 그만둘 때 그들은 더 이상 우리를 지배하지 못하고 사라지기 시작합니다. 당신이 달아나려고 했던 것들에게 가졌던 저항감은 그들이 당신 안에 머물기 위해 사용했던 연료입니다. 그들에 대한 저항감은 실제로 그것에 대해 집중하는 것입니다. 당신은 원했던 것에 집중한 것이 아니라 원하지 않았던 것과 더 크게 되지 않길 바랬던 것에 집중하고 있었던 것입니다.

관찰하고 흘려보내기

관찰이 곧 진정한 깨달음입니다. 우리는 관찰하고 흘려보내는 방법을 배우지 못했기 때문에 관찰자적인 의식을 떠나 습관의 덫으로 돌아가 그곳의 포로로 남게 됩니다. 관찰하고 흘려보내는 법은 멈춤에 대한 지식과 마찬가지로 긍정적인 변화를 창조하기 위해 우리가 반드시 알아야 할 중요한 기술입니다. 우리는 여기 이곳과 지금 이 순간(우리의 안과 밖에서)을 관찰하는 법을 배워야 합니다. 또한 우리를 여기 이곳과 지금 이 순간으로부터 떠나게 하는 것을 관찰해야 합니다. 우리는 관찰을 통해 발견한 것을 결코 비난해서는 안 됩니다. 가장 중요한 점은 우리가 그것을 억지로 바꾸면 없앨 수 있다는 생각으로 그것을 밀어내서는 안 된다는 것입니다. 당신의 건강하지 않은 자아가 당신으로 하여금 믿도록 한 것과는 달리 자신을 억지로 고치거나 바꾸는 것이 당신의 인생 목표가 아닙니다. 긍정적인 변화는 당신이 원하는 것에 집중한 결과이지 당신이 원하지 않는 것에 집중한 결과가 아닙니다.

우리 자신이나 주변에 있는 것들(다른 사람들을 포함하여)을 바로잡아야 한다는 생각은 우리가 가진 가장 큰 망상입니다. 당신은 당신을 판단하며 당신이 추구해야 할 완벽한 이상을 가진 신을 따라잡으려고 해서는 안 됩니다. 스스로 이런 종류의 신이 되었다면 그것은 당신의 행복이 자연스럽게 흘러 들어오는 것을 막는 행동입니다.

관찰하고 그대로 흘려보내는 상태로 되는 것은 매우 어려운 일입니다. 왜냐하면 당신은 사회에 살면서 시간과 공간에 순응했기 때문입니다. 이 사회는 당신에게 건강하지 않는 생각을 심어주었고, 당신은 "나는 더 잘해야 하고, 더 많이 성취해야 하고, 더 열심히 일해야 하고, 지금보다 달라져야 한다"라는 생각을 받아들였습니다. 그리고 사회의 부정성(대부분의 경우, 어린 시절에 집과 학교에서 받았던 교육)은 당신이 더 성공해야 하고, 더 가치가 있어야 하고, 더 성취해야 한다는 교리를 계속해서 당신에게 주입했습니다. 다시 말해, 당신은 더 나은 존재가 되어야 한다고 교육받았습니다. 이 모든 것에 담긴 메시지는 당신은 성공하지 못했고, 가치가 없으며, 아직 성취하지 못했다는 것입니다. 결국 당신은 부족하다는 뜻입니다.

게다가 당신은 성공이 외부에서 당신을 지켜보는 사람들에 의해 결정된다고 믿게 되었습니다. 이러한 사고방식은 이 우주가 창조된 방식에 위배됩니다. 이것은 고통을 낳는 생각이기 때문에 이와는 반대로 자유, 행복, 조건 없는 사랑에 대한 강렬한 소망을 낳았습니다. 위의 사고방식은 우리로 하여금 부족한 점에 집중하게 만들어 긍정적인 변화를 가로막습니다. 그 결과 부족한 점만 현실에서 더 많이 나타납니다. 변화해야 남들에게 사랑을 받을 수 있고 가치를 인정받을 수 있다는 생각이 옳지 않음을 깨달을 때 진정으로 변화할 수 있습니다. 변화를 통해 행복의 길로 갈 수 있음을 깨달았을 때 우리는 변화를 원해야 합니다. 우리 안에서 관찰되는 것에 대해 스스로 장광설을 늘어놓고 꾸짖는다고 해서 변화가 가능한 것은 아닙니다. 우리 안에 있는 모든 것을 관찰하고 인식하고, 모든 것은 일시적인 모습이라는 사실을 깨닫고, 우리가 원하지 않는 것을 흘려보내고, 그 대신 우리 안에서 보고 싶은 새로운 그림에 집중할 때 변화가 가능합니다.

이는 당신이 외부에서 관찰하는 대상에도 똑같이 적용됩니다. 당신이 외부에서 관찰하는 모든 것은 당신의 내부를 반영한 것입니다. 따라서 당신의 내적 자아를 우선 살펴보는 것이 최선입니다. 진정으로 원하는 것에 초점을 맞추기 위해서는 당신의 외부에 있는 무언가를 관찰할 때 그것을 놓아버려야 합니다. 이렇게 할 때 당신은 마치 다른 사람이 곤경에서 빠져 나오도록 도와주는 듯한 기분을 느낄 수 있습니다. 그러나 사실은 자신이 곤경에서 빠져 나오는 것입니다. 이제 당신은 기분을 좋게 만들기 위해 관찰하고 있는 외부의 것을 더 이상 변화시킬 필요가 없습니다. 당신에게는 선택권이 있다는 사실을 알았습니다. 기분이 안 좋은 이유는 눈앞에 보이는 것 때문이라고 변명하면서 스스로를 곤경 속에 내버려 둘 수도 있고, 아니면 훌훌 털어버리고 보고 싶은 쪽으로 나아갈 수도 있습니다. 후자가 의미하는 것이 단순히 보고 싶은 것을 상상하는 일일 수도 있습니다.

이렇게 간단하게 관찰하고 흘려보내는 행동만으로 평생 동안 지니고 있던 습관을 버릴 수 있습니다. 자신이 가진 습관에 대한 인식을 높이고 습관의 덫에 빠지지 않는다면 에고(이번 생애에만 해당하는 자신에 대한 정체성-역주) 밖에 존재하는 진정한 당신에게 접근한 것입니다. 당신은 내부의 관찰자, 다시 말해 진실하고 본질적인 자아의 눈을 통해 인생을 경험하는 것입니다. 당신은 강렬하게 일체감을 느끼는 3차원의 방식으로 인생을 경험하고 있을 뿐 아니라 무언가 초월적이고 관찰자적인 방식으로도 인생을 관찰하고 있습니다. 이 관찰자는 당신의 영원한 자아이며, 관찰하고 관찰한 것을 흘려보내고 다시 새로운 것을 관찰하는 사이에서 멈춤을 통해 경험할 수 있는 존재입니다. 관찰하고 흘려보내는 것이 멈춤으로 가는 첫 번째 단계입니다.

현재의 순간에 모든 것이 존재한다

모든 것은 일시적이라는 사실을 깨닫는다면 지금 이 순간이 너무도 아름답게 느껴질 것입니다. 현재의 순간에 많은 일들이 일어납니다. 현재의 순간에 모든 것이 다 존재합니다. 과거에 존재하는 모든 것들은 당신의 현재 생각 속에 들어있는 과거의 부분입니다. 미래에 존재하는 모든 것들은 당신의 현재 생각 속에 들어있는 미래의 부분입니다. 천천히 멈춘 상태로 들어갈 때만이 당신은 근원의 관점을 경험할 수 있습니다. 그리고 이렇게 멈춘 상태에서만이 당신은 과거의 생각을 통해 창조한 것을 경험할 수 있습니다. 멈춤은 지금에 대한 의식입니다. 지금이라는 이 순간에는 시간이 없습니다. 우리가 지금이라고 부르는 순간은 항상 변하기 때문입니다. 그것은 일직선상에 놓여 있지도 않습니다. 따라서 지금 하고 있는 생각을 관찰할 수 있는 것도 오로지 이 멈춘 상태에서만 가능합니다.

생각하는 마음과 관찰하는 마음

당신의 생각하는 마음(thinking mind)은 당신의 관찰하는 마음(observing mind)을 위한 도구입니다. 모든 도구는 최고의 잠재력을 발휘하기 위해 휴식이 필요합니다. 도구를 이용하는 사람이 자신과 도구가 별개라는 사실을 깨닫기 위해서는 모든 도구를 내려놓아야 합니다. 일단 당신이 자신이 하는 생각의 관찰자가 되면 더 이상 그 생각과 자신을 동일시하지 않게 되고, 그 생각은 당신을 움직이게 할 힘을 잃게 됩니다. 이것은 매우 중요합니다. 왜냐하면 당신이 갖고 있는 유일한 힘은 생각을 지배하는 힘이기 때문입니다. 그리고 생각을 지배할 수 있는 순간은 바로 지금입니다. 모든 불편함은 지금 이 순간 사라집니다. 지금 이 순간에 완전히 몰입하면서 동시에 저항할 수는 없습니다. 모든 것을 판단 없이 바라볼 때 그 모든 것은 그 자체의 모습이 됩니다. '뭔가가 어떻게 되어야 한다'와 '지금의 상태는 어떤가' 등의 생각이 없을 때 보이는 모습 그대로 존재합니다. 여기에는 일치되지 않는 에너지 진동이란 없습니다.

당신이 하는 일에 완전히 집중하고 있을 때 근원은 당신이 하는 모든 것으로 흘러 들어갑니다. 이것이 바로 순수한 허용하기의 상태입니다. 이러한 순수한 상태에 있을 땐 당신이 불쾌하다고 보는 것들조차도 유쾌하게 보입니다. 설거지를 예를 들 수 있습니다. 설거지를 하면서 지금 이 순간의 모든 것을 느끼는 데 집중하세요. 앞으로 하게 될 일, 1분 전에 일어난 일, 또는 '물이 너무 뜨겁네'와 같은 당신이 지금 하는 일에 대한 판단이 아니라 물이 당신의 손을 타고 샤르르 흘러가는 느낌을 그대로 관찰해보세요. 그릇을 싱크대 옆으로 옮겨 놓을 때 쨍그렁 부딪히는 소리를 들어보세요. 그릇 위로 스펀지를 움직일 때의 모습과 감촉, 소리를 지켜보세요. 마음이 딴 데 가더라도 절대 비난하지 마세요. 그냥 지금 하고 있는 일에 다시 집중하면 됩니다. 설거지가 끝나면 잠시 시간에 대해 잊고 있었다는 사실을 깨닫게 될 것입니다. 설거지가 끝나기 전까지는 설거지를 끝내고 싶은 마음조차 들지 않았을 것입니다. 그 과정 자체에 심취해 있었기에 자신도 모르게 마쳤습니다. 그리고 기분 좋은 상태를 느낄 것입니다. 당신은 설거지 대신 하고 싶었던 일에 대해 생각하지도 않았습니다. 그래서 설거지가 귀찮은 집안일처럼 느껴지지도 않았습니다. 당신은 이 세상으로 들어오면서 하려고 의도했던 일을 하고 있었습니다. 그것이 어떤 것이든 원래부터 경험하기로 되어 있던 것을 경험하고 있었습니다.

마음을 담아 먹기

우리가 멈추고 고요함을 찾지 않는다면 우리가 어느 정도까지 지금의 삶을 경험하지 못하고 있는지 깨닫지 못합니다. 아시아 문화권에서는 고대로부터 전해오는 "마음을 담아 먹기(mindful eating)"라는 실천법이 있습니다. 이는 멈추는 데 아주 도움이 되는 방법입니다. 먹는 행위는 물리적 차원에 사는 모든 생명체에게는 필수적인 부분입니다. 이것은 또한 살아있다는 느낌이 어떤 것이지 알 수 있는 기회이기도 합니다. 삶에서 반복적으로 하는 대부분의 일처럼 우리는 먹는 일도 당연하게 생각합니다. 그러나 음식을 부정적인 감정이나

적 또는 스트레스에서 벗어나는 수단이 아니라 기쁨의 원천으로, 또한 존재한다는 사실을 경험할 수 있는 수단으로 봐야 합니다.

식사시간이 되면 일단 먹기로 선택한 음식과 함께 자리에 앉습니다. 아무것도 생각하지 말고 다른 누구와 대화를 나누지도 말고 음식 그 자체를 경험하는 여정을 시작합니다. 모양은 어떻게 생겼는지, 촉감은 어떠한지, 냄새는 어떠한지 느껴봅니다. 그런 다음 천천히 맛을 음미합니다. 오로지 음식만 느껴지도록 완전히 집중합니다. 잠시 후 음식의 재료에 대해 생각하기 시작합니다. 재료는 어디에서 왔는지, 어떤 과정을 거쳐 접시에 올랐는지, 누구의 손길을 거쳤는지, 음식을 만든 에너지에 대해서 생각합니다. 음식 속에 스며들어간 햇빛, 땅, 비의 향기도 맡아봅니다. 그것들은 지금 당신이 먹고 있는 음식의 일부입니다. 음식의 모든 부분을 생각해봅니다. 그리고 감사함을 느껴봅니다. 당신은 음식과 이 순간을 온전히 함께 합니다. 당신은 관찰자가 됩니다. 그러면 단순히 현재의 순간에 집중하지 않았기 때문에 매일 이렇게 먹는 경험을 놓치고 있다는 사실에 놀라게 될 것입니다.

현재에 머무르는 이 상태에서 자아는 존재하지 않습니다. 자아가 존재하지 않기 때문에 간섭도 하지 않습니다. 당신은 불일치적인 에너지 진동에서 자유롭습니다. 그리고 건강과 기쁨을 당신 안으로 들여옵니다. 이 물리적 삶에서 우리가 소망을 갖게 되는 것은 필연적인 일입니다. 그렇기 때문에 인생에서 가장 중요한 요소인 진화도 일어납니다. 이와 같이 우리가 최대한 현재의 순간에서 온전히 머무를 수 있다면 우리가 가졌던 소망 쪽으로 근원을 자석처럼 끌어당겨

아주 쉽고 빨리 소망을 성취할 수 있습니다.

또한 우리는 살기 위해 발버둥치는 것이 아니라 상위자아가 이끄는 대로 자연스럽게 삶을 영위할 수 있습니다. 일단 멈추고 당신이 머물고 있는 상황을 받아들이면, 기쁨의 에너지 진동을 의도적으로 유지할 수 있기 때문에, 마음을 이용하여 창조하고 당신이 창조한 것과 공명을 이루는 일이 훨씬 쉬워집니다.

멈춤은 당신의 현재 상황 뒤에 숨어있는 영원한 존재를 경험하기 위해 현재 상황을 받아들이는 행동입니다. 따라서 멈춤은 당신이 기쁨을 누리지 못하게 하는 족쇄를 풀어냅니다. 용서는 자신이 처한 상태를 받아들이는 행동으로써 이 또한 당신이 기쁨을 누리지 못하게 하는 족쇄를 풀어냅니다. 그것은 마치 포로를 풀어주고 나니 자신이 바로 그 포로였음을 깨닫는 것과 같습니다. 우리에게 고통을 안겨주는 것과 그 즉시 화해하고 조화를 이루지 않으면 그것은 우리 마음의 상처가 됩니다. 그 상처는 우리의 의식과 무의식 속에 늘 함께 합니다. 상처의 고통은 우리가 너무도 익숙해져 버린 족쇄와도 같아서 그 족쇄를 풀어낼 힘이 우리에게 있다는 사실조차 깨닫지 못합니다.

용서는 자유입니다

용서는 기쁨의 에너지 진동과 반대되는 에너지 진동을 완전히 흘려보냅니다. 완전히 용서할 때 부정적인 감정은 더 이상 존재하지 않습니다. 용서는 깊은 평화의 감정입니다. 그렇기 때문에 자유이기도 합니다. 용서가 지닌 이러한 잠재적인 혜택을 알기 때문에 우리는 종종 용서의 대상에 대해 생각을 바꾼 상태가 아닌데도 억지로 용서하려고 스스로를 다그칩니다. 그러나 진정한 용서는 그런 식으로 되는 것이 아닙니다.

예컨대, 어떤 사람이 "난 용서는 할 수 있어. 하지만 결코 잊을 수는 없어"라고 말한다면 그것은 아직 진정으로 용서하지 못했다는 사실을 알려주는 것입니다. 진정한 용서는 잊어버리는 것입니다. 그렇다고 그냥 시간이 지나서 잊는 것은 용서가 아닙니다. 왜냐하면 어떤 일은 결코 잊지 못할 수도 있기 때문입니다. 그 일을 기억해도 부정적인 감정이 더 이상 올라오지 않을 때 진정한 용서가 이루어진 것입니다. 심지어 과거와는 완전히 다른 감정, 이를 테면 감사한 마음이 들 수도 있습니다. 그 일이 오늘날 당신의 인생에 끼친 영향을 생각하면서 말입니다.

과거를 회상하면서 다른 감정이 들 때 비로소 그 기억에서 자유로울 수 있습니다. "나는 용서했어"라고 말하면서 완전히 평화로운 자유를 느끼지 못한다면 용서라는 단어의 뜻을 완전히 이해하지 못한 채 쓰는 것입니다. 그것은 그냥 깊은 상처를 무시하고 억누르고 대충 덮고 넘어가려는 것입니다. 이러한 상황에서 내면의 상처는 몸에 난 상처와 마찬가지로 곪아터집니다. 우리는 어느 순간이든 용서의 공간으로 갈 수 있습니다. 하지만 모든 경우에는 과정이 필요합니다.

깊은 상처를 받았을 때 그 무력한 상황에서 빠져 나오기 위해서는 용서와 비슷한 행동을 취하기 이전에 상처 받았다는 사실과 슬픔을 인정하고 분노를 우선 표출해야 합니다. 자신이 상처 받았다는 끔찍한 기분과 아직 완전히 용서를 하지 못했다는 죄책감의 덫을 피하기 위해 이러한 과정을 먼저 겪도록 허용하는 것이 매우 중요합니다. 적당한 때가 되면 용서보다 더 기분 좋게 느껴지는 일은 없을 것입니다. 또한 우리 자신을 용서하는 것보다 더 중요한 일도 없습니다.

용서는 다른 누구도 아닌 우리 자신과 관계가 있습니다. 용서를 받는 사람도 매우 기쁘게 느끼겠지만 용서는 사실 우리 자신에 대한 것입니다. 용서하는 대상이 자신이든 다른 사람이든 용서는 일방적인 것입니다. 누구를 용서하든 그 사람이 옆에 있을 필요는 없습니다. 치유는 자신 안에서 홀로 일어납니다. 우리 마음속에 존재하는 분노, 죄책감, 부당함의 감정은 전적으로 우리 안의 근원과 일치하지 않는 모습입니다. 부정적인 상황이 현실 속에 드러나게 하는 우리의 생각들은 우리의 상위자아의 에너지 진동과 일치하지 않습니다. 따라서 우리가 느끼는 감정은 그러한 불일치가 가져온 결과입니다.

당신의 상위자아는 다른 사람을 부정적인 관점에서 바라보지 않습니다. 상위자아는 어떤 것도 부정적인 관점에서 바라보지 않습니다. 부정적인 관점에 맞춰진 생각은 당신의 상위자아와 일치하지 않기 때문에 근원과도 일치하지 않습니다. 용서는 생각을 당신의 상위자아와 일치하는 방향에 맞추는 과정입니다. 용서는 어떤 것을 없던 일로 하는 것이 아닙니다. 그것은 흘려보내는 것입니다. 그럼으로써 당신은 앞으로 나아갈 수 있습니다. 우리 안에 어떤 고통이 있다면 그것은 우리에게 뭔가 용서할 거리가 있다는 뜻입니다.

당신이 관심을 쏟는 것은 어떤 것이든 심화되고 강렬해집니다. 이런 맥락에서 부정적인 것을 되돌아보는 것이 자신에게 도움이 된다는 말은 이상하게 들릴 수도 있습니다. 사실 당신이 원하는 것과 기분 좋게 느껴지는 것에만 완전히 집중하는 것이 최선이지만 때론 우리 자신의 에너지 진동과 너무나 오랫동안 접촉하지 않은 나머지 우리 안에 분노가 여전히 존재한다는 사실을 깨닫지 못하는 경우도 있습니다. 그리고 그것은 우리의 일상과 존재의 일부분이 됩니다. 우리 안에 각인된 믿음은 우리로 하여금 처음부터 긍정적인 것에 집중하지 못하게 만들기도 합니다. 이럴 때는 먼저 부정성의 방향으로 돌려서 흘려보내기를 해야 합니다. 이 과정에서 목적은 부정적인 상황에 놓이는 것이 아니라 상황을 인식하고 즉시 해결책에 초점을 맞추는 것입니다(마음속으로 당신이 원하는 상황으로 바꾸는 것입니다). 의식적으로 그리고 의도적으로 부정적인 진동을 바꾸기 위해서 먼저 부정적인 진동을 일으키는 것입니다. 그런 다음 당신의 집중력으로 에너지 진동을 바꿔 놓습니다. 용서에 초점을 맞추는 방법은 수천 가지가 넘습니다. 그 중에는 효과가 없는 것도 있지만 기분을 180도 확 바꿔주는 것도 있습니다. 이것은 모두 당신을 기분 좋게 만드는 것을 찾는 과정입니다.

용서에 대한 시각화 방법

마음의 준비가 되었다면 용서에 대한 시각화 방법을 시작해봅니다. 명상을 하는 것처럼 혼자 앉아서 잠시 호흡에 집중하세요. 이제 타이머를 2분으로 설정합니다. 그런 다음 아직도 당신에게 상처로 남아있는 누군가의 말이나 행동을 떠올려보세요. 그 당시 어떻게 느겼는지, 어디에 있었는지, 어떤 생각을 하고 있었는지 기억해보세요. 다시 이 고통의 공간 속으로 완전히 빠져보세요. 타이머가 꺼지면 다시 5분으로 설정합니다. 이번엔 당신이 그 사람한테 가서 "나는 너를 용서한다"라고 말하는 모습을 그려보세요. 그리고 그런 말이나 행동을 할 수 밖에 없었던 고통스러운 감정을 이해한다고 말해주세요. 그 사람이 당신에게 진심으로 사과하는 모습을 상상하세요. 그 사람도 당신에게 용서를 구하길 원했지만 선뜻 그러기 어려웠다고 말하는 모습을 그려보세요. 당신이 그 사람을 꼭 안아주는 모습을 상상하세요. 타이머가 꺼질 때까지 당신은 화해가 이루어진 생각의 공간 안에 머물러야 합니다.

그런 다음 타이머를 2분에 맞추세요. 이번엔 당신이 지금 와서 후회하는 과거의 행동이나 말을 떠올려보세요. 아직도 고통을 느끼고 있는 뭔가를 떠올려보세요. 그때로 돌아가서 생생하게 느껴보세요. 어디에 있었는지, 누구와 있었는지를 기억해내면서 상대방의 일그러진 표정도 가만히 떠올려보세요. 그 고통의 공간으로 자신을 던져봅니다. 타이머가 꺼지면 5분으로 다시 맞추세요. 이번엔 당신이 상처 줬던 그 사람에게 용서를 구하는 장면을 상상하세요. 그 사람도 당신을 용서하기를 원했다고 말하는 모습을 상상하세요. 그 사람이 기꺼이 당신을 용서하는 모습을 상상하세요. 그 사람이 당신을 용서하면서 기쁨을 느끼는 모습을 상상하세요. 화해하는 과정에서 고통은 완전히 사라지고 모든 문제가 해결되었음을 느껴보세요. 이제 끝났습니다. 당신은 용서 받았습니다.

타이머가 꺼지면 이번엔 다시 시간을 맞추지 말고 자신이 했던 말이나 행동에 대해 용서하는 모습을 상상합니다. 자신에게 다음과 같은 말을 해도 좋습니다. "나는 너를 용서한다." "나는 네가 사랑스러운 사람이란 걸 알아." "나는 네가 어느 누구에게도 상처를 주려고 했던 의도가 아니었다는 걸 알아." 죄책감이나 실망감으로부터 벗어나는 데 필요한 어떤 말이라도 자신에게 해보세요. 자신을 꼭 안아주는 모습을 상상하세요. 그때 왜 그랬는지 이해한다고 자신에게 말하세요. 자신을 얼마나 믿고 있는지 알려주세요. 평화로움, 안도감, 희망을 느낄 수 있을 때까지 시각화를 계속 합니다. 그리고 긍정적인 감정이 느껴질 때 눈을 뜹니다.

이 방법은 혼자 하는 것보다 다른 누군가와 함께 하는 편이 더 쉽습니다. 상대방이 시간을 재 줄 수도 있고, 당신이 혼자 하기에 두려움을 느낄 수도 있는 부분을 말로 안내해줄 수 있습니다. 이 과정은 당신에게 무척 힘든 일이 될 수도 있습니다. 이는 마치 오랫동안 물이 차오른 댐의 수문을 여는 것과 같습니다. 또한 상처받기 쉬운 자신의 연약한 감정을 알게 될 수도 있습니다. 심지어 감정을 주체하지 못할 수도 있습니다. 하지만 이렇게 하는 편이 가슴 속에 감정의 응어리를 꾹꾹 눌러 담고 사는 것보단 낫습니다. 왜냐하면 그 모든 불편한 감정은 당신이 기쁨을 찾는 것을 방해하는 장애물이기 때문입니다.

용서를 청하는 편지 쓰기

누군가를 용서하거나 아니면 누군가에게 용서를 청하는 편지를 쓰는 것도 좋은 방법입니다. 편지를 받는 사람이 살아있는지의 여부는 중요하지 않습니다. 원하면 이 편지를 보내도 좋고, 아니면 어딘가(불이 날 위험이 없는 장소)로 가서 편지를 태워도 좋습니다. 당신이 쓴 편지 속 글자가 불 속에서 타 들어가는 모습을 지켜봅니다. 불길은 당신이 상대방에게 했던 말을 삼켜버립니다. 이제 당신이 했던 말은 존재하지 않습니다. 불이 단어와 종이를 삼켜버리면서 당신 안의 고통까지 없애준다고 상상하세요.

자신에게 용서를 구하거나 자신을 용서하는 편지를 쓰고 그것을 태우는 것은 매우 심오한 의미가 있습니다. 이 과정을 통해 아주 강렬한 감정이 해소되는 경험을 느껴보세요. 그런 다음 찾아오는 비저항의 태도를 이용하여 감정을 흘려보내고 무언가 긍정적인 것에 강렬하게 집중하세요. 예를 들면, 의도적으로 좋은 기억을 떠올려도 되고, 확언을 쓰거나 현재 삶에 관한 긍정적인 측면을 목록으로 적어도 좋습니다.

진정한 용서는 자신을 부정적인 것에 순응하게 만드는 과정(이는 상황을 더욱 부정적으로 만듭니다)이 아닙니다. 진정한 용서란 자신을 옭아매고 있는 것이 무엇인지 인식한 후 그것을 놓아버리는 것입니다. 그렇게 하면 기쁨의 방향으로 선회할 수 있을 뿐 아니라 과거를 현재까지 끌고 오는 것도 막을 수 있습니다. 흘려보내기와 기쁨은 어떤 대상에 대해 갖고 있던 관점을 바꿈으로써 이룰 수 있습니다. 고통을 바라보는 제한적인 관점에서 벗어나면 이 세상의 모든 부정적인 것의 뿌리에는 우리 모두가 피해자라는 사실이 들어있음을 알게 됩니다. 그보다 더 넓은 시야에서 보면 피해자 같은 건 없다는 사실을 깨닫게 됩니다. 피해의식은 물리적 삶에 제약되어 있는 망상의 감옥일 뿐입니다. 그리고 용서는 그곳에서 빠져나올 수 있는 탈출구입니다.

14장

긍정적인 공명의 추구
The Pursuit of Positive Resonance

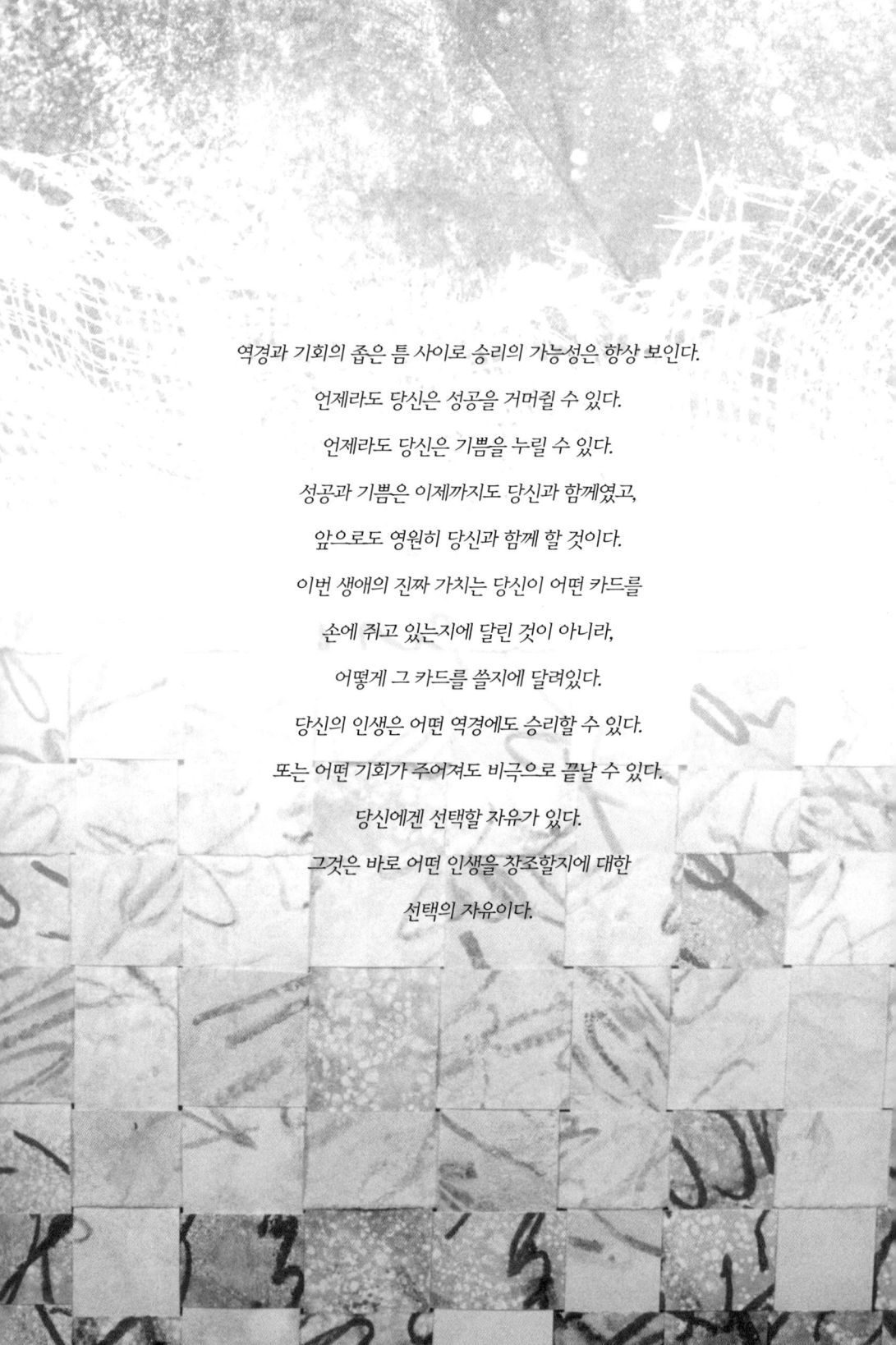

역경과 기회의 좁은 틈 사이로 승리의 가능성은 항상 보인다.

언제라도 당신은 성공을 거머쥘 수 있다.

언제라도 당신은 기쁨을 누릴 수 있다.

성공과 기쁨은 이제까지도 당신과 함께였고,

앞으로도 영원히 당신과 함께 할 것이다.

이번 생애의 진짜 가치는 당신이 어떤 카드를

손에 쥐고 있는지에 달린 것이 아니라,

어떻게 그 카드를 쓸지에 달려있다.

당신의 인생은 어떤 역경에도 승리할 수 있다.

또는 어떤 기회가 주어져도 비극으로 끝날 수 있다.

당신에겐 선택할 자유가 있다.

그것은 바로 어떤 인생을 창조할지에 대한

선택의 자유이다.

당신의 인생은 어떤 역경에도 승리할 수 있습니다. 긍정적인 에너지 진동을 추구하는 것이 처음엔 어렵게 느껴질 수도 있습니다. 왜냐하면 이제껏 오랜 시간 당신이 습관적으로 행하던 방식과 반대되는 방향으로 훈련하려면 많은 노력이 필요하기 때문입니다. 그렇기 때문에 우선 현재 상황(일단 그 현재 상황을 받아들였다면)에서 기쁨을 성취하려면 지금보다 기분을 좋게 만드는 방향으로 선회해야 합니다. 그것은 생각이 될 수도, 사람이 될 수도, 장소가 될 수도, 사물이 될 수도 있습니다. 오직 기분 좋은 방향으로 나아가세요. 그리고 기분 좋은 것에 집중하세요.

있는 그대로 감사하고 감탄한다면

긍정적인 에너지 진동을 유지하는 데 가장 중요한 요소는 "감사(thankfulness)"입니다. 여기서 제가 말하는 감사는 당신이 알고 있는 개념과는 다릅니다. 다시 말해, 감사는 뭔가를 가지지 못했을 상황을 정확히 인식하는 데서 나오는 조건적인 "감사(gratitude)"의 상태가 아닙니다. 조건적인 감사는 원하지 않는 상황이 여전히 있는 상태를 느끼면서 원하는 상황을 경험하는 것과 같습니다. 그럴 때는 원했던 것의 에너지 진동이 아니기 때문에 에너지 수준에서 순수한 진동이 아닙니다. 그리고 동시에 그 반대의 진동이기도 합니다. 또한 자신이 뭔가를 창조했다는 사실을 깨닫는 데서 나오는 감정이 아니라 운이 좋아서 가질 수 있었다고 생각할 때 느끼는 감정입니다. 이러한 감정은 우리로 하여금 우리가 추구하는 대상이 외부로 나타나는 것에 얽매이게 만듭니다. 뿐만 아니라 죄책감, 자신이 무가치하다는 느낌, 채무감, 갖고 있는 것을 잃게 될까 하는 두려움, 퇴보하지 않을까 하는 두려움, 극도의 피곤함을 낳습니다.

여기서 제가 말하는 감사는 있는 그대로를 감사하고 감탄하는 감정의 에너지 진동입니다. 감사는 당신의 인생에서 지금 이 순간 존재하고 있는 것의 긍정적인 측면에 집중할 때 느끼는 감정이 온몸을 휘감도록 허용하는 순수한 에너지 진동입니다. 감사는 이전에 당신이 원했던 것과 완벽하게 진동의 일치를 이룬 결과로서 현재의 순간에 당신이 받은 것을 의식적으로 인정하고 즐기는 것입니다. 기쁨을 얻는 데 중요한 열쇠인 감사는 지금 있는 것에 대해 당신이 좋아하는 특성, 중요성, 가치를 인식하는 것입니다.

현재에 대해 당신이 좋아하는 것을 인식하고 집중하는 데서 오는 감사의 순수한 에너지 진동은 모든 것을 가장 잘 수용할 수 있는 상태입니다. 감사는 멈춤의 상태보다도 더 많은 것을 수용할 수 있습니다. 감사는 근원이 방해받지 않고 온전히 당신에게 흘러올 수 있도록 허용하고 도와줍니다. 감사할 때 당신은 근원과 에너지 진동 면에서 완전히 일치합니다.

많은 사람들은 현재 가지고 있는 것에 만족한다면 오직 그것만을 가지게 되지 않을까 두려워합니다. 그러나 당신은 언제나 무언가를 필연적으로 소망하게 되기 때문에 이것은 결코 사실이 아닙니다. 그리고 당신이 감사의 공간에 머무르는 순간 당신의 소망은 이내 그 모습을 드러내게 될 것입니다. 무엇에 감사하든 상관없이 말입니다. 당신은 현재에서 좋아하는 부분을 더 많이 가지게 될 뿐만 아니라 당신이 원하는 것에 반대되는 것은 더 이상 불러오지 않게 됩니다.

감사는 완전히 긍정적인 집중이며, 혜택을 가장 많이 불러오는 상태입니다. 그리고 본래의 긍정적인 에너지 진동입니다. 우선 아침에 일어나서 그날에 대해 감사함을 느껴보는 것으로 시작해봅니다. 일어나자마자 감사할 거리가 있는지 마음속으로 생각해봅니다. 감사일기를 쓰는 것도 좋은 방법입니다. 감사일기를 집어 든 순간 감사할 일들이나 인생 전반에 대해 감사할 일들을 적어봅니다. 꺼내 보거나 만지면 언제나 감사한 기분을 느낄 수 있는 물건을 지니고 다녀도 좋습니다. 이를 테면, 반지를 끼고 다니면서 감사한 기분을 느껴봅니다. 감사할 일을 찾는 것보다 이 세상에서 당신에게 득이 되는 행동은 없습니다. 감사할 일은 언제 어떤 상황에서도 존재합니다. 감옥의 창살 속으로 들어오는 달빛에도 감사를 느낄 수 있습니다. 당신에게 힘이 되었던 생각, 기억, 향기, 친절한 말에도 감사를 느낄 수 있습니다. 심지어 부정적인 사건으로 인해 얻은 교훈에 대해서도 감사를 느낄 수 있습니다. 감사할 일들은 찾기만 하면 어디든지 존재합니다.

긍정적인 것에 초점을 맞추세요

새로운 일이 늘 그렇듯이, 긍정적인 것에 초점을 맞추려면 연습이 필요합니다. 우선 긍정적인 것을 향한 의식을 훈련할 수 있는 활동을 하는 것이 좋습니다. 당신 안에서 긍정적인 감정을 불러일으키는 것들을 의식적으로 찾아봅니다. 하다 보면 어떤 상황에 있든, 무엇을 하든 상관없이 습관적으로 할 수 있습니다. 이 과정을 시작하기에 한 가지 좋은 방법은 산책입니다. 산책의 목적은 단 하나입니다. 바로 당신이 보고 냄새를 맡고 소리를 들을 때 기분 좋게 느껴지는 것을 찾는 것입니다. 산책길에 있는 모든 대상을 수동적으로 관찰하는 사람이 되지 말고 사냥꾼처럼 긍정적인 것을 열심히 찾아보세요. 이 와중에 마음이 결코 흐트러져서는 안 됩니다. 뭔가 불쾌한 것을 마주치게 될 때면 그냥 신경 쓰지 마세요. 다시 주변 환경을 둘러보는 데 집중하고 기분 좋은 것만 찾으세요. 집중하는 데 도움이 된다면 마주치는 대상의 이름을 마음속으로 불러봅니다. 이 방법을 통해 당신이 그 동안 얼마나 부정적인 성향이 컸는지 깨닫고는 놀라게 될 것입니다. 또한 이 방법을 통해 당신의 기분을 이토록 빨리 바꿀 수 있다는 사실에 대해서도 놀라게 될 것입니다.

확언 연습

지금쯤이면 확언(affirmation)이란 용어에 대해 들어본 적이 있을 겁니다. 확언은 현재 사실이거나 앞으로 사실이 되기를 바라는 뭔가를 선언하는 것입니다. 당신이 지금 생각하는 것을 계속해서 자주 생각하다 보면 현실로 나타나기 때문에, 당신이 사실이 되기를 바라는 것은 사실이 될 것입니다. 그러므로 지금 당신 앞에 놓인 물리적 진실은 당신이 타당하다고 느끼는 감정입니다. 지금 당신은 앉아서 물리적 증거를 보고 있는데, 그것은 당신의 믿음을 더욱 강화시킵니다.

어떤 사람들은 확언이 자신에게 거짓말을 하는 것이기 때문에 역효과를 낳는다고 생각합니다. 예를 들면, "나는 내 자신을 사랑합니다"라고 말하자마자 기분이 안 좋아질 수 있습니다. 그 이유는 현재 자신을 사랑하지 않기 때문입니다. 따라서 확언이 자신을 사랑하는 느낌 대신 사랑하지 않는 느낌을 불러일으킬 수 있다고 말하기 쉽습니다. 이는 처음 시작 단계만 봤을 때는 사실입니다. 왜냐하면 믿음은 너무나 오랫동안 반복된 생각일 뿐인데, 그 반복성이 생각을 믿음으로 변하게 하기 때문입니다.

생각을 반복하면 반복할수록 믿음으로 변할 확률이 높습니다. "나는 나를 사랑합니다"를 천 번 정도 말할 때는 이 말을 믿지 않을 수도 있습니다. 그럼에도 불구하고 계속해서 말하다 보면 결국엔 자신의 확언을 믿기 시작할 것입니다. 일단 믿게 되면 그것은 현실이 될 것입니다. 하지만 당신이 어떤 에너지 진동을 아주 오랫동안 품고 있거나 어떤 생각을 완전히 믿었다면 그것은 아주 강력해져서 그것과 반대되는 에너지 진동이나 생각을 불러오는 것이 당신의 지성과 상충될 수도 있습니다. 그러면 당신이 바라던 새로운 에너지 진동이나 생각과 에너지 진동 면에서 일치되는 것들을 끌어당기는 대신 당신의 지성과 상충되는 느낌과 일치되는 대상만 계속해서 끌어당기게 될 것입니다. 이렇게 되면 잘못된 기분과 일치되는 대상만 끌어당기게 되어 이전에 원하지 않았던 에너지 진동이나 생각을 뒷받침하는 물리적 증거를 또 끌어당기게 됩니다. 결국 새로운 생각을 타당성 있게 생각하고 믿는 것이 더욱 어렵게 됩니다. 그렇기 때문에 당신이 아직 믿지 않는 것을 반복적으로 말하는 것보다 좋은 방법은 점차적으로 확언에 다가가는 것입니다.

지금 원하는 것이 현재에 없다는 사실을 완전히 인식하게 만드는 확언을 사용하는 대신 이미 사실이라고 느껴지는 확언부터 시작합니다. 아직 자신을 사랑하지 않는데도 자신을 사랑한다고 말하면 자신을 사랑하지 않고 있음을 깨닫게 돼서 고통스럽게 느껴질 수 있기 때문입니다. 그러므로 일단 기분을 좋게 만드는 가교 역할의 진술부터 시작합니다. 예를 들면, "나는 오늘 일어나서 나에 대한 사랑을 느낄 생각을 하니 기분이 무척 설렌다"라는 진술입니다. 이 문장도 확언입니다. 계속해서 이 진술을 말하다 보면 결국에 "나는 나를 사랑합니다"라는 확언을 말할 때 더 이상 그 안에 자기사랑이 부재함을 느끼지 못할 것입니다. 이제 그 안에는 사랑이 담겨있게 될 것입니다. 왜냐하면 당신이 지금 있는 위치에서 확언이 사실로 구현되는 지점까지는 그다지 멀지 않은 거리이기 때문입니다. 게다가 기분까지 좋게 느껴질 것입니다. 기분을 좋게 만드는 확언일수록 효과가 더 큽니다.

확언일지를 만들어 거기에다 기분을 좋게 만드는 확언 문장들을 매일 쓰는 연습을 해도 좋습니다. 확언일지를 자신의 내면 논평으로 만들면 더욱 좋습니다. 자신에 대해 또는 자신의 경험에 대해 안 좋은 말이 떠오르면 마음속에서 긍정적인 진술(당신의 기분을 좀 더 좋게 만드는 말)을 생각해내 이를 물리칠 수 있습니다. 이 방법은 지금의 감정을 부정하거나 죽이는 것이 아닙니다. 생각해낸 진술이 자신과 입씨름 하면서 지금의 감정이 틀렸음을 입증하는 것 같이 느껴지면 그것은 올바른 진술이 아닙니다. 확언 연습은 당신이 사물을 인식하는 관점을 바꿀 수 있음을 알려주는 것입니다. 그리고 이 과정에서 당신은 행복을 창조하고 유지하게 됩니다.

원하는 것의 본질이 되는 연습

긍정적인 에너지 진동과 일치하려는 노력을 처음 시작할 때 많은 사람들은 자신이 되고 싶은 모습의 본질이 아닌 현재 모습의 본질(에너지 진동)에 둘러싸여 있다는 사실을 깨닫지 못합니다. 서구 사회에서는 "이룰 때까지 이룬 척하기(fake it till you make it)"라는 속담이 있습니다. 이런 "척하기"는 사회에서 비하되고 부정직함의 표시로 알려져 있지만 사실 이 말에는 아주 중요한 보편적 진리가 들어있습니다. 존재하는 모든 것은 처음엔 하나의 생각이었습니다. 뭔가가 되는 모든 것은 처음엔 하나의 개념이었습니다. 당신이 보는 모든 것은 그것의 본질로 향하는 하나의 "추세(trend)"로서 출발합니다. 이러한 진실은 한 올림픽 금메달 수상자의 사례를 통해 쉽게 설명될 수 있습니다. 그 꿈은 한 아이의 방 벽에 붙어있는 포스터에서 시작됩니다.

올림픽 금메달 수상자는 연단 위에 발을 올린 순간 꿈을 실현한 것이 아닙니다. 그 사람은 연단 위로 올라서기를 희망한 순간 올림픽에 대한 꿈을 실현하기 시작한 것입니다. 그가 수년간 훈련한 것도, 모든 고난을 이겨내고 성적을 낸 것도 모두 금메달 수상자가 되기 위한 것이었습니다. 그는 금메달을 따는 순간에 이르기까지 훈련

기간 동안 금메달 수상자인 척 한 것이 아니었습니다. 그는 금메달 수상자가 할 만한 행동, 느낄만한 감정, 보일만한 모습을 연습하고 있었습니다. 그 결과 그는 금메달 수상자와 같은 본질(에너지 진동)이 된 것입니다. 말하자면, 그 운동선수는 에너지 진동 면에서 금메달 수상자와 일치되었고, 결국 금메달 수상자가 된 것입니다. 당신이 어떤 것의 본질이 된다는 생각이 아니라 겉으로만 그것인 척 하고 있다는 생각은 자신이 만들어낸 생각일 뿐입니다. 이런 생각은 당신이 원래 가지고 있던 긍정적인 생각을 부정적인 생각으로 바뀌게 합니다.

당신이 원하는 것이 무엇이든 당신은 그것의 본질이 되는 연습을 시작할 수 있습니다. 이는 당신이 지금 처한 상황이나 인생의 모습이 어떤 가와는 상관이 없습니다. 원하는 것의 본질이 되는 과정이 바로 원하는 것을 실현하는 과정이라는 사실만 깨달으면 됩니다. 하지만 자신의 삶을 돌아보며 "이건 진짜가 아닌 걸. 나는 그런 척하고 있는 것일 뿐이야"라고 말한다면 자신의 현실을 판단하면서 비난하고 있는 것입니다. 우주는 가장하는 모습과 실제 모습을 구별하지 못합니다. 그저 누군가가 실제로 그렇다고 믿고 있는 것과 그렇지 않다고 믿는 것의 에너지 진동에 차이가 있을 뿐입니다.

집, 친구, 일 등 세상에서 당신을 둘러싸고 있는 환경을 바라보세요. 그런 다음 객관적으로 솔직하게 자신에게 물어봅니다. "이것이 나에게 건강한 삶인가?" "이것이 나에게 기쁨을 주는가?" "이것이 내가 원한 삶이고 미래에도 이런 삶을 원하는가?" "그 이유는 무엇인가?" 당신이 원하는 삶에 있어 유익하지 않은 물리적 대상을 즉시 제거하는 것은 큰 도움이 됩니다. 하지만 그런 대상을 제거한다고 해도 당신이 생각을 바꾸지 않는 한 그것이 다시 당신의 삶 속에 들어오지 않는다는 보장은 없습니다. 그러므로 무엇을 '해야 할지'에 집중하는 대신 무엇을 '원하는지'에 집중해야 합니다.

끌어당김의 법칙을 유리한 쪽으로 활용할 수 있는 좋은 방법은 당신이 원하는 것에 집중하는 시간을 보내고 그러한 것들의 본질에 둘러싸이는 것입니다. 다음의 방법을 실천해봅니다. 잡지에서 당신이 가지고 싶은 것, 되고 싶은 것, 하고 싶은 것, 좋아하는 것을 오려서 '콜라주(화면에 종이·인쇄물·사진 따위를 오려 붙이고, 일부에 가필하여 작품을 만드는 일-역주)'로 만들어 붙여놓고 매일 그것에 집중합니다. 집, 사무실, 차 또는 당신이 시간을 보내는 장소라면 어디든지 이루고 싶은 것들로 붙여놓습니다. 원하는 바를 그림으로 그려도 좋고, 관련 아이템을 모아도 좋습니다. 원하는 것을 상징하는 색깔을 주변에 놓아도 좋습니다. 원하는 자신의 모습이나 다른 사람의 모습이 담긴 그림을 전시해도 좋습니다. 이 그림은 당신과 그들이 행복하고 건강한 모습을 나타내는 그림이어야 합니다. 당신이 살고 싶은 장소에서 시간을 보내세요. 당신이 원하는 바를 이미 이룬 사람을 찾아보세요.

당신의 인생은 당신이 집중한 대로 이루어질 것입니다. 그리고 당신을 둘러싸고 있는 지배적인 에너지 진동의 방향으로 이루어질 것입니다. 지금의 모습을 인생의 진실로 받아들일지 결정할 수 있는 사람은 바로 당신 자신임을 깨달으세요. 자신이 원하는 바를 실현할 수 있는 사람은 바로 당신 자신임을 깨달으세요. 오직 원하는 바에 집중해야 실현할 수 있습니다. 이런 사실을 알면 이제부턴 당신의 인생 스토리를 미리 설계할 수 있습니다. 시나리오나 소설 작가가 되어 인생 스토리를 미리 써보는 연습을 시작하세요. 물론 자신의 미래에 대해서 써야 합니다. 무엇을 쓰든지 그것이 사실인 것처럼 행동하면 결국 삶 속에서 결실을 맺게 될 것입니다. 세세한 마지막 부분까지도 정확히 이루어질 것입니다.

이런 연습은 자신의 소망이 무엇인지 명확히 아는 데 도움이 됩니다. 또한 당신이 원하는 소망과 일치하는 에너지 진동을 충분히 오랫동안 유지할 수 있게 만들어 우주가 밝은 신호등처럼 쉽게 인식하여 신속하게 응답할 수 있게 합니다. 우선 자신을 일인칭 시점 스토리의 주인공으로 설정해 원하는 이야기를 씁니다. 원한다면 대화체로 써도 좋습니다. 어떤 방법을 써도 됩니다. 현실이 될 수 없는 지나친 환상 같은 것은 없습니다. 인생 전체를 구상해도 좋고 일부만 구상해도 좋습니다. 곧 있으면 다가오는 어떤 일이 걱정이 된다면 그것에 대해 시나리오를 적어도 좋습니다. 이 방법은 정확히 당신이 원하는 방식대로 일을 해결하는 데 도움이 됩니다. "미리쓰기(pre-writing)"나 "미리보기(pre-visioning)"기법을 이용하여 미래 사건에 대한 구상을 미리 짜봅니다.

도움이 될 만한 또 다른 방법은 긍정적인 것에 대해 일기를 쓰는 것입니다. 이 일기장의 페이지 맨 위에는 "내 직업"이나 "오늘"과 같은 주제를 씁니다. 그런 다음 그 밑에는 주제와 관련된 긍정적인 면을 쭉 나열합니다. 주제는 당신이 이미 좋아하고 있는 것도 되고, 부정적인 감정을 느끼고 있는 것도 됩니다. 당신이 이미 긍정적인 감정을 느끼고 있는 주제에 대해 쓴다면 긍정적인 에너지 진동을 더욱 강화할 것이고 긍정적인 측면이 더욱 부각될 것입니다. 부정적인 감정을 느끼고 있는 주제에 대해 쓴다면 부정적인 에너지 진동을 비활성화시켜서 그 에너지를 고갈시킬 것입니다. 자신과 관련해 긍정적인 측면을 쓰는 것도 매우 의미 있는 방법이 될 수 있습니다.

자기사랑의 바른 예

처음에는 자신의 긍정적인 측면을 인정한다는 생각에 저항감을 느낄 수도 있습니다. 오늘날 우리가 살고 있는 문화는 오만과 자랑이 그릇된 행동이라는 인식을 아이들의 머릿속에 심어주었습니다. 또한 노골적으로 자신의 장점을 인정하는 것이 마치 "죄"인 것처럼 기피되어 왔습니다. 그 결과 우리 사회에는 그것이 건전하지 못한 인간성의 형태로 자리 잡게 되었습니다. 사회에서 다른 사람들과 잘 어울리려면, 그리고 좋은 사람이 되려면 자신의 중요성, 장점, 긍정적인 측면을 과소평가하거나 겸손해야 한다고 믿게 되었습니다. 이렇게 된 데에는 그럴만한 이유도 있었고, 그다지 좋지 못한 이유도 있었습니다. 하지만 가장 중요한 이유는 에고(ego)와 자기사랑(self-love)의 개념이 혼란스럽게 뒤섞여 있다는 데 있습니다. 이 두 개념 모두 잘못 이해되고 있습니다. 그리고 일반적인 생각과는 달리 이 둘은 아주 어려운 개념입니다.

에고는 자신에 대한 개념(정체성)으로, 우리를 다른 사람과 구별 짓게 만듭니다. 에고는 당신이 자신에 대해 가지는 생각이나 의견으로, 이번 생애에만 해당되는 것입니다. 에고는 유한하면서도 분리된 존재이며, 당신이 다르다고 보는 모든 사람과 모든 것들과 당신을 구별 짓게 하는 개념입니다. 사실 에고는 부정적인 대상이 될 필요가 없습니다. 에고에 대한 개념은 애초에 근원이 우리를 창조하려고 마음에 품고 있었던 일부입니다. 우리 자신에 대해 부정적이라고 생각하지 않는 한 에고는 부정적인 개념이 아닙니다. 에고는 크거나 작아질 때 부정적이 됩니다. 이 말은 이 별개의 정체성이 자신의 위치를 방어하고 있고, 분리되었다는 망상을 강화하고 있으며, 그저 남들하고 다르다는 것이 아니라 그들보다 더 낫다는 것을 보이기 위해 비교대상을 이용하고 있다는 뜻입니다.

에고는 기껏해야 우주가 전반적으로 진화하는 것을 돕는 일시적인 관점일 뿐입니다. 에고가 최악의 상태(크거나 작거나)가 되는 때는 자신을 사랑할 때가 아니라 자신감이 없을 때입니다. 누군가 자신감이 없을 때 에고는 두 가지 방향 중 한 쪽으로 나아갑니다. 자학적인 비하의 방향 아니면 자학적인 자만의 방향입니다. 이 둘 모두 건강하지 못한 감정입니다. 큰 에고(big ego)에 있어 최악의 경우는 무지와 자학적인 자만입니다. 작은 에고(small ego)에 있어 최악의 경우는 무지와 자학적인 비하입니다.

자학적인 비하의 관점을 가진 사람은 자신이 "부족하다"고 믿습니다. 그는 자신에 대해, 그리고 세상에서 자신의 중요성에 대해 폄하하며, 자신이 다른 사람들보다 아래에 있다고 생각합니다. 그는 우주에서 자신이 가진 놀랍고도 중요한 역할과 힘을 포기했기에 잠재력을 완전히 발휘하지 못한 채 살아갑니다. 그 결과 행복하지 않습니다.

　자학적인 자만의 관점을 가진 사람은 오만과 나르시시즘(자기도취증)의 태도를 보입니다. 그는 자신이 "더 낫다"라고 생각하기 위해 다른 사람과 끊임없이 비교합니다. 또한 자신과 세상에서 자신의 중요성에 대해 과대평가하고, 자신이 다른 사람들보다 위에 있다고 생각합니다. 그는 극도의 불안감을 가지고 있습니다. 그래서 자신이 가치 있는 존재가 되기 위해서는 "다른 사람들"보다 더 중요해지기 위한 방법을 반드시 찾아야 한다고 생각합니다. 그는 자신의 잠재력을 완전히 발휘하고 살지 못하기 때문에 행복하지도 않습니다.

　이 두 종류의 사람들은 서로에게 이끌립니다. 왜냐하면 그들은 에너지 진동 면에서 완벽하게 일치하기 때문입니다. 이 말이 처음엔 이상하게 들릴 수도 있습니다. 얼핏 보면 그들은 정반대의 성향을 지닌 사람처럼 보이기 때문입니다. 그러나 그들의 에너지 진동의 근원에는 불안감이라는 요소가 자리 잡고 있기 때문에 같은 종류의 사람들입니다.

　자기사랑은 이 두 극단에 위치하지 않습니다. 자기사랑은 자신이 다른 사람과 동등하다고 보는 사람 안에서 나타나는 자존감으로, 자신에게 도움이 되는 감정입니다. 자기사랑을 실천하는 사람은 건강한 자아관념을 가지고 있으면서 자신을 사랑하고 소중하게 생각합니다. 이런 사람은 모든 사람이 자신만의 장점과 약점이 있다고 보고, 자신을 상대방보다 낫거나 못하다고 보지 않으며, 그저 다르다고 생각합니다. 그리고 자신의 장점을 알면서도 남들에게 인정받거나 권력을 얻기 위해 그것을 굳이 내세우려 들지 않습니다. 또한 자신의 약점도 알지만 그 때문에 자존감을 잃거나 자신의 가치를 낮게 보는 일도 없습니다. 자기사랑을 실천하는 사람은 자신의 모습에 있는 그대로 만족합니다. 이는 불안감이 아닌 자신감에서 나오는 상태입니다. 자기사랑을 실천하는 사람은 우주에서 자신이 맡은 중요한 역할과 힘을 잘 간직하면서 자신의 잠재력을 충분히 발휘하는 삶을 살기에 행복합니다.

자신을 사랑하는 사람들은 다른 사람에게 피해를 주지 않습니다. 그들은 상위자아가 그들에게 가지는 의견과 완벽히 일치하는 에너지 진동을 이루고 있습니다. 그리고 그러한 조화로 인해 자유와 기쁨을 느낍니다. 자만심을 없앤다고 자기사랑까지 저버릴 수도 있기 때문에 자기사랑을 실천하는 법을 배우는 것은 참으로 어려운 일입니다. 자기사랑이 없으면 우리는 계속해서 다른 사람에게서 사랑을 구걸합니다. 그러나 그들은 다른 에너지 진동을 가지고 있기에 그렇게 해줄 수 없습니다. 우리가 우리 자신을 사랑하지 않는다면 우리를 진정으로 사랑하지 않는 사람들만 끌어당길 뿐입니다. 우리와 마찬가지로 자기사랑이 없어서 빈 공간을 채워주길 바라는 그런 사람들만 끌어당깁니다. 그러나 우리 역시도 그들의 빈 공간을 채워줄 수 없습니다. 결국 우리는 우리가 가진 유일한 힘인 자기사랑을 포기하고 맙니다.

당신이 스스로를 어떻게 평가하는지에 따라 주변 사람들이 당신에 대해 가지는 의견도 달라집니다. 이 말은 당신이 자신을 높이 평가하면 다른 사람들도 당신을 높이 평가하고, 당신이 자신을 낮게 평가하면 다른 사람들도 당신을 낮게 평가한다는 뜻입니다. 이와 관련해 다양한 수준에서 자신을 존중하는 방법을 실천할 수 있습니다. 우선 신체적인 장점부터 시작해 봅니다. 맘에 드는 자신의 신체적인 면을 모두 적어보세요. 예를 들면 다음과 같습니다. "나는 내 갈색 눈동자가 맘에 들어." "나는 내 키가 딱 좋아." "나는 파란색이 참 잘 어울려." 당신의 물리적이고 3차원적인 자아에 대해 좋아하는 점을 모두 적어보세요. 많으면 많을수록 좋습니다. 몇 달 아니 몇 년에 걸쳐 계속 추가해도 좋습니다.

두 번째로 성격적인 면을 찾아봅니다. 맘에 드는 자신의 성격적인 면을 모두 적어보세요. 예를 들면 다음과 같습니다. "나는 마음씨가 따뜻해." "나는 열린 마음을 갖고 있어." "나는 남을 배려할 줄 알아." "나는 믿음직한 사람이야." 그 자리에서 얼른 생각나지 않으면 사전이나 동의어 사전을 꺼내서 맘에 드는 자신의 성격을 잘 표현할 수 있는 단어를 찾아봅니다.

세 번째로 정신적인 면을 찾아봅니다. 맘에 드는 자신의 정신적인 면을 모두 적어보세요. 예를 들면 다음과 같습니다. "나는 일을 우선시하는 사람이야." "나는 수학을 잘해." "나는 이해력이 뛰어나."

네 번째로 영적인 면을 찾아봅니다. 맘에 드는 자신의 영적인 면을 모두 적어보세요. 예를 들면 다음과 같습니다. "나는 직관력이 있어." "나는 사후를 믿어." "나는 영적인 사람이야." 다른 사람이 좋게 생각하든 아니든 상관없이 영적인 측면에서 자랑스러운 점이면 어떤 것도 좋습니다. 여기서 중요한 사항은 당신에게 좋은 점이라는 것입니다.

다섯 번째로 사회적인 면을 찾아봅니다. 당신을 사회의 소중한 구성원으로 만드는 특성과 다른 사람에게도 소중한 존재가 되게끔 만드는 특성을 나열해봅니다. 예를 들면 다음과 같습니다. "나는 의사소통 능력이 뛰어나." "나는 기부를 잘해." "나는 남의 말을 경청해." "나는 남에게 모범이 되는 사람이야." "나는 체계적인 사람이야."

여섯 번째로 과거에 경험한 자기 존중감을 느낄 수 있었던 일들을 적어봅니다. 문장 속에는 당신이 성취한 업적뿐 아니라 긍정적인 성격도 포함해야 합니다. 예를 들면 다음과 같습니다. "나는 친한 친구들을 많이 사귀었어." "나는 학위를 따고 대학을 졸업했어." "나는 2킬로를 뺐어." "나는 아픈 사람을 성실하게 간호했어."

일곱 번째로 현재 하고 있으면서 자랑스럽게 느끼는 일들을 적어봅니다. 예를 들면 다음과 같습니다. "나는 거의 대부분 건강식을 챙겨먹어." "나는 유능한 사람 같아." "나는 내 집을 갖고 있어." "나는 아이들을 잘 돌보고 있어."

마지막으로 자신에 대해 좋아하는 점을 씁니다. 위의 목록과 겹치는 부분이 있을 수도 있습니다. 중요한 사항은 당신이 아주 높이 평가하는 점을 선택해서 집중하는 것입니다. 이는 이번 생애에서 당신의 건강한 자아의 일부를 만드는 좋은 부분들을 찾는 것입니다. 기분이 나쁜 날에도 좋은 날에도 이 목록을 읽어봅니다. 처음엔 이런 목록을 쓰는 일이 아주 어렵게 느껴질 수 있습니다. 이런 목록을 쓰자마자 격렬한 감정적 반응이 끓어오를 수도 있습니다. 왜냐하면 갑자기 체험해보는 자기사랑이 이제껏 해오던 자기패배적인 행동과 너무나 큰 괴리감을 주기 때문입니다. 관점이 바뀌면서 슬픔, 죄책감, 두려움까지 느낄 수도 있습니다. 이런 현상은 괜찮습니다. 이것이 바로 당신의 현재 마음 상태이기 때문입니다. 그리고 자기사랑을 꾸준히 실천함으로써 현재의 마음 상태를 바꿀 수 있습니다. 지금 당신은 오랫동안 품어왔던 자신에 대한 모든 부정적인 마음가짐을 비워내고 있습니다. 오래된 믿음을 바꾸려는 움직임은 처음엔 모두 고통스럽습니다. 그렇지만 자신에 대해 새로운 관점을 갖는 즉시 다른 사람들이 당신을 대하는 태도가 달라짐을 느끼게 될 것입니다.

기쁨상자 만들기

부정적인 상황에 있을 때 기분이 좋아지는 행동을 찾는 일은 당신의 에너지 진동을 긍정적인 방향으로 선회하는 데 큰 도움이 됩니다. 가장 좋은 방법 중 하나를 소개하고자 하는데, 이는 심리학 분야에서 오랫동안 실천해온 기법입니다. 우선 덮개가 있는 커다란 상자를 만들어 "기쁨상자"라고 이름 붙입니다. 기분이 좋지 않을 땐 끌어당김의 법칙이 그 부정적인 기분에 일치하는 대상만 당신에게 가져다줍니다. 또한 부정적인 마음 상태에 있는 이상 당신은 결코 긍정적인 대상 쪽으로 끌어당겨질 수 없습니다. 의식적으로 생각을 바꾸지 않는 한 긍정적인 것이 방 안에 있어도 알아차리지 못합니다. 그러므로 기분이 아주 좋을 때 이 기쁨상자를 만들고 싶은 생각이 들 것입니다. 기분이 좋을 때는 그 기분을 강화시켜주는 것들과 에너지 진동이 일치하기 때문입니다.

속과 겉이 모두 기분 좋은 느낌이 드는 상자를 하나 고릅니다. 기쁨상자에다 당신의 기분을 좋게 만드는 물건이나 에너지 진동을 높이는 물건을 넣습니다. 재미있거나 감동적인 영화 비디오, 유머, 좋아하는 격언, 보고 있으면 기분 좋아지는 그림들이 담긴 파일을 넣어도 좋습니다. 개인적인 사진(사랑하는 사람들의 사진)이나 잡지에서 오려낸 사진 또는 컴퓨터에서 프린트한 사진을 넣어도 됩니다. 기분 전환에 도움이 되는 음악 파일을 넣어도 좋습니다. 조각상, 보석, 봉제인형처럼 가슴 속 깊이 즐거움을 느끼게 해주는 작은 아이템을 넣어도 됩니다. 책도 좋습니다. 그림 그리기 용품이나 필기도구를 넣고는 원할 때 꺼내서 자신의 마음을 그림이나 글로 표현해도 좋습니다. 확언 목록을 보관하는 것도 좋은 방법입니다. 앞에서 소개했던 감사일기, 긍정일기 등을 넣어두고 기분을 전환하고 싶을 때마다 꺼내 봐도 좋습니다.

    기쁨상자 안에 당신의 에너지 진동 상태를 높일 수 있지만 상자에는 넣을 수 없는 활동을 적은 목록을 보관할 수도 있습니다. 예를 들면, 목욕, 마사지, 바캉스, 명상, 승마, 댄스 등이 있습니다. 목록을 살펴보고 그 중 하나를 골라서 시도해봅니다. 기쁨상자에 넣을 수 있는 품목은 제한이 없습니다. 부정적인 기분이 들 때면 그 즉시 긍정적인 생각으로 돌려 기쁨상자를 찾아 그 안을 살펴보고 기분을 전환한 후 에너지 진동을 바꾸어야 합니다. 여기까지가 힘든 부분입니다. 이제 떠올리는 긍정적인 생각은 더 많은 긍정적인 생각을 끌어당길 것이고, 기분도 점점 더 좋아질 것입니다. 이 때 취하는 행동은 부정적인 감정이 아닌 긍정적인 감정에서 비롯된 것이기 때문에 모두 긍정적인 행동이 될 것입니다.

기쁨과 빛의 시각화 명상

현재 당신은 자신이 무력하고 절망적이고 두렵고 슬픈 에너지 진동에 갇혀 있다고 생각할 때가 있을 것입니다. 이런 경우 자신의 에너지 진동을 평화, 진취적 자세, 기쁨의 수준으로 끌어올리기 위해서는 시각화 훈련을 꾸준히 해야 합니다. 기분을 전환시킬 수 있다면 어떤 시각화 방법이든 좋습니다. 지금 머릿속에 떠오르는 것이 없으면 다음의 시각화 방법을 따라 합니다.

아직 이 시각화 방법을 외우기 전이라면 다른 누군가에게 큰 소리로 읽어달라고 부탁하고 그의 목소리를 들으면서 따라 합니다. 아니면 자신의 목소리를 녹음한 것을 들으면서 따라 해도 좋습니다.

우선 안전하고 편안한 장소를 찾습니다. 자세를 바르게 하고 앉습니다. 심호흡을 몇 번 합니다. 숨을 들이마실 때는 폐를 완전히 채우는 듯한 느낌으로 들이마시고, 내쉴 때는 폐가 완전히 꺼진다는 느낌으로 내쉬세요. 평상시에 내쉴 땐 폐 아래에 남는 공기도 이번에는 다 빠져나가도록 하세요. 그런 다음 숨을 들이마실 때 편안하고 따뜻한 에너지가 들어와 온몸으로 퍼져나간다고 상상하세요. 그 에너지가 어두운 에너지, 긴장감, 불편함, 고통스런 감정 등 몸 안의 부정적인 에너지를 모조리 부숴버리는 모습을 상상하세요. 그리고 숨을 내쉴 때 그 부정적인 에너지가 밖으로 배출된다고 상상하세요. 부정적인 에너지가 호흡과 함께 떠나감을 느껴보세요. 호흡을 통해서 당신의 몸이 편안해지고 부드러워지고 정화되고 있음을 느껴보세요.

당신이 원하지 않는 것이 호흡을 통해 빠져나간다고 생각하세요. 호흡이 그들을 말끔히 씻어주면서 빈자리에는 안도감이 채워지는 상상을 하세요. 이제부터는 안전하고 평화로운 장소에 있는 자신의 모습을 상상하기 시작하세요. 이미 가본 곳이거나 앞으로 가보고 싶은 곳도 좋고, 잡지에서 봤던 장소도 좋습니다. 아니면 상상의 나래 속에 존재하는 장소라도 좋습니다. 실내여도 좋고 실외라도 좋습니다. 몸의 긴장을 풀면서 그 장소를 더욱 생생하게 상상하고 느껴봅니다. 자신이 진짜 그 곳에 있는 것처럼 느껴봅니다. 주변 환경을 구체적으로 상상합니다. 기분을 좋게 만드는 요소를 첨가해도 좋습니다. 동물을 생각해도 되고, 앉거나 누울 장소를 생각해도 됩니다. 좋아하는 음악을 넣어도 됩니다. 멜로디에 흠뻑 빠져보세요. 피부에 와 닿는 공기의 감촉을 느껴보세요. 그리고 그 느낌을 즐겨보세요. 그 느낌은 차갑거나 따뜻할 수도, 촉촉하거나 건조할 수도 있습니다.

그런 다음 오른쪽과 왼쪽을 둘러보세요. 보이는 것 모두를 마음속에 담아보세요. 주변 환경이 당신을 완전히 둘러싸는 모습을 상상하세요. 그곳의 냄새를 맡아봅니다. 코끝이 찌릿한 냄새가 나거나 아니면 순하면서 어딘지 모르게 익숙한 향기가 날 수도 있습니다. 뭔가 섞인 냄새가 날 수도 있습니다. 오븐에서 굽고 있는 음식의 냄새일수도, 바다의 짠 내음일 수도, 사랑하는 사람의 체취일 수도 있습니다. 오직 당신만이 이 장소에 올 수 있다는 사실을 기억하세요. 하루 중 어느 때라도 이곳에 올 수 있습니다. 이곳은 어느 누구도 방해할 수 없는 당신만을 위한 기쁨의 성역입니다.

이 사실을 깨달았다면 이곳에 대한 감사함으로 온몸을 채우세요. 당신은 이곳에 있는 모든 것에서 근원을 느낍니다. 발밑을 쳐다보니 치유의 에너지가 생겨나고 있습니다. 마치 마법과도 같습니다. 거기에는 하얗고 반짝거리는 액체로 된 빛이 모여 있습니다. 발을 들어 그 빛 속에서 흔들어봅니다. 그리고 감촉을 느껴봅니다. 따뜻하면서도 찌릿한 느낌이 전해옵니다. 빛의 진동이 온몸을 휘감습니다. 힘이 솟으면서 천상의 평화로운 기분이 전해집니다. 마치 살아있는 듯 눈부신 빛이 타오릅니다.

액체로 된 빛이 당신의 발목과 다리를 부드럽게 타고 올라오기 시작합니다. 빛은 춤을 추듯 점차 강렬해지면서 각 장기에 전해집니다. 당신은 서서히 기쁨과 경이로움에 차오릅니다. 빛은 당신의 모든 세포와 혈관, 뼈를 감쌉니다. 그리고 허벅지, 엉덩이, 배꼽까지 타고 올라와 환한 빛을 발산합니다. 그것이 비추는 모든 것은 신선한 아름다움과 기쁨으로 가득 찹니다. 빛은 배와 가슴까지 올라오면서 모든 장기를 골고루 마사지하며 스트레스를 해소시킵니다. 당신은 편안해지면서 마음이 열립니다. 빛은 심장에도 에너지를 공급하며 그곳에 쌓여있던 괴로움과 슬픔을 사라지게 합니다. 그런 다음 척추를 타고 빙글빙글 돌면서 모든 뼈 속으로 분산되어 당신의 일부가 됩니다. 당신의 목과 목구멍에서 환한 빛이 발산됩니다. 이제 당신은 당신이 말하는 것이 모두 전달되며 응답되고 있음을 알고 있습니다.

당신의 목은 이제 탁 뚫려서 모든 것을 자유롭게 표현할 수 있습니다. 빛은 얼굴과 머리까지 차오르며 얼굴에 있는 모든 근육을 부드럽게 이완시키고 눈 뒤의 공간을 채우고 눈동자 속으로 쏟아지면서 당신이 살면서 보았던 부정적인 이미지, 기분을 나쁘게 만들었던 이미지를 모두 씻어냅니다. 부드럽게 진동하는 빛은 당신의 머리와 생각을 누비면서 안 좋았던 기억을 깨끗이 비어냅니다. 당신은 그러한 기억들이 빛과 함께 떠나가도록 놓아줍니다. 실망, 슬픔, 고통, 분노도 이 빛과 함께 씻겨 내립니다. 이 모든 것이 빛과 함께 당신으로부터 떠나가게 하세요. 빛으로 인해 당신은 깨어나고 깨닫습니다.

이 빛을 막아설만한 강력한 장애물은 그 어디에도 없습니다. 햇빛이 비추면 녹아내리는 안개처럼 그 빛은 환한 따스함 속에서 모든 것을 녹아내리게 합니다. 그리고 당신 안에 항상 존재하고 요동치는 에너지를 드러내게 합니다. 그것은 당신의 목적이자 열정입니다. 당신은 그것을 온몸 구석구석에서 느낍니다. 그리고 당신의 생명력이자 우리 모두의 영원한 본성을 기억합니다. 마치 그것을 만질 수 있을 것만 같습니다. 그것은 이번 생애에서 당신이 겪은 모든 것을 일시적인 것으로 만듭니다.

그 순간 당신은 자신이 이번 생애를 초월하는 존재임을 다시 한 번 깨닫습니다. 당신이 자유롭다는 사실, 어떤 순간이라도 마음만 바꾸면 당신을 억누르고 있는 중압감에서 벗어날 수 있다는 사실을 온 마음으로 깨닫습니다. 당신은 호흡을 통해 기쁨과 빛을 받아들입니다. 당신은 기쁨과 빛으로 이루어졌습니다. 당신은 치유되고 있습니다. 그리고 자신의 위대함을 깨닫습니다.

이제 빛은 당신의 온몸으로 전해졌습니다. 그 빛은 당신이 가진 천상의 몸 전체로 퍼지고 있습니다. 찬란하게 넘실거리는 영롱한 백금빛이 당신에게서 뿜어져 나오는 것 같습니다. 당신의 무한한 생명력은 주변의 모든 것을 어루만집니다. 당신은 언제든지 이 빛을 불러낼 수 있고, 이곳을 방문할 수 있음을 마음 속 깊이 알고 있습니다.

그 빛을 온몸으로 느끼는 동안 당신은 완벽한 조화와 신성, 기쁨을 느끼고, 안전함을 경험합니다. 이제 그 빛이 당신과 늘 함께 한다는 사실을 알기에 그 빛을 느끼고 싶을 때마다 마음속에서 지금 앉아 있는 공간으로 들어오면 됩니다. 리듬에 맞춰 숨을 들이쉬고 내쉽니다. 깊은 조화로움, 치유의 에너지, 영원함, 기쁨을 방 안으로 가져옵니다. 그들은 당신 안에 함께 있습니다. 준비가 되었다고 느껴지면 눈을 뜨세요. 당신은 지금 여기에 있습니다.

부정적인 경험을 발판 삼아 긍정적으로 전환하기

긍정적인 에너지 진동을 찾기 위해 활용할 수 있는 또 다른 좋은 방법이 있습니다. 이것은 당신의 삶 속에 나타나는 부정적인 사건을 활용하여 긍정적인 에너지 진동을 찾는 방법입니다. 당신이 이 방법을 기억하고 집중할 수 있다면 당신이 가장 즐겨 하는 훈련법이 될 것입니다. 이 훈련법은 3단계 과정으로 되어 있습니다. 부정적인 감정이 드는 사건이 생기면 우선 종이를 준비하고 앉습니다. 종이 위에 1이라고 씁니다. 그런 다음 거기에다 어떤 일이 일어났는지, 그 때문에 지금 기분이 어떤지에 대해 한 단락을 적습니다. 그 밑에다 2라고 쓰고, 그런 상황과 기분으로 인해 당신이 인생에서 진정으로 원하게 된 것은 무엇인지에 대해 한 단락을 적습니다. 그 밑에 3이라 쓰고, 1에서 썼던 상황 때문에 안 좋았던 기분을 긍정적으로 전환할 수 있는 진술이나 확언을 씁니다. 많으면 많을수록 좋으며, 2에서 썼던 상황이 현실이 되었을 때의 기분과 가깝게 만들 수 있는 것이라면 무엇이든 좋습니다. 다음의 예를 참고합니다.

1. 나는 지금 독감에 걸려서 많이 아프다. 면역체계에 이상이 생긴 것 같아 독감이 빨리 나을 것 같지도 않다. 그래서 몸도 아프고, 기분도 엉망이고, 죄책감마저 든다. 우울하고, 절망적이고, 당황스럽고, 겁도 나고, 의욕도 없고, 병이 나을지 의심스럽고, 공포스럽고, 두렵고, 무기력하다.

2. 나는 어떤 질병과도 싸워 이길 수 있는 튼튼한 면역체계를 갖고 싶다. 주변 사람들은 그렇지 않을지라도 나는 완전히 건강해지고 싶다. 나는 놀라운 면역체계를 갖고 싶다. 내가 볼 수 없는 존재에 대해 두려움 없이 이 세상을 헤쳐 나가고 싶다. 나는 내 몸에 대해 좋은 기분을 느끼고 싶다. 나는 내 몸을 온전히 신뢰하고 싶다. 그리고 내 몸이 나를 위해 최선의 결정을 한다는 사실을 알고 있다.

3. 바이러스는 총체적인 부정성의 에너지 진동이 드러난 모습이다. 만약 근원이 그 즉시 내가 원하는 것이 된다면 근원은 자애로운 존재일 수밖에 없다. 그리고 내가 근원의 확장된 존재라면 나 또한 자애로운 존재일 수밖에 없다. 그런 이유로 나의 본질적인 자아와 육체가 나를 위해 최선의 결정을 한다는 사실을 믿는다. 그들에게 모든 걸 맡기면 그들이 나의 질병을 말끔히 제거해줄 것이다. 나는 내 몸을 믿는다. 구토를 하는 것은 내 몸에 이롭지 않은 모든 것을 없애는 것이다. 나의 질병뿐 아니라 오래된 습관도 없애는 것이다.

이들을 내 몸 밖으로 나오게 하는 것은 좋은 일이다. 왜냐하면 내가 건강할 때만이 다른 사람을 위해 일할 수 있기 때문이다. 나는 바이러스와 맞서 저항할 필요가 없다. 온전함과 건강이 어떤 싸움도 일으키지 않고 고귀한 승리를 거두었기 때문이다. 단순히 나의 근원이자 본질적인 자아가 됨으로써 말이다. 이 때문에 나는 자석에 이끌리듯 건강을 향해 끌어당겨진다. 내 몸은 원래부터 하도록 되어 있는 일을 할 것이다. 인간의 몸은 놀라운 기계와 같다. 내 몸은 살과 피로 만들어진 기계이며 마음에 의해 작동된다. 지금은 내가 내 몸과 긴밀한 관계를 맺으며 내 몸을 있는 그대로 아껴주고 소중하게 다룰 시간이다. 어떻게 내 몸과 그런 사랑이 충만한 관계를 맺을 수 있을까? 내 몸과 나 자신을 소중하게 다루려면 어떤 음식을 먹어야 할까? 내 몸을 사랑한다는 표현을 어떤 식으로 해야 할까? (이런 질문들은 자신에게 묻고 해답을 생각하고 그것을 실천해야 합니다.) 이 모든 것은 지나갈 것이다. 모든 것은 일시적인 것이다. 건강을 되찾을 수 있는 내 능력을 믿는다면 빠른 시일 내에 건강해질 수 있다. 이런 때가 아니면 내가 언제 느긋하게 영화를 보면서 시간을 보낼 수 있을까.

이 훈련법을 실천하는 과정에서, 당신은 부정적인 경험을 발판 삼아 인생을 설계할 수 있습니다. 당신은 이제 인생에서 원하는 바가 무엇인지 명확히 알게 되었고, 지금부터는 원하는 바와 반대되는 에너지 진동은 흘려보낼 것입니다. 그리고 빠른 시일 내에 소망을 이루게 될 것입니다. 세 번째 단계에서 당신이 활용하는 생각은 앞으로 습관적으로 하게 되는 생각이 될 것이며, 이러한 생각과 더불어 자기 자신과의 대화를 하면 할수록 현실을 지배할 능력을 키우게 될 것입니다.

긍정적인 에너지 진동을 추구하는 과정은 개인적인 여정입니다. 그러나 다른 사람들도 이 여정에 필요한 구성원으로 참여하게 됩니다. 왜냐하면 우주의 진실은 바로 하나됨에 있기 때문입니다. 따라서 당신은 다른 사람을 돕지 않고서는 결코 스스로를 도울 수 없습니다.

그 반대도 마찬가지입니다. 당신은 스스로를 돕지 않고서는 다른 사람을 도울 수 없습니다. 이런 이유에서 기쁨을 성취할 수 있는 가장 좋은 방법은 남에게 기쁨을 주는 것입니다. 다시 말해, 어떤 때든지 친절을 베풀어야 합니다. 친절은 사랑을 외부적으로 표현하는 행동입니다. 친절은 그 즉시 실천해도 좋고, 미리 계획을 세워도 좋습니다. 친절은 선물이나 봉사, 애정의 표현, 긍정적인 말, 헌신과 전념과 같이 다양한 형태를 띱니다. 친절한 행동을 어렵게 생각할 필요는 없습니다. 고속도로에서 다른 차를 앞에 끼어 들게 해주거나, 설거지를 돕거나, 누군가의 말을 잘 들어주는 것처럼 간단하게 실천할 수 있습니다.

기회가 생길 때 친절을 베푸는 것 말고도 친절한 행동들을 목록으로 적어서 부정적인 기분이 들 때마다 그 목록에서 한 가지를 선택해서 실천합니다. 그러면 기분 전환이 될 것입니다 '나만 늘 친절을 베풀고, 나를 위해 친절을 베푸는 사람은 없다'는 마음에서 나오는 행동이 아닌 이상에는 다른 사람 안에 행복을 심어줌으로써 당신의 행복도 꽃피우기 시작하는 것입니다. 그 결과 기분까지 전환됨을 느낄 수 있을 것입니다.

15장

이 손으로 당신을 돕게 해주세요
Let These Hands Be Your Hands
How to Contribute to Other People's Bliss

당신의 이름은 황혼이고
나의 이름은 새벽이다.
하나는 어떤 시작의 끝이고
다른 하나는 어떤 끝의 시작이다.
그 사이에 흐르는 낮의 빛이 희미하게 진실을 보여준다.
우리의 눈을 덮은 렌즈로는 보이지 않는 진실을.
그것은 바로 우리의 시작과 끝이 하나이고
우리는 함께 하지 않은 때가
단 한 순간도 없었다는 진실이다.
그러니 나의 손이 당신의 손이 되게 하라.
당신이 버려지면 그들도 버려진다.
당신이 피를 흘리면 그들도 피를 흘린다.
당신의 태양같이 빛나는 기쁨 속에 그들도 익어간다.
이제 그들이 가져간 것을 돌려주게 하라.
그들에게 남은 모든 것을 오늘부터 영원히 당신의 것이 되게 하라.

큰 **오늘부터** 당장 시작할 수 있는 좋은 실천법이 하나 있습니다. 필기도구를 준비한 후 차를 몰고 원하는 장소로 갑니다. 목적지에 도착하고 차를 세운 후 준비한 종이 위에 "당신은 매일 사랑받는 소중한 존재입니다."와 같은 긍정적인 확언을 씁니다. 주차된 차들 중에서 끌리는 차에게로 갑니다. 우주는 그 메시지가 필요한 사람의 차로 당신을 이끌 것입니다. 선택한 차의 앞 유리 와이퍼 밑에 익명으로 된 그 쪽지를 놓아둡니다. 현재 우리는 차량 앞 유리 밑에 놓여있을 것이라곤 광고 전단지나 주차위반 딱지 밖에 생각할 수 없는 사회에 살고 있습니다. 그 쪽지를 발견한 사람이 예치지 않게 느낄 행복을 상상해보세요. 이와 같은 간단한 일을 매일 한 번씩 실천한다면 어떨지 상상해보세요. 또한 당신 자신이 그러한 행복과 변화를 이끌어나가는 사람이라는 사실을 깨닫는다면 얼마나 기분이 좋을지 상상해보세요. 그것은 당신만의 행복과 변화가 아닙니다. 바로 세상의 행복과 변화입니다.

모든 것과 상호 의존하는 우주

우리가 이 물리적 차원에 들어온 목적은 다른 사람과 긴밀하게 연관된 우리의 현실을 경험하기 위해서입니다. 이것이 우리의 목적이기 때문에 우리는 자신의 진화를 위해 서로를 이용할 수 있습니다. 존재하는 모든 것의 진화는 그들의 본성이 긍정적이든 부정적이든 상관없이 서로가 상호작용한 결과입니다.

우리는 개인적인 관점에서 삶을 경험합니다. 그렇기 때문에 우리는 개인적인 관점 밖에 존재한다고 생각하는 모든 것과 자신이 분리되었다고 느낍니다. 분리라는 망상 속에서 자기의존과 독립성은 높이 평가 받는 특성이 되었으며, 모든 세대가 이런 특성을 따르려고 합니다. 하지만 물리적인 차원에서 자기의존은 망상입니다. 어떤 사람은 이렇게 말합니다. "나는 독립적인 사람이기 때문에 다른 사람의 도움 없이도 음식을 구할 수 있어. 배가 고프면 가게에 가서 먹을 것을 사면 돼." 이 시나리오에서 그 사람이 음식을 구하려면, 차(그 차를 만드는 데 필요한 모든 요소들), 차를 움직이는 데 필요한 기름, 차가 다니는 도로, 가게, 그 음식의 재료를 재배한 농부, 재료의 운반, 음식을 만든 사람, 음식을 살 돈이 필요합니다. 결론적으로 보면, 독립적인 행동으로 여겨졌던 음식의 구매 과정은 사실 구매자의 외부에 있는 많은 대상들에 의존하고 있습니다.

당신의 물리적 삶의 모든 측면은 당신이 어디에 집중하는가와 당신과 당신의 상위자아 및 근원과의 연결 상태와 관련이 있습니다. 따라서 당신의 풍요도 다른 사람에게 달려있지 않습니다. 하지만 풍요는 대개 다른 사람이란 경로를 통해 당신에게 옵니다. 당신의 눈으로 외부 세상에서 보는 모든 것은 근원이 외부로 표출된 모습입니다. 당신은 존재 자체를 근원에게 의존하고 있기 때문에 당신이 보는 모든 것과 상호의존하는 우주에서 살고 있는 것입니다. 우리는 행복을 외부에서 찾으면 안 됩니다. 왜냐하면 행복은 우리 안에 있기 때문입니다. 하지만 역설적으로 행복 중 많은 부분은 다른 사람이라는 물리적 형태를 통해서 우리에게 찾아옵니다. 우리는 다른 사람들과 친근한 관계를 맺길 원합니다. 이러한 관계 속에서 우리는 다른 사람에 대해 사랑을 느낍니다. 그리고 우리의 고유한 물리적 형태의 근본으로 존재하는 하나됨의 진실에 눈을 뜰 때, 다른 사람에 대한 사랑은 다른 모든 것에 대한 사랑으로 변합니다. 이 순간이 되면 우리는 자신의 삶뿐만 아니라 다른 사람의 삶에서도 행복을 창조하고 싶은 마음이 생깁니다.

우선, 당신은 당신이 존재함으로써 다른 사람을 돕고 있다는 사실을 알아야 합니다. 당신이 맡은 역할이 무엇이든 당신은 다른 모든 사람의 현실을 창조하는 데 일조하고 있다는 사실에서 벗어날 수 없습니다. 만약 어떤 사람이 다른 사람의 인생에서 부정적인 역할을 맡고 있다면 전자는 후자가 자신이 어떤 것을 싫어하는지 확실히 깨달아 자신이 되고 싶고, 가지고 싶고, 하고 싶은 것이 무엇인지 알고 창조할 수 있도록 3차원적 비교대상으로서 존재하는 것입니다. 이 과정의 결과로 진화가 나타납니다. 사실 우리 삶에서 가장 위대한 것들을 창조할 수 있는 촉매제가 되는 것은 우리 인생에서 최악으로 보여지는 사람들입니다. 어떤 사람이 다른 사람의 인생에서 긍정적인 역할을 맡고 있다면 전자는 후자가 자신이 되고 싶고, 가지고 싶고, 하고 싶은 긍정적인 것이 무엇인지 알고 창조할 수 있도록 도와주는 3차원적 본보기로서 존재하는 것입니다. 당신이 다른 사람들의 삶에서 맡고 있는 이러한 영구적이고 유익한 역할은 절대 버릴 수 없지만 비교대상으로서 부정적인 역할을 맡을 것인지, 본보기로서 긍정적인 역할을 맡을 것인지는 당신의 선택에 달려있습니다.

이 우주 안의 모든 물질(모두 잠재적 에너지에서 시작됩니다)은 두 가지의 자기모순적 측면을 담고 있습니다. 하나는 그것의 존재이고, 다른 하나는 그것의 부재입니다. 어둠은 빛이 없을 때 생기는 것처럼, 부정은 긍정이 없을 때 생깁니다. 당신은 어떤 순간이라도 어떤 한 쪽에 집중하여 그것의 정확한 본질을 당신 삶 속으로 끌어올 수 있습니다. 예컨대, 당신은 누군가가 완전히 건강한 모습에 집중(현실은 그렇지 않더라도)하거나 아니면 건강하지 못한 모습에 집중할 수 있습니다.

인간의 삶은 이 두 가지 측면을 모두 담고 있습니다. 즉 우리가 원하는 바가 이루어진 모습이거나 이루어지지 않은 모습입니다. 다른 모든 것에도 그렇듯이 우리는 이 두 가지 측면 중 어떤 것에 집중할지 선택할 수 있습니다. 또한 당신이 다른 사람의 인생에서 어떤 측면에 집중하는지에 따라 그 사람이 원하는 바를 이루도록 도와줄 수 있습니다. 어떤 사람의 현재 모습은 그 사람의 전체상이 아니라 일부분일 뿐입니다. 당신은 누군가의 부정성에 집중할 수도 있습니다. 이를 테면, 그 사람이 원하는 상황이 아닌 상태, 당신이 원하는 위치에 그 사람이 있지 않은 모습, 그 사람이 기쁘지 않은 모습, 건강하지 않은 모습, 성공하지 않은 모습, 그리고 이러한 부정적인 상황으로 인한 그 사람의 행동에 집중할 수 있습니다. 반대로 그 사람의 현재 상황 중에서 긍정적인 측면에 집중할 수도 있습니다. 즉 그 사람이 원하는 상황에 있는 모습, 당신이 원하는 상황에 그 사람이 있는 모습, 그 사람이 기뻐하는 모습과 건강한 모습, 성공한 모습, 그리고 원하는 모든 것을 가졌을 때 그 사람이 취할만한 행동에 집중할 수 있습니다.

다른 사람들을 위해 해줄 수 있는 최고의 방법

다른 사람들을 위해 당신이 해줄 수 있는 최고의 방법 중 하나는 부정적인 측면(긍정적인 요소가 없을 때의 모습)에 집중하는 것을 그만두고, 대신 긍정적인 측면(긍정적인 요소가 있을 때의 모습)에 집중하는 것입니다. 당신이 그들에 대해 좋아하는 점과 그들이 가진 능력을 그들에게 말해주세요. 그들이 가진 장점과 선한 마음, 사랑을 일깨워줘도 좋습니다. 이렇게 할 때 당신은 그들의 본성을 보여주는 것입니다. 또한 그들이 가진 문제점이 아닌 해결책을 보여주는 것입니다. 당신이 집중하는 것은 당신의 소망이기 때문에(당신이 어떤 것을 원하는 순간 당신의 상위자아는 에너지 진동 면에서 이미 그것이 됩니다) 끌어당김의 법칙이 작용하여 우주는 자석처럼 그들을 당신의 소망 쪽으로 끌어당겨줄 것입니다. 그리고 당신은 그들을 위한 당신의 소망이 이루어질 수 있도록 그들을 돕게 될 것입니다.

당신은 다른 사람들의 삶에서 긍정적인 요소의 부재함에 집중하면서 좋은 기분을 느낄 수는 없습니다. 이는 당신의 상위자아가 동의하는 관점이 아니기 때문입니다. 이렇게 할 때 당신은 상위자아와 에너지 진동 면에서 일치할 수 없습니다. 그리고 당신이 상위자아와 공명하지 않을 땐 부정적인 감정을 경험하게 됩니다. 반대로 당신이 긍정적인 기분에 있고 당신의 상위자아와 완전한 공명을 이룬다면 이 우주의 법칙에 따라 당신은 부정적인 것들과 어울릴 수 없습니다. 이 말은 당신은 사람들의 긍정적인 특성과 소망과 에너지 진동 면에서 일치할 수밖에 없다는 뜻입니다. 당신은 그들의 긍정적인 특성 및 소망과 에너지 진동 면에서 일치할 때만이 그들을 도울 수 있습니다. 그렇지 않으면 도울 수 없을 뿐만 아니라 그들의 부정성(그들의 삶에 긍정적인 측면이 없는 것)의 에너지 진동을 강화하게 됩니다.

당신이 기쁨에 가득 차 있을 땐(근원과 공명을 이루고 있을 때) 다른 사람들의 부정성과 일치할 수 없습니다. 이 순간은 오직 그들의 긍정성과 일치할 수 있습니다. 이 말은 당신의 긍정적인 에너지 진동과 공명을 이루지 않는 사람들은 당신의 경험 밖으로 쉽게 빠져나가게 될 것이라는 뜻입니다.

당신은 누군가와 에너지 진동 면에서 일치할 때만 당신의 현실을 그 사람과 공유할 수 있습니다. 즉 당신이 다른 사람들의 긍정적인 기분이나 긍정적인 소망과 공명을 이룰 때만 즐거운 마음으로 그들을 도울 수 있다는 뜻입니다. 이런 이유로 다른 사람을 위해 당신이 해줄 수 있는 가장 중요한 일은 스스로 기쁨을 찾는 일(당신의 상위자아 및 근원과 공명을 이루는 일)입니다. 만약에 자기 자신에게 중심이 맞춰져 있지 않으면 당신은 다른 사람에게 어떤 것도 해 줄 수 없습니다. 자신에게 중심을 맞추면 모든 것도 이에 따라 맞춰지게 됩니다. 끌어당김의 법칙이 이 모든 것을 조율할 것입니다. 당신은 당신이 도울 수 있는 사람에게 다가가게 될 것입니다. 자신도 모르게 그렇게 하게 될 수도 있습니다. 그것이 전혀 힘들게 느껴지지도 않을 것입니다. 오히려 기쁨으로 충만해짐을 느낄 수 있을 것입니다. 기분이 좋은 나머지 돕는다는 느낌도 들지 않을 것입니다. 다른 사람을 위해서가 아니라 자신을 위해 한 일처럼 느껴질 것입니다. 기분이 좋아지기 위해 다른 사람에게 감사의 말을 들을 필요도 없을 것입니다. 당신은 이제 문제점이 아닌 오직 해결책과 에너지 진동 면에서 일치하게 될 것입니다.

사실 다른 사람들을 돕는 최고의 방법은 당신이 그들을 도울 수 없다는 사실을 깨닫는 것입니다. 당신은 그 어떤 것도 다른 사람에게 부과할 수 없습니다. 도움도 마찬가지입니다. 오직 그 사람이 받을 수 있는 상태가 되어야 다른 사람의 도움을 받을 수 있습니다. 그는 자신이 원하는 게 없는 상태가 아닌 그것이 있는 상태에 집중할 때 도움을 받을 수 있습니다. 당신이 실제로 할 수 있는 일은 자신의 기쁨을 찾는 일이고, 그 상태(이 상태에서 당신은 다른 사람들의 소망과 에너지 진동 면에서 일치됩니다)에서 도움을 받아들일 마음의 준비가 된 사람만이 당신을 통해 도움을 받습니다. 이것이 바로 이제껏 존재했고, 지금도 존재하는 유일한 도움의 방식입니다.

당신이 만약 "선함(goodness)"을 노력과 희생이 필요한 도움의 형태라고 정의한다면 위에서 언급한 진실에 실망을 느낄 수 있습니다. 이기적이라는 느낌도 들 수 있습니다. 하지만 이 물리적 차원은 우리의 개인적인 관점에서 경험하게 되어 있습니다. 도움을 포함해서 어떤 것도 남에게 부과될 수 없습니다. 이 우주의 진정한 본성은 영원한 하나됨입니다. 다른 사람들을 돕고 치유하고 행복을 전할 수 있는 최선의 방법은 존재하는 모든 것의 중심인 바로 자기 자신을 돕고 치유하고 행복하게 만드는 것입니다. 이 지구상에서 당신의 임무는 외부에 있는 다른 사람들을 고쳐주거나 변화시키는 것이 아닙니다. 이 우주는 유한함이 아닌 무한함입니다. 이 말은 당신이 가난해져야 누군가를 부자로 만들 수 있는 것이 아니라는 뜻입니다. 또한 당신이 고통을 겪어야 누군가를 행복하게 만들 수 있는 것이 아니라는 뜻입니다. 당신이 해야 할 일은 당신 안의 것을 변화시키고, 그 결과로 다른 사람들과 세상이 변화는 모습을 지켜보는 일입니다. 당신이 당신의 상위자아와 공명이 이루어지는 공간에 있다면 기회가 왔을 때 누군가에게 도움을 주고 싶은 마음이 강하게 들 것입니다. 그렇다고 남을 돕는 일이 결코 당신의 의무는 아닙니다.

항상 근원과 연결되어 있습니다

우리가 존재하는 이유는 근원이 계속해서 우리의 존재에 집중하기 때문입니다. 만약 근원의 의식적인 관심이 우리로부터 떠나간다면 우리는 물리적으로 존재할 수 없습니다. 물리적 차원은 존재나 비(非)존재로 나눠지는 단위가 아닙니다. 이런 단위는 혼자이거나 버림받은 상태를 의미합니다. 누군가가 자신의 상태를 아무리 비참하다고 생각할지라도 그 사람은 항상 근원과 연결되어 있습니다. 근원과의 연결을 허용하든 그렇지 않든 마찬가지입니다. 근원은 결코 우리를 저버리지 않습니다. 근원은 모든 사람을 그들이 원하는 소망 쪽으로 끌어당깁니다. 또한 모든 사람의 소망을 그들에게 끌어당겨 줍니다. 예외는 없습니다. 그 사람이 그러한 끌어당김을 반대하거나 감정의 나침반을 평생 무시한다 해도 마찬가지입니다. 그러한 끌어당김은 결코 멈추지 않습니다. 이는 그 사람과 근원과의 관계가 결코 멈추는 일이 없기 때문에 그렇습니다. 그 사람은 자신의 소망을 허용하는 순간 소망이 실현됨을 경험하게 됩니다. 풍요는 다양한 형태로 끊임없이 실현되고 있습니다. 어떤 사람은 수십억 원짜리 대저

택을 가지게 되고, 또 어떤 사람은 길가 쓰레기통에서 반쯤 먹다 버린 샌드위치를 발견하게 됩니다.

우리는 우리의 인생관을 다른 사람들에게 강요할 때 우리와 그들 사이에 문제가 생깁니다. 대부분의 사람들은 길에서 생활하는 노숙자들을 보면 측은한 마음과 같은 강력한 부정적인 감정이 생겨납니다. 이러한 부정적인 감정은 사실 노숙자가 현재 처한 상태와 그가 원하는 상태가 불일치하기 때문에 생겨난 것이 아닙니다. 사실은 노숙자가 현재 처한 상태와 우리가 원하는 노숙자의 상태가 불일치하기 때문에 생겨난 것입니다. 노숙자들에 대해 느끼는 측은한 감정은 그들이 소망하는 것이 아닙니다. 그것은 우리가 소망하는 것을 나타냅니다. 누군가가 기쁨을 얻을 수 있도록 진정으로 돕는다는 말은 그가 자신이 원하는 바와 공명을 이룰 수 있도록 돕는다는 뜻입니다. 그가 원하는 바를 당신이 원하게 될 때 끌어당김의 법칙은 두 배로 강력하게 작용할 것입니다.

어떤 사람이 아직 소망하지 않는 것을 우리가 그 사람을 위해 소망하는 것은 괜찮습니다. 하지만 이것은 단지 그 사람을 향한 당신의 소망일뿐입니다. 이것은 우리의 개인적인 의견으로서 우리로 하여금 그에 대해 안타까운 감정을 느끼게 합니다. 우리는 다른 사람이 고통 받는 모습을 보고 그를 위해 우리가 원하는 것이 무엇인지 알게 됩니다. 이제 우리가 할 수 있는 최선의 방법은 그 사람을 위한 우리의 소망과 공명을 이루는 것입니다. 그러한 공명이 이루어진 순간 우리는 영감을 받아 그 사람을 위한 우리의 소망과 일치하는 행동을 하게 될 것입니다.

그런데 우리는 그들의 고통에만 몰입한 나머지 세상에 대한 우리의 잘못된 피해의식만 정당화시키는 경우가 많습니다. 우리는 그들이 부정적인 상황에서 벗어날 수 있다는 가능성을 보지 못합니다. 또한 누구나 부정적인 상황 속으로 선택해서 들어갈 수 있다는 사실을 믿지 못합니다. 우리는 그들이 이 물리적 세상에 들어온 이상 의도적이든 아니든 그들 스스로 삶을 창조해간다는 사실을 믿지 못합니다. 그리고 그들이 가능하다고 생각하는 것이 우리가 가능하다고 생각하는 것과 다르다는 점을 보지 못합니다. 그래서 그들이 느끼는 현재 삶과 원하는 삶의 괴리감은 그들보다 우리에게 훨씬 더 크게 느껴집니다. 결국 우리는 인생이 불공평하고 통제 불가능한 사건이 아무 때나 여기저기서 터질 수 있다고 생각하게 됩니다.

인생의 목적이나 그 안에서의 우리 역할을 이해하지 못한다면 위와 같은 결론을 내리기 쉽습니다. 그러나 이는 결코 보편적인 진실이 아닙니다. 이러한 잘못된 관점에서는 우리의 상위자아와 공명을 이룰 수 없습니다. 또한 기쁨도 느낄 수 없습니다. 이렇게 상위자아와 분리된 상태에서 다른 사람에게 주는 도움은 근원이 줄 수 있는 도움과는 비교가 될 수 없습니다. 근원이 도움을 주고자 할 때 당신은 누군가에게 도움을 주고 싶다는 영감을 받게 됩니다. 이러한 근원과의 끊을 수 없는 연결 속에서 다른 사람들을 신뢰하는 방법을 찾는 것이 최선입니다. 당신은 이해라는 귀중한 선물을 통해 그들에게 도움을 줄 수 있습니다.

다른 사람을 이해한다는 것은 그들이 현재 상태에 저항하는 것을 흘려보낼 수 있도록 돕는 것입니다. 당신이 그들을 이해할 때 그들은 자신의 현재 상태에 집중하지 않는 대신 원하는 상태에 집중하려는 마음이 강하게 생깁니다. 마찬가지로 다른 사람들에 대해 이해하고 아는 것도 중요합니다. 이는 우리가 그들의 현재 상태 및 생각에 저항하는 것을 흘려보내 데 도움이 되기 때문입니다. 그들을 이해함으로써 우리는 그들을 위해 우리가 원하는 바에 집중할 수 있습니다. 우리는 그들을 믿어야 합니다. 우리가 우리의 상위자아와 공명을 이룰 수 있다면(그래서 기쁨을 찾을 수 있다면) 다른 사람들도 그들만의 방법을 찾을 수 있다는 사실을 믿어야 합니다. 그들도 그들이 필요한 도움을 얻을 수 있다는 사실을 믿어야 합니다. 당신이 바로 그들이 필요한 도움이라면 그들을 돕는 일이 부담스럽지 않고 기분 좋게 느껴질 것입니다. 다른 사람들도 그들 나름대로의 해결책이 있고(그들은 그렇다고 생각하지 않을지라도), 그 해결책이 그들에게 끌어당겨져 올 것이라는 사실을 믿으세요. 그들이 어떤 상황에 있든 원하는 바를 실현할 수 있고, 물리적으로 정신적으로 기쁨을 실현할 수 있다는 사실을 믿으세요. 어떤 사람들은 그들의 상위자아와 너무나 반대되는 상태에 있어서 인생을 재창조하기도 전에 완전히 나락으로 떨어지는 경우도 있습니다. 그 중 일부는 죽기도 합니다. 불필요한 상황이기는 하지만 실제로 그렇습니다. 그러나 근원에 의해 버림받는 사람은 아무도 없다는 사실을 믿으세요. 모든 사람은 자신이 원하는 것과 기쁨을 향해 계속해서 끌어당겨지고 있습니다. 다른 사람을 돕는 것은 결코 당신의 책임이 아닙니다. 하지만 당신에겐 그들을 도울 수 있는 능력이 있을 수도 있습니다.

이기심과 이타심에 대한 잘못된 개념

수세기 동안 기쁨의 개념을 두고 문화 간, 교육자들 간에 논쟁이 있어 왔습니다. 한쪽은 사심 없는 마음(selflessness, 이타심)을 통해, 다른 한 쪽은 자기중심적 태도(self-centeredness)를 통해 기쁨을 추구하는 방식을 지향했습니다. 겉으로 보기엔 서로 상충되는 철학의 갈등에 집중한 나머지 우리는 이 두 가지 속에 흐르는 숨겨진 진실을 보지 못했습니다.

자아지향적 교육자들이 지지하는 자기중심적 태도는 이타심에 초점을 두는 교육자들이 지지하는 친절한 행동과 갈등을 일으키지 않습니다. 이 두 가지 철학적 관점이 반대적으로 보이는 까닭은 그들이 쓰는 언어가 다르고, 똑같은 진실을 다른 각도에서 보기 때문입니다. 우리 사회에서 이기심(selfishness)은 일반적으로 욕심 많고, 동정심이 없으며, 나르시시즘적인 성향이 강한 동기를 뜻하는데, 이는 근원과 일치되는 관점이 아닙니다. 그렇기 때문에 근원과 일치되지 않는 관점은 그 사람 안에서 불화를 일으키고 고통을 가져다줍니다. 반대로 자기중심적 태도는 자신의 이익(간접적인 이익을 포함해)을 위해 행동하는 것을 말하는데, 이는 근원과 일치되는 관점입니다. 당신은 자신의 이익을 위해서 행동하지 않고서는 다른 모든 것의 이익을 위해 행동할 수 없습니다.

모든 사람들은 본질적으로 자기 자신에 초점을 맞춥니다. 왜냐하면 사람은 자신의 고유한 관점에 근거하여 경험하고 소망하고 가치관을 형성하기 때문입니다. 그런 다음 그들은 자신의 소망과 가치관을 충족하기 위해 결정을 내립니다. 지금 하고 있는 모든 일과 이제껏 해왔던 모든 일은 그 사람이 그 일을 하면 기분이 더 좋아질 것이라고 확신했기 때문에 하고 있고 했던 것입니다. 자신을 최고로 생각하는 것은 결코 나르시시즘, 욕심, 동정심의 부족이 아닙니다. 이러한 특성은 근원과의 고통스러운 부조화로 인해 생겨난 것입니다. 모든 사람은 자신의 이익을 생각합니다. 물리적 삶은 우리를 그렇게 하도록 만들었습니다. 이런 측면에서 여러 문화와 교육자들이 옹호하는 자기중심적 태도는 "이기적"라는 말과 같은 뜻이 아닙니다.

일반적으로 말해서, 이타심을 지향하는 대부분의 문화와 교육자들은 "사심이 없다(selfless)"라는 표현 대신 "친절"이나 "연민"이란 표현을 써야 합니다. 왜냐하면 사심이 없는 사람들은 자신의 관점에서 삶을 경험하지 못하고, 어떤 소망이나 가치관도 갖지 못하며, 자신의 관점이나 소망에서 비롯된 행동을 취하지 못하기 때문입니다. 이는 불가능한 일이자 물리적 존재 이유를 완전히 부정하는 것입니다. 이타심을 옹호하는 문화가 어떤 사람을 "사심이 없다"고 표현할 때 그 사람은 다른 사람들의 기쁨에 집중하게 만드는 연민의 관점과 소망, 가치관을 가지고 있다는 뜻입니다. 이 정의에 따르면, 사심이 없는 사람은 다른 사람의 행복이 자신의 행복까지 끌어당겨온다는 사실을 깨달은 사람입니다. 하나됨을 인정할 때 다른 사람들을 불행하게 만들면서 자신을 행복하게 만들 수 있는 방법은 없습니다. 같은 맥락으로 다른 사람들에게 기쁨을 전할 때 당신에게도 기쁨이 찾아옵니다.

지금 쓰이고 있는 용례와는 달리 사심이 없는 기쁨(selfless bliss)은 자신과 자신의 이익을 생각하지 않고 행동하는 사람들이 아닌 친절과 연민의 감정에서 우러나와 행동하는 사람들의 모습을 가리킵니다. 그러므로 사실 이기심과 이타심은 서로 완전히 화합할 수 있는 개념입니다. 이기심은 자신에 초점을 맞춘 것이고, 이타심은 친절을 의미하기 때문입니다. 둘 다 기쁨에 없어서는 안 될 요소입니다. 자기 본위적인 마음은 친절과 화합할 수 있는 감정입니다. 다른 사람들이 기분이 좋을 때 우리의 기분도 좋아집니다. 다른 사람들의 기분이 나쁠 땐 우리의 기분도 나빠집니다. 우리는 다른 사람들을 돕고 그들을 행복하게 만들 때 즐거움과 만족감을 느낍니다. 당신은 당신의 상위자아와 일치될 때, 그리고 자신의 기쁨을 추구할 때 다른 사람들에게도 가장 큰 도움이 될 수 있습니다. 그 이유는 이 우주의 진실한 본성은 영원한 하나됨이기 때문입니다.

창조된 모든 것은 사랑으로부터

우리의 현실 안에 있는 다른 사람들을 논할 때면 다소 복잡한 주제가 하나 나옵니다. 그것은 바로 사랑입니다. 많은 문화들은 다양한 형태의 사랑과 관련해 다양한 표현을 씁니다. 영어에서 사랑이란 단어는 너무나 많은 경험들을 언급하고 있기에 머리가 어지러울 정도입니다. 감정상태, 사고방식, 즐거움, 그리고 로맨틱한 사랑에서부터 성적인 사랑, 플라토닉 사랑에 이르기까지 강한 애정을 의미합니다. 다양한 정의와 복잡한 감정의 상태를 한 가지 용어로 쓰는 관습 때문에 오늘날 대부분의 사람들이 사랑이란 개념에 대해 혼동을 겪고 있습니다. 이런 이유에서 우주가 사랑을 보는 방식을 소개하는 것은 당신에게 도움이 될 것입니다. 사랑은 머리로 아는 개념이기보다는 감정의 공간입니다. 따라서 지식이 아닌 경험입니다. 그렇기 때문에 사랑은 설명하기 참으로 어렵습니다.

당신의 초월적이고 영원한 자아인 근원에게 사랑은 단지 감정이나 미덕이 아닙니다. 사랑은 모든 물리적 존재와 비물리적 존재의 근본입니다. 창조된 모든 것은 사랑으로부터 나왔습니다. 사랑은 전체가 완벽하게 하나됨을 느낄 수 있는 심오한 감정의 공간입니다. 근원은 하나됨의 현실에서 존재하기 때문에 항상 조건 없는 사랑의 상태에 있습니다. 그러나 우리는 근원에서 분리된 3차원의 현실에서 존재하기 때문에 조건 없는 사랑이 감정의 공간으로 느껴집니다. 또한 우리가 가져야 할 사고방식이며, 우리가 내리는 결정의 토대가 되어야 하며, 가장 중요하게는 개발해야 할 기술로 보여집니다. 사랑은 우리 자신과 다른 사람들을 위해 우리 안에 존재하거나 존재하지 않는 무언가가 아닙니다. 사랑은 우리가 배워서 실천해야 하는 것입니다.

조건 없는 사랑은 평생 행해야 합니다. 조건 없는 사랑은 가치의 범위 밖에서 경험될 수 있는 것이 아닙니다. 당신이 아직도 다른 사람이 하는 말이나 행동, 그 사람의 재능, 성별, 적성, 단점과 같은 외적인 요인에 기반을 두고 자신과 다른 사람의 가치를 평가한다면 그것은 조건적인 사랑을 실천하는 것입니다. 조건 없는 사랑은 당신의 가치와 다른 사람들의 가치의 진정한 본질을 보는 것입니다. 다른 사람들을 조건 없이 사랑한다는 것은 그들의 외적인 요인(그들이 이번 생애를 떠나면서 남기는 것)과는 아무런 관련이 없다는 점과 모든 사람의 본질은 같다는 점을 알고, 이번 생애에서 그들과 당신을 차별화하는 어떤 조건에도 상관없이 변함없고 영원한 하나됨의 감정을 경험하는 것입니다. 사실 사랑은 영적인 의식의 형태라고 말할 수 있습니다.

조건적인 사랑을 의도적으로 행하려는 사람은 이 지구상에 단 한 명도 없습니다. 그러나 대부분의 사람들은 자신도 모르게 조건적인 사랑을 하고 있습니다. 그들은 사랑을 실천하는 다른 방법을 모릅니다. 왜냐하면 그들이 배운 것이 바로 이러한 종류의 사랑이고(사람들은 주로 본을 보고 배웁니다), 그들 대부분은 자신의 영원하고 비물리적이며 진정한 본성을 잊어버렸기 때문입니다. 당신이 자신이나 다른 사람에 대해 싫어하는 점에 집중하여 기분이 나빠질 때면 당신은 그것을 변명 삼아 근원을 허용하지 않는 것이고, 그럼으로써 사랑이 삶 속으로 자연스럽게 흘러 들어오는 것을 막고 있는 것입니다. 그 순간 당신은 당신의 사랑이 외부적인 요소(당신이 사랑을 느끼기도 전에 변해버리는)에 좌우된다고 말하고 있는 것입니다. 이는 결코 사실이 아닙니다. 당신 자신과의 관계에서 사랑보다 중요한 부분은 없습니다. 고통도 다른 사람 때문에 생기는 것이 아닙니다. 고통은 항상 당신 자신과의 관계에서 생겨납니다. 당신은 자신과 가지는 내적인 관계와 에너지 진동 면에서 정확히 일치하는 외적인 관계만을 가질 수 있습니다.

당신이 스스로에게 던져야 할 질문은 "나는 나에게 조건 없는 사랑을 실천하고 있는가?"입니다. 당신이 자신에게 조건 없는 사랑을 느끼지 못한다면 비참한 기분을 느끼게 됩니다. 왜냐하면 무조건적인 사랑은 당신의 상위자아와 공유하는 의견이 아니기 때문입니다. 결국 당신은 자신과 에너지 진동 면에서 극도의 부조화를 느끼게 됩니다. 그러므로 조건 없는 사랑을 실천하려면 현실에서 존재하는 모든 것의 진원지인 당신에서부터 시작해야 합니다. 바로 그곳에서부터 시작한 당신의 조건 없는 사랑의 본성은 당신 삶에 존재하는 다른 모든 것에도 반영됩니다. 자기사랑이 채워지지 않은 공간에 그것을 대신해 채울 수 있는 것은 그 어떤 것도 없습니다. 자기사랑이 부족한 사람은 결코 다른 사람을 진실로 사랑할 수 없습니다. 사랑을 얻기 위해서는 사랑을 주어야 합니다. 그리고 자신에게 사랑을 주지 않으면 다른 사람에게도 사랑을 줄 수 없습니다.

자신을 조건 없이 사랑하기

당신이 사랑을 필요로 하지 않는 순간에야 누군가로부터 사랑을 받을 수 있습니다. 당신은 이미 자신 안에서 사랑을 얻었기에 사랑이 부족해서 구하게 되는 경험을 더 이상 하지 않기 때문입니다. 이 말이 이상하게 들릴 수는 있으나 이것이 바로 우주가 작동하는 원리입니다. 당신은 무언가를 필요로 할 때는 그것을 구할 수 없습니다. 무언가를 필요로 하는 상태는 무언가가 없다는 상태와 에너지 진동이 일치하기 때문입니다. 따라서 무언가를 필요로 하면 그것과 에너지 진동 면에서 일치하는 무언가가 없는 상태만 계속해서 존재합니다. 그러므로 당신이 원하는 것이 무엇이든 그것을 얻으려면 그것을 이미 가졌다는 상태(그렇게 생각하도록 훈련해서)와 에너지 진동 면에서 일치하는 길뿐입니다.

　조건 없는 사랑을 실천하는 길은 조건 없는 자기사랑이 어떤 모습일지, 또 어떤 느낌일지 스스로에게 묻고, 당신의 삶 속에서 오로지 그것에만 집중하는 것입니다. 자신에 대해 좋아하는 점에 관심을 집중하세요. 당신의 진실한 본성을 느껴보세요. 당신의 삶에서 선택한 어떤 외부적인 조건에 대해서도 자신을 비난하지 마세요. 당신이 일시적인 지금 이 순간에 자기사랑의 부재를 경험하고 있다 해도 결코 자신을 비난하지 마세요.

　그 동안 자기사랑이 없는 삶에 익숙해져 온 만큼 자기사랑을 훈련하는 데에도 상당히 많은 시간이 걸릴 수도 있습니다. 하지만 시간이 얼마나 걸리는지는 중요하지 않습니다. 중요한 점은 기분이 안 좋아지는 자신의 면모가 아닌 기분이 좋아지는 자신의 면모로 관심을 돌리고 있다는 사실입니다. 당신이 오랫동안 자기사랑을 하지 않았다면, 단순히 관심을 돌리는 이렇게 간단한 훈련이 조건 없이 자신을 사랑하는 힘든 일과는 전혀 다른 것으로 보일 수 있습니다. 실제로 사람들은 오랫동안 자기사랑을 실천하지 못하고 있습니다. 그 이유는 자기사랑을 지나치게 어렵게 생각하고 있으며, 순간적으로 한 생각(의도적으로 한 생각이 아닌)을 언제라도 바꿀 수 있는 능력이 자신 안에 있다는 사실을 깨닫지 못하기 때문입니다. 그 능력을 깨닫고 긍정적인 생각으로 선회할 때 그 생각과 에너지 진동 면에서 일치하는 행동은 곧이어 쉽고 자연스럽게 뒤따라 나올 것입니다. 자기사랑과 에너지 진동 면에서 일치하는 친절한 생각을 실천하는 것은 당신의 가치를 충분히 경험하는 데 도움이 됩니다. 진정한 친절은 사랑이 3차원에서 드러난 모습이기 때문입니다. 그리고 당신이 자신에게 사랑을 보이기 시작하는 순간 그것은 당신의 경험 속에 존재하는 모든 사람들에게도 전달될 것입니다.

16장

당신의 진실, 당신의 삶
Your Truth, Your Life

당신은 삶을 가질 수도 없다.

당신은 삶을 잃을 수도 없다.

당신이 곧 삶이기 때문이다.

당신의 눈물로 찬란하게 빛나는

진화의 결과를 지켜보라.

당신의 미소는 기쁨에 이르는 문이며,

그 문은 위풍당당한 대성당의 종소리와 같은

당신의 웃음소리로 활짝 열린다.

종소리는 한결 같은 숨결 속에서 영원히 울린다.

두려움을 내려놓고 영광의 찬송을 부르라.

그리고 이제 당신이 원하는 존재가 될 준비를 하라.

우리는 거대한 변화의 시대에 있습니다. 재각성의 시대 또는 뉴에이지(new age)라고 불리는 지금의 시대에서 우리는 순응하기를 곧 멈추게 될 것입니다. 우리는 출생에서 죽음까지 지극히 일시적이고 개인적인 주기를 초월해 하나됨의 진실과 신성한 목적을 다시 깨닫고 있습니다. 우리의 교육체계, 사법체계, 정부, 사회는 지금의 방식을 유지할 수 없을 것입니다. 그것들은 변할 것입니다. 왜냐하면 우리의 물리적 삶의 목적이 진화이기 때문입니다.

진화는 모든 사람이 동의하는 한 가지 생각이나 일련의 규범에서 나오는 것이 아닙니다. 우리도 그것을 원하지 않기는 마찬가지입니다. 그런 망상은 단지 불안감에서 나오는 것입니다. 지금 이 시대에서 가장 필요한 것은 "유연성(flexibility)"입니다. 그런데 오늘날 사회가 추구하는 목적이자 도약의 발판인 "순응성(conformity)"은 보편적인 진실인 "하나됨"과는 완전히 다른 개념입니다. 사실 순응성은 하나됨을 정면으로 거부하는 개념입니다.

이번 생애 속으로 들어오기 위해 새로 태어나는 아이들 중에는 자신의 특정 면모를 바꾸려고 하지도 않고, 바꿀 수도 없는 아이들이 있습니다. 사회에 순응하기 위해 변화하지도 변화할 수도 없는 것은 그들이 물리적 삶을 살기 이전에 내린 결정입니다. 이 아이들이 이번 생애에 오게 된 것은 오늘날 살고 있는 우리와 이전 세대가 느낀 압박감과 경직감 때문입니다. 순응에 대한 요구와 압박 속에서 우리는 사회 안의 변화에 대한 강력한 소망을 품게 되었습니다. 이처럼 전파성이 강하고 집단적인 요구로 인해 수십억 년 동안 이 지구상에서 종의 진화가 진행되어 왔습니다. 새롭게 태어난 아이들은 우리의 요구에 대한 응답으로서 이 세상에 오고 있는 것입니다. 그들은 우리의 진화를 촉진하는 역할을 합니다. 사람들은 표준에서 벗어나서 행동하려고 하는 아이들의 거대한 물결 뒤에 숨은 과학적인 이유를 밝혀내려고 할 것입니다.

새로운 종으로 진화하는 인류

정상적인 것에서 벗어나는 다른 현상과 마찬가지로 사람들은 위의 현상의 근본 원인에 대해서도 논쟁할 것입니다. 그리고 그들은 물리적 전조 현상을 찾으려 할 것입니다. 하지만 모두가 이해하지도 못하고, 이성적으로 풀어낼 수도 없는 행동을 하는 아이들 때문에 사회는 결국 물리적인 관점을 초월해서 보게 될 것입니다. 우리의 제도는 더 이상 다수를 위해 기여하지 못하고 있기에 필연적으로 변화하게 될 것입니다. 모든 문화 사이의 인간관계도 변하게 될 것입니다. 지금 상태에서 보면, 우리의 갈등은 앞으로 너무나 큰 고통을 우리에게 안겨줄 것입니다. 결국 사람들은 권력을 얻기 위한 각 집단의 투쟁이 의미가 없음을 깨닫고, 인종, 교리, 종교, 문화에 상관없이 우리는 모두 하나라는 사실도 깨닫게 되면서 더 이상의 고통을 받지 않게 될 것입니다.

인류는 서서히 새로운 종(種)으로 변하고 있습니다. 지구는 지금 과도기에 있습니다. 변화가 원래 그렇듯이 이러한 변화에 어떻게 반응할지는 개인에게 달려있습니다. 변화를 거부하는 사람들은 고통을 받을 것이고, 변화를 수용하는 사람들은 위대한 자유를 누리게 될 것입니다. 우리는 두려워할 필요가 없습니다. 우리는 이러한 변화를 통해 엄청난 기쁨을 얻을 수 있습니다. 또한 서로를 인정하는 방법을 배우게 되면서 더 큰 기쁨을 누릴 수 있습니다. 상대방을 인정한다는 것은 우리가 좋아하지 않는 것을 억지로 좋아하거나 받아들이는 것이 아닙니다. 그것은 우리의 행복이 그들에게 달려있다는 생각을 멈추는 것입니다. 그리고 그들을 억지로 변하게 만들려는 노력을 멈추는 것입니다. 모든 사람은 각자 다른 경험을 한다는 사실과 그런 다른 경험 때문에 각자 다른 소망과 다른 관점을 가진다는 사실을 깨닫는 것입니다. 그렇다고 그들의 다른 소망이나 관점이 당신에게 영향을 미칠까 두려워할 필요는 없습니다. 당신은 당신의 에너지 진동과 일치되는 것만 경험할 수 있습니다. 다른 사람들이 동의를 하든 반대를 하든 상관없이 당신이 원하는 것은 어떤 것이든 가질 수 있고, 할 수 있고, 될 수 있습니다. 당신이 다른 사람들을 인정할 때 그것은 그들이 행복할 수 있도록 돕는 길이며, 당신이 진정으로 원하는 바와 반대되는 것을 흘려보내는 길이기도 합니다. 당신이 원하는 바와 반대되는 생각이 없어질 때 당신의 소망은 현실에서 모습을 드러낼 것입니다. 그리고 다른 사람들을 인정하는 것은 그들을 행복하게 만드는 데 꼭 필요한 요소이고, 당신을 인정하지 않는 사람들을 받아들이는 것은 당신의 행복에 꼭 필요한 요소입니다.

두려움, 슬픔, 분노, 고통 등 부정적인 요소와 마주했을 때 당신은 두 개의 길 중 하나를 선택할 수 있습니다. 첫 번째 길은 부정적인 요소를 이용해 자신을 격리시키는 길입니다. 이 길을 택하면 당신은 고통을 도구로 삼아 자신을 날카롭게 갈고 닦으면서 좀 더 강하게 만들어 고통이 들어오지 못하게 막습니다. 두 번째 길은 부정적인 요소를 이용해 자신을 개방하는 길입니다. 이 길을 택하면 당신은 고통을 도구로 삼아 자신을 좀 더 유연하게 만들어 기쁨과 사랑, 연민, 이해심, 지혜의 능력을 확장합니다. 그러면 고통은 당신의 확장된 능력 안에서 압도당하고 변화하게 됩니다.

첫 번째 길은 스스로를 가두는 길입니다. 두 번째 길을 스스로를 해방시키는 길입니다. 당신이 두 번째 길을 선택할 정도의 지혜를 얻을 때면 하루 24시간을 기쁨 속에서 사는 일도 가능합니다. 당신이 창조하는 모든 생각, 움직임, 말 속에서 기쁨이 넘치게 될 것입니다. 왜냐하면 사랑과 기쁨은 하나이며 같은 것이기 때문입니다. 당신 안에서 사랑과 기쁨이 자라게 하세요. 그러면 언젠가 당신은 연민과 이해 속에서 온 세상을 껴안을 수 있을 것입니다. 또한 세상의 고통은 줄어들 것입니다. 분노, 슬픔, 태만, 폭력, 중독, 두려움도 사라질 것입니다. 우리 사이에 세워진 모든 장벽도 허물어질 것입니다. 당신은 이러한 진실을 알게 될 것입니다. 왜냐하면 당신은 이제까지도 이러한 진실과 함께 해왔기 때문입니다. 그러나 진실의 양분화를 낳는 것도 바로 이 진실 자체입니다.

진실의 두 가지 종류

많은 사람들은 진실을 실제나 현실, 또는 사실로 증명할 수 있는 것으로 정의하고 있습니다. 하지만 이러한 정의에는 문제가 있습니다. 왜냐하면 당신이 당신의 현실을 창조하기 때문입니다. 당신의 현실은 다른 사람들이 이전에 했던 생각 중 당신이 동의한 것, 그리고 당신이 이전에 생각했던 것이 모습을 드러낸 것이고, 당신의 생각을 통해서 당신의 경험 속으로 들어온 것입니다. 당신이 실현시킨 것은 당신과 별개로 존재할 수 없습니다. 그것은 고정적이지도 않아서 사실이 될 수도 없습니다. 증거물 또한 그것을 찾고 있는 사람의 기대감과 별개로 존재할 수 없습니다.

누군가는 왜 우리가 진실을 논해야 하냐고 물을 수도 있습니다. 그 이유는 진실에는 두 가지 종류가 있기 때문입니다. 하나는 주관적 진실이고 다른 하나는 객관적 진실입니다. 주관적 진실은 당신의 물리적 인생으로부터 당신이 이룬 합리적이고 이성적인 실재(actuality)입니다. 그것은 제한적이며, 이성과 논리에 의존하며, 언어라는 도구의 범주 안에 들어맞습니다. 이를 테면, "천국은 있다", "나는 남자다", "나는 정크 푸드를 먹으면 살이 찐다"가 주관적 진실에 해당됩니다. 당신은 당신의 주관적 진실을 창조합니다. 그리고 당신은 당신의 주관적 진실을 살아가고 있습니다.

반면에 많은 사람들이 절대적 진실이라고 부르는 객관적 진실은 이성과는 별개로 존재하는 진실입니다. 그것은 자아처럼 유한한 것에는 맞지 않습니다. 진실(truth)이란 단어는 충실, 충성, 신실, 진실함, 그리고 가장 중요하게는 신념과 믿음을 의미하는 고대 영어, 고대 노르웨이어, 독일어에서 파생된 단어입니다. 진실의 의미를 구성하는 위의 요소들은 곧바로 객관적 진실에 적용됩니다. 왜냐하면 객관적 진실은 뭔가 형언할 수 있는 것이 아니라 오직 느낄 수 있는 것이기 때문입니다. 객관적 진실을 언어적으로 가장 근접하게 표현하자면 주관적 진실 뒤에 있는 감정의 공간입니다. 그것은 믿음을 포함합니다. 또한 모든 사람 안에 존재하며 사람마다 다르지 않습니다. 객관적 진실은 내부의 본질적인 지식입니다. 당신은 감정을 통해 내부적인 지식을 만날 수 있습니다. 그리고 감정을 통해 원하는 것뿐 아니라 객관적 진실과 연결될 수 있습니다. 객관적 진실은 우주의 보편적인 진실입니다. 그것은 누구에게도 똑같은 진실입니다. 하지만 당신은 개인적으로 그것을 찾아야 합니다. 어느 누구도 그 일을 대신해줄 수 없습니다. 객관적 진실과 당신의 관계는 절대 끊어지지 않습니다. 당신은 객관적 진실을 거부할 수도 허용할 수도 없습니다. 그것은 외적으로는 실현되지 않습니다. 외부적인 주관적 진실도 객관적 진실의 실현을 위해 일할 뿐입니다. 그렇기 때문에 당신은 다른 사람들이 진실이라고 보는 것에 두려움을 느낄 필요가 없습니다. 그들의 주관적 진실은 당신에게 강요될 수 없습니다.

당신은 자신 안의 객관적 진실과 에너지 진동 면에서 일치하는지의 여부에 따라 주관적 진실을 선택할 권리가 있습니다. 당신은 당신의 객관적 진실을 잃을 수 없습니다. 또한 객관적 진실을 잘못 이해할 수도 없습니다. 당신은 오로지 객관적 진실을 부정하는 주관적 진실을 받아들일지 말지의 여부를 선택할 수 있습니다. 자신에게 선택권이 있다는 사실을 믿으세요. 다른 사람들도 선택권이 있다는 사실도 믿으세요. 당신이 어떤 상태에 있든 객관적 진실은 당신을 자석처럼 자기에게로 끌어당깁니다. 다른 누군가가 어떤 상태에 있든 객관적 진실은 그 사람도 자기에게로 끌어당깁니다. 당신은 당신의 주관적 진실에 따라, 주관적 진실과 객관적 진실의 관계에 따라, 그리고 당신의 고유한 물리적 자아의 관점에 따라 당신의 삶을 살고 있습니다.

당신이 바로 근원입니다

당신의 개인적 삶의 주관적 진실에 관한 모든 것은 선택입니다. 당신은 객관적 진실에 따라 당신의 주관적 진실을 살아갈 수 있는 선택권이 있습니다. 그 선택권은 이제껏 그래왔고, 지금도 그렇고, 앞으로도 영원히 당신의 것입니다. 당신이 객관적인 진실에 더욱 가까이 다가갈수록 인간의 눈이 당신을 속인다는 사실을 깨닫게 될 것입니다. 여기 이곳에서 가만히 있는 것은 없습니다. 우리는 근원이라는 점토로부터 나온 일시적인 형태입니다. 우리는 육체와 정신, 영혼이 한데 어우러져 있는 복잡한 존재로서, 우리가 창조한 세상 속을 걷고 있습니다. 이 중 어떤 것이라도 빠지면 우리는 이 3차원의 현실에서 존재할 수 없습니다. 당신의 인생은 지금 원상으로 복귀하는 시기입니다. 당신은 삶을 가질 수도 없습니다. 당신은 삶을 잃을 수도 없습니다. 당신이 바로 삶입니다. 주변의 세상은 당신이 창조한 세상입니다. 이 세상은 존재하는 모든 것을 구성하는 똑같은 매개체가 외부로 표현된 것입니다.

이 우주 안에는 오로지 하나의 매개체가 있습니다. 그것은 바로 근원입니다. 따라서 당신이 흔들 수 있는 유일한 손은 당신의 손입니다. 당신이 걸을 수 있는 유일한 길은 당신의 길입니다. 당신이 사랑할 수 있는 유일한 대상은 당신 자신입니다. 당신이 보는 모든 것 안에서 당신은 자신을 만날 수 있습니다. 그것을 깨닫는 순간 당신의 삶은 자유로워집니다.

당신의 기쁨, 의지, 소망은 근원과 별개의 것이 아닙니다. 왜냐하면 당신이 곧 근원이고 근원이 곧 당신이기 때문입니다.

우주 안에서 당신을 위해 삶을 조각해주는 사람은 없습니다.

바로 당신이 그 조각가입니다…….

용어 해설

아카식(Akashic): 아카식 레코드(Akashic record)와 관련된 용어. 아카식 레코드는 과거에 존재했고 현재에 존재하는 모든 것의 총체적인 정보로서 신의 마음이라고 불리는, 존재의 비물리적 차원에 저장되어 있다. 아카식 레코드는 명상이나 최면 중 또는 영적 세계와 같은 근원의 상태에 이르렀을 때 볼 수 있는 무한한 정보이다. 아카식 레코드에 접속할 때 이 세상의 모든 지식을 알 수 있다.

상승(Ascension): 개인이나 전체의 의식적인 상승. 상승하는 도중에는 개인이나 전체의 에너지 진동의 진폭이나 진동수가 올라간다.

천사(Angel): 천사는 영적 가이드의 한 형태이다. 천사는 거의 모습을 드러내지 않기 때문에 근원과 에너지 진동 면에서 가장 일치한다. 천사는 날개 달린 모습으로 나타나지 않는 경우가 많다. 하지만 그들은 사람들에게 자신의 존재와 목적을 알리기 위해서 날개 달린 사람의 이미지를 선택하기도 한다. 날개는 예로부터 인간에게 "메신저"의 상징으로 인식되었기 때문에 천사도 날개의 이미지를 사용한다. 유대 기독교가 생겨났을 때 날개는 영적인 메신저의 상징으로 굳어졌다. 따라서 날개는 그 당시 살고 있었던 사람들과 아주 강력하게 공감대를 형성한 상징적인 이미지였다. 오늘날에도 막강한 영향력을 발휘하는 기독교 때문에 천사는 사람들에게 자신의 목적을 알릴 때 여전히 날개의 이미지를 사용한다. 날개를 이용하는 것이 사람들과 접촉하는 가장 효율적인 방법이라면 천사는 여전히 날개 달린 모습으로 나타날 수 있고, 실제로도 그렇게 하고 있다.

아스트랄계(Astral plane): 물리적 현실과 평행을 이루는 비물리적인 차원이다. 근원은 어떤 "장소"나 "수준"에서 존재를 경험하지 않지만, 굳이 물리적 측면에서 표현하자면 아스트랄계는 근원의 공간이다. 아스트랄계 속으로 들어가는 것은 물리적 현상을 인식하는 것에서부터 거리와 시간에 제약을 받지 않는 비물리적 현상을 인식하는 것으로 의식적으로나 무의식적으로 의식을 옮기는 행동이다. 따라서 아스트랄계 속으로 들어갈 수 있는 사람은 시간과 공간의 어떤 지점이라도 즉시 방문할 수 있으며, 그 당시 정보를 모두 얻을 수 있다.

아우라(Aura): 육체로부터 정보를 받고 육체에게 정보를 전달하는 생각 형태이다. 감각을 통해 아우라를 느끼는 사람들도 있다. 아우라는 모양, 색깔, 촉감, 색조, 소리, 패턴 등을 띠거나 빛을 발산하기도 한다. 전자기적 성질을 가진 것으로 생각된다. 아우라에서 색깔의 차이점을 인식할 수 있는 이유는 서로 다른 에너지 진동 때문에 전자기장에서의 빛 입자 대 파동의 분포도가 크게 달라지기 때문이다. 따라서 아우라의 이러한 특성들을 보고 에너지 치유사는 아우라는 물론 아우라를 발산하는 사람이나 사물에 대한 중요한 정보도 알 수 있다. 아우라는 당신에 대한 거의 모든 이야기를 들려줄 수 있다. 아우라는 생각에 대해 반응하며 그러한 생각과 일치하기 위해 자신의 특성을 바꾼다.

차크라(Chakras): 몸 안에 있는 에너지의 "중심센터"이다. 차크라는 에너지가 육체 안팎으로 들어가고 나가는 중심이다.

채널(Channel): 정보 전달을 위해 인간이 자신의 지각/인식 능력과 또 다른 생각 형태가 결합되도록 의식적으로나 무의식적으로 허용하는 과정이다.

투시(Clairvoyance): 정상적이고 신체적인 감각으로는 포착되지 않는 것들을 "마음의 눈"을 통해 인지하는 능력이다. 투시력을 지닌 사람은 시각화의 형태로 초감각적인 정보를 받아들일 때가 많다. "내면 시각(inner sight)"이라고 불리기도 한다. 미래를 예언하는 것도 투시력의 한 형태이다.

감각투시(Clairsentience): 정상적이고 신체적인 감각으로는 포착되지 않는 것들(초감각적 지식)을 느낌을 통해 인지하는 능력이다. 감각투시력을 지닌 사람은 신체적인 감각을 통해 에너지장을 감지할 수 있다.

투청력(Clairaudience): 정상적이고 신체적인 감각으로는 포착되지 않는 것들과 정상적인 청력 범위를 초월하는 청각적 자극을 거리와 시간에 관계없이 인지하는 능력이다. 소리나 말과 관련된 초능력이라 할 수 있다. 투청력은 유령, 영혼, 또는 아스트랄 영역에 존재하는 대상들을 소리로 인지할 수 있는 능력을 포함한다.

의식(Consciousness): 통합적이고 객관적인 인식이다. 의식은 "신"이나 "근원"의 상태이다. 또한 초월적인 특성을 지닌 상태이다. 의식에도 다양한 수준이 있지만 여기에 쓰는 수준은 신의 의식 상태이다. 그것은 곧 자아의 개념도, 어떤 판단도, 정체성도 없는 상태이다.

차원(Dimension): 어떤 공간이나 사물의 한 지점을 지정하기 필요한 최소한의 좌표 수. 예컨대, 직선은 하나의 차원을 가지고 있다. 왜냐하면 직선 위에 한 지점을 지정하기 위해서는 오직 하나의 좌표가 필요하기 때문이다. 또한 차원은 공간의 기본적인 구조와 시간 속의 공간의 위치를 언급하기도 한다. 우리는 다차원의 우주에서 살고 있다.

신성(Divine): 근원의 특성이나 근원의 발산이다.

공감(Empath): 정상적이고 신체적인 감각으로는 포착되지 않는 것들을 인지하는 능력으로, 좀 더 자세히 말하자면 다른 사람의 감정/현실을 심리적으로 읽고 추측할 수 있는 능력이다. 감각의 형태로 정보를 받아들이는 대신 감정의 채널로 정보를 받아들인다는 점에서 "느낌"의 형태인 초감각적 능력이다.

에너지 진동(Energetic Vibration): 에너지의 진폭과 진동수이다. 이것은 에너지의 형태를 결정하는 요인이다. 우주 안의 모든 것은 진동한다. 그리고 진동하는 모든 것은 정보를 전달한다. 이 "진동"이라는 특성이 에너지의 형태를 결정한다. 3차원 현실에서 살고 있는 우리는 빛의 속도나 빛의 속도보다 느리게 표현된 정보만을 신체적 감각을 통해서 수용한다. 에너지 안에 잠재적 상태로 존재하는 정보는 생각이나 의도에 기반해서 자신을 표현한다.

에너지(Energy): 모든 것들 안에서, 그리고 모든 것들 사이에서 흐르고 있는 내재적이고 보편적인 힘이다. 또한 존재하는 모든 것을 이루고 있는 내재적이고 보편적인 힘이다. 에너지는 동적 에너지, 기계적 에너지, 잠재적 에너지와 같이 다양한 형태로 존재한다. 그리고 모습을 드러내기도 숨기기도 하면서 사용 가능한 힘의 역동적인 특성을 보여준다. 에너지는 잠재적 상태이다. 따라서 이런 저런 상태로 활성화되기까지 가능한 모든 정보와 가능한 모든 결과를 동시에 포함하고 있다.

각성(Enlightenment): 궁극적으로 명확하게 알고 인식하고 이해하고 의식하는 상태이며, 근원의 에너지 진동을 완전히 허용하는 상태이다. 각성은 성취할 수 있는 상태가 아니다. 카르마(업)를 믿는 문화에서는 전통적으로 각성을 죽음과 탄생이라는 영혼의 주기를 끝내는 업적으로 보지만 각성은 순간적인 상태이다.

비전(Esoteric): 비물리적 현실과 관련된 것들. 내면의 집중과 관련되어 있어서 "신비스러운" 특성을 띤다. 사전에서는 비전(秘傳)을 소수만 이해할 수 있는 정보, 특이한 관심사를 가진 사람들이나 처음 그것을 창시한 사람들만이 이해할 수 있는 정보라고 정의되어 있다. 여기에서 비전을 소수만을 위한 정보라고 말하는 것은 부정확한 표현이다. 역사적으로 보면 비전은 많은 사람들의 관심을 끌지 못했으며 소수의 사람들만 의식적으로 이해할 수 있었기 때문이다. 비전은 모든 것 안에 내재적으로 들어있는 무언가이다. 이를 이해하기 위해서는 각성의 상태가 되어야 한다.

Eternity(영원성): 시간과 공간의 범위를 벗어난 무한한 삶이다.

초감각적(Extrasensory): 신체적 감각의 정상 범위(시각, 후각, 미각, 촉각, 청각, 감정)를 초월하여 존재한다고 생각되는 것. 초감각적 인식능력은 보통의 감각 범위를 넘어서 존재하는 것들을 인식하는 능력이다.

상위자아(Higher Self): 육체 안에 있는 근원의 부분으로, 비물리적이며 육체가 물리적 세계에서 어떤 에너지 진동을 가지고 있는가에 상관없이 근원의 에너지 진동을 유지한다. 우리는 상위자아의 관점을 가질 때 각성의 상태에서 살 수 있다.

내면의 평화(Inner Peace): 정신적으로 영적으로 평온하고, 조화롭고, 자유로운 상태이다.

직관(Intuition): 이성, 논리, 합리적인 판단 없이 즉각적으로 지식이나 믿음을 인식하는 것이다. 진실이라고 증명하기 위해 합리화할 필요가 없다. 직관은 "예감" 또는 "직감"이라고도 부른다.

업 또는 카르마(Karma): 어떤 행동이나 행위가 현재의 원인과 결과를 계속 반복되게 하는 운명을 만든다는 개념이다. 아시아권 문화에서는 "숨사라(Sumsara)란 표현을 쓰기도 한다. 카르마를 믿는 대부분의 사람들은 인간이 선악을 선택할 수 있는 자유의지를 가지고 있으며, "무한의 궁극"이나 "신"이라는 위대한 에너지가 인간의 선택에 따라 고통을 준다고 믿는다. 이들은 모든 행위에 대한 카르마 효과가 과거, 현재, 미래의 경험을 결정짓는다고 본다. 카르마는 하루에서부터 여러 생애에까지 모든 수준에서 적용된다.

끌어당김의 법칙(Law of Attraction): 우주 안에서 일어나는 근본적인 상호작용에 대한 보편적인 원칙이다. 말하자면, "자신과 비슷한 것을 끌어당긴다"는 원칙이다. 끌어당김의 법칙은 우주 안의 모든 에너지 진동을 "지휘하는 힘"이다. 그것은 정신, 생각, 물리적 측면의 수준에서 서로 공명하는 에너지 진동끼리는 함께 붙어있게 하고, 공명하지 않는 에너지 진동은 떨어지게 만든다. 끌어당김의 법칙에 따르면, 의식적인 생각과 무의식적인 생각 모두 동기나 기타 다른 방법을 통해 머릿속 밖에 있는 것들에게 영향을 미칠 수 있다고 본다. 끌어당김의 법칙을 관찰하면 카르마 뒤에 숨겨진 생각의 기원을 알 수 있다.

명상(Meditation): 의식이 전환된 상태로서, 이 상태에 이르면 우리는 물리적이고 정신적인 상태를 초월해 근원의 에너지 진동과 공명하면서 각성의 상태에 이르게 된다. 인지적인 생각이 없는 상태이다.

영매(Medium): 초감각적인 능력을 지닌 사람으로 비물리적인 본성을 지닌 것과 물리적인 본성을 지닌 것 사이를 중개해주는 역할을 한다. 영매는 산 자와 죽은 자 사이에서 의사소통을 가능하게 해주는 역할로 가장 잘 알려져 있다.

경락(Meridians): 우리의 몸과 똑같은 신체적인 구조를 만들어내는 채널에 집중된 에너지이다. 신체적인 관점에서 경락을 우리 몸 안에 있는 존재로 보는 경우가 많다. 그러나 실제로 경락은 그물처럼 얽혀있는 우리의 복잡하고 물리적이고 신체적인 양상을 만들어내는 에너지 패턴이다.

일원론(Monism): 모든 차원이 궁극적으로 하나라고 주장하며, 모든 비물리적/물리적 현실을 예견하는 형이상학적 철학이다.

비물리적(Non physical): 무형의 본질적이고 초자연적인 현실의 측면. 입자의 성질을 띠지 않고, 3차원적인 모습에 한정되어 있지도 않으며, 잠재적인 상태로 존재하는 경우가 많다.

하나됨(Oneness): 모든 분리된 부분이 하나로 통합되는 특성. 정체성과 같이 우리가 자신을 정신적으로 해석하는 데서 벗어날 때만이 경험할 수 있는 상태이다. 우리가 살고 있는 이 우주의 분명한 진실이다.

유체이탈 체험(Out-Of-Body Experience): 육체에 제약되어 있는 물리적인 현실에서의 인식이나 관점이 비물리적인 현실(육체를 통해 경험되는 물리적 삶에 한정되지 않은)로 전환되는 것이다. 이를 통해 우리는 몸과 감각으로부터 이탈되는 경험을 한다. 병원 수술실에서는 유체이탈 체험이 많이 발생한다. 유체이탈을 체험하고 의식을 회복한 사람은 현재의 과학으로는 설명할 길이 없는 정보를 기억해내기도 한다.

물리적(Physical): 육체를 마음이나 정신과 구별 짓고, 전통적인 의식으로 지각 할 수 있는 3차원 내에서 입자와 같은 성질을 보이는 에너지로 구성된 물질이나 재료와 관련된 현실의 측면이다.

심령(Psychic): 초감각적 정보나 능력에 관한 것. "심령술사"는 초감각적 지각 능력과 기술이 뛰어난 사람이다.

환생(Reincarnation): 에너지(어떤 사람들은 영혼이라고도 함)가 모습을 드러내고 사라지면서 새로운 형태로 구현된다는 개념. 이러한 생각으로 인해 에너지는 변함이 없고 삶 또한 오고 간다는 믿음이 생겨났다.

현자(Seer): 선지자처럼 종종 투시의 형태로 초감각적 능력을 발휘하는 사람이다. 미래를 예견하며 우주의 진리에 자유롭게 접근할 수 있다. 일부 문화권에서는 예언자로 알려져 있다.

영적 가이드(Sprit Guide): 근원이 특정한 목적을 위해 생각 형태로 투사된 것. 사람들은 자신과 관련된 교훈, 능력, 문제들에 통달한 영적 가이드와 에너지 진동 면에서 일치하게 된다. 영적 가이드는 우리의 성장을 돕는다. 그들 또한 이러한 존재 상태의 경험을 얻고 그러한 경험으로부터 배운다. 그들의 진화는 물리적 차원에서 설명할 수 없는 방식으로 진행되기 때문에 그들은 물리적 형태가 아닌 생각 형태로 투사하기로 결정한 것이다. 영적 가이드는 그들이 안내하고 있는 사람과 관련된 "인물"과 "인생 이야기"를 들려줄 수도 있다. 또한 그들 자신의 전생 속 이미지 형태로 나타나기도 한다.

영적 촉매자(Spiritual Catalyst): 영적인 수준에서 다른 사람들 내부의 사건이나 변화를 촉진하는 사람이다.

영혼(Soul): 살아있는 존재의 변함없는 비물질적 에너지 측면으로 다양한 모습을 띤다. 영혼은 어떤 대상 안에 있거나 그 자체로 어떤 대상인 것처럼 보이지만 사실은 본질이며 의식이 있는 에너지이다.

근원(Source): "신"을 대체할 수 있는 단어이다. 우주 안에서 어디에나 있는 무한의 자비로움을 나타내는 단어이다. 존재하는 모든 것을 이루는 통일된 에너지, 궁극적인 하나됨을 상징하는 단어이다.

생각 형태(Thought Form): 내부에 잠재적인 에너지를 충분히 가지고 있어서 어떤 구조나 형태, 모양이 되는 생각이다. 비고정적인 모습으로 나타날 수도 있다. 전통적으로 세 가지 종류의 생각 형태가 있다. 첫 번째는 생각하는 사람의 이미지를 띠는 에너지이다. 두 번째는 물질적 대상의 이미지를 띠는 에너지이다. 세 번째는 자신의 주변에서 끌어당기는 상황 안에서 자신의 특성을 완전히 표현하는 에너지이다.

전환(Transformation): 물리적 현실을 필연적으로 변하게 만드는 에너지 진동 내의 긍정적인 대변화이다. 전환은 우리 안에서 의식이 증가할 때 생겨나며, 이 때 우리는 의식적으로 의도적으로 변화를 겪게 된다. 전환은 개인적 수준에서 또는 훨씬 더 큰 범주인 전세계적으로도 생길 수 있다.

툴파(Tulpa): 생각 형태를 일컫는 이름이다.

저자 소개

저자 틸 스캇(Teal Scott)은 1984년 미국 뉴멕시코주 산타페에서 태어났다.

어린 시절을 보내면서 그녀가 초감각적 능력을 타고났음이 분명해졌다. 틸의 초감각적 능력 중에는 투시력, 감각투시력, 투청력, 전자기장을 조종하는 능력, 생각 형태와 대화하는 능력이 있었다. 초감각적 능력을 타고난 다른 아이들과는 달리 틸은 성장하면서도 자신의 능력을 그대로 간직했다. 야생공원 관리원으로 일했던 그녀의 부모님은 이후 유타주에 있는 워새치 캐쉬 국립공원에서 근무하기로 결정을 내렸다. 하지만 당시에 그들은 새로 이사한 지역이 종교적인 색채가 강한 곳인지 알지 못했다. 틸의 비상한 능력이 입소문을 타면서 눈살을 찌푸리는 사람들도 생겨났고 두려움을 느끼는 사람들도 생겨났다. 당시 틸은 어린 소녀였는데, 그녀의 초감각적인 능력을 알아본 가족의 한 지인이 부모님 몰래 그녀를 지역 사이비 종교집단에 가입시켰다. 그로부터 13년 동안 틸은 그곳에서 종교의식을 치르면서 고초를 겪었다. 그리고 열아홉 살이 되었을 때 그곳에서 가까스로 탈출할 수 있었다. 이후 틸은 자신의 능력을 받아들이는 동시에 사람들에게 이 우주의 통합적이고 에너지적인 본성을 일깨워주고 가장 혹독한 시련 속에서도 기쁨을 찾는 방법을 가르쳐주는 영적 촉매자가 되었다.

당신의 초월적이고 영원한 자아인 근원에게
사랑은 단지 감정이나 미덕이 아닙니다.
사랑은
모든 물리적 존재와 비물리적 존재의 근본입니다.
창조된 모든 것은 사랑으로부터 나왔습니다.
사랑은 전체가 완벽하게 하나됨을 느낄 수 있는
심오한 감정의 공간입니다.
근원은 하나됨의 현실에서 존재하기 때문에
항상 조건 없는 사랑의 상태에 있습니다.
그러나 우리는 근원에서 분리된
3차원의 현실에서 존재하기 때문에
조건 없는 사랑이
감정의 공간으로 느껴집니다.

조건 없는 사랑을 실천하려면
현실에서 존재하는 모든 것의 진원지인
당신에서부터 시작해야 합니다.
바로 그곳에서부터 시작한
당신의 조건 없는 사랑의 본성은
당신 삶에 존재하는 다른 모든 것에도 반영됩니다.
자기사랑이 채워지지 않은 공간에
그것을 대신해 채울 수 있는 것은 그 어떤 것도 없습니다.
자기사랑이 부족한 사람은
결코 다른 사람을 진실로 사랑할 수 없습니다.
사랑을 얻기 위해서는 사랑을 주어야 합니다.
그리고 자신에게 사랑을 주지 않으면
다른 사람에게도 사랑을 줄 수 없습니다.

우주 조각가

초판 1쇄 인쇄 | 2013년 6월 6일
초판 2쇄 인쇄 | 2022년 5월 31일
지은이 | 틸 스캇
옮긴이 | 최지원
감　수 | 조한근
디자인 | 전인애
펴낸이 | 조연정
펴낸곳 | 나비랑북스
출판등록 | 제2010-000070호
주　소 | 경기도 성남시 분당구 서현동 297번지 효자촌현대상가 106
대표전화 | 031)708-4864 팩시밀리 | 031)781-7117
이메일 | nabirangbook@naver.com
네이버 카페 | http://www.cafe.naver.com/nabirangbooks
ISBN | 978-89-960473-5-3 (03840)

이 도서의 국립중앙도서관 출판시도서목록(CIP)은 서지정보유통지원시스템 홈페이지(http://seoji.nl.go.kr)와
국가자료공동목록시스템(http://www.nl.go.kr/kolisnet)에서 이용하실 수 있습니다.(CIP제어번호: CIP2013007777)

책값은 뒤표지에 있습니다. 잘못 만들어진 책은 구입하신 서점에서 교환해드립니다.